这才是大辽史

王平客 著

中国书籍出版社
China Book Press

图书在版编目（CIP）数据

这才是大辽史 / 王平客著. -- 北京：中国书籍出版社, 2025.6. -- ISBN 978-7-5241-0253-3

Ⅰ. K246.109

中国国家版本馆CIP数据核字第2025W74D09号

这才是大辽史

王平客　著

责任编辑	王志刚
责任印制	孙马飞　马　芝
封面设计	东方美迪
出版发行	中国书籍出版社
地　　址	北京市丰台区三路居路 97 号（邮编：100073）
电　　话	（010）52257143（总编室）　（010）52257140（发行部）
电子邮箱	eo@chinabp.com.cn
经　　销	全国新华书店
印　　刷	北京睿和名扬印刷有限公司
开　　本	710毫米×1000毫米　1/16
字　　数	300千字
印　　张	18.5
版　　次	2025年6月第1版　2025年6月第1次印刷
书　　号	ISBN 978-7-5241-0253-3
定　　价	58.00元

版权所有　翻印必究

序 言

辽国先后曾用"契丹""大辽""大契丹"为国号,最后继续使用"大辽"国号,历史上统称为辽国,也称辽朝。在时间上,辽国存在了二百一十年,与五代、北宋基本同处一个时期。在地理上,五代、北宋与辽国南北对峙。

辽国没有入主中原,也不是大一统的王朝。然而,辽国的疆域非常辽阔,包括漠南、漠北大草原、燕云十六州、辽东地区,比占据中原的北宋要大得多。辽国在实力上也强于北宋,让北宋每年交纳岁币,以换来和约。

辽国先后共有九位皇帝,其中太祖耶律阿保机、太宗耶律德光、景宗耶律贤以及圣宗耶律隆绪都是有作为的皇帝,他们在位期间,为辽国建立不少功勋。太祖建立国家,北征大漠,东灭渤海国,开拓疆域;太宗向南开拓,扶立"儿皇帝",得到燕云十六州,消灭五代之后晋;景宗改革,实现辽国中兴;圣宗时期,辽国达到鼎盛。除了这几位有作为的皇帝,还有一位有作为的太后,这便是承天太后萧绰,也称萧燕燕。可以说,圣宗时期辽国的鼎盛,萧太后起了主要作用。当然,辽国也有几位平庸甚至昏庸、残暴的皇帝,比如辽世宗在位时间不长,比较平庸;辽穆宗整日纵酒、睡觉,随意杀人,非常残暴;辽兴宗是纨绔子弟,在位时,国力渐衰;辽道宗昏庸,杀妻害子,任用奸臣;天祚帝昏庸,无治国之才,最终亡了国。

不少人对辽国的了解,是基于宋辽战争,而对宋辽战争的了解,又大多源于杨家将的故事。然而杨家将的故事是文学作品,有很多虚构的成分。历史上参与抗击辽国的杨家将,主要有两代人。第一代以杨业为代表。杨业本是北汉大将,在宋太宗赵光义消灭北汉时,向宋朝投降。赵光义认为杨业知晓边境事务,让杨业镇守在河东境内的代州(今山西省代县),主要负责防守雁门关。杨业在河东北部守边七年，数次与辽军作战，最后在陈家谷口兵败被俘。杨家将的第二代以杨业的儿子杨延昭为代表。在杨业死后的第十三年，杨延昭来到河北保州（今河北省保定市）境内，战斗在抗辽的最前沿，前后五年。宋辽议和后，战争从此结束，杨延昭又在保州一带镇守了十年，直到去世。杨延昭很想为父报仇，也想为宋朝收复疆土，但议和后的十年，一直无仗可打，杨延昭壮志难酬。

宋辽处于战争状态，前后二十五年，中间有十年时间战事并不多。所以，杨家两代人基本见证了宋辽战争中最重要的阶段。然而，在战场的空间上，杨家两代人绝不是宋辽战争的全部。宋朝与辽国的边界，长达两千多里，发生冲突的地方主要有三处，分别在今天的河北、山西以及陕西三省的北部地区。杨业战斗的七年，就在山西北部，而杨延昭战斗的五年，就在河北的北部。其中河北境内的战斗最为频繁，也最为激烈，范围也不仅仅是保州，多次深入到河北境内的其他地区。就是在保州境内，也不是杨延昭一个人在镇守。在抗辽前线，还有一大批将领，他们当中有不少人同样立下赫赫战功，比如李继隆、潘美、折御卿、尹继伦、杨嗣等。

从辽国方面来看，在宋辽战争最为激烈最为频繁的时期，正是辽景宗耶律贤以及萧太后当政时期，特别是萧太后当政时期。也是在萧太后时期，宋辽两国走向了谈判桌，签订了"澶渊之盟"，实现了议和。在宋辽战争中，辽国也出现了不少优秀的将领，比如耶律休哥、耶律斜轸、萧挞凛等。

除了与宋朝的战争，辽国还有消灭渤海国之战、多次与漠北阻卜的交战，以及三次南下消灭后晋、多次增援北汉、三征高丽、两征西夏、镇压内部起义等战斗。

当然，除了战争，辽国还有很多值得讲述的精彩故事。本书以时间为序，用通俗的笔法讲述辽国二百余年的兴衰史，有详细史料，也有不少观点，希望能够让读者对辽国历史有一个比较完整的了解。

目 录

序 言 ·· 1

第一章 太祖建国 ·· 1
    一、从夷离堇到可汗 ··· 1
    二、拒绝"世选" ··· 5
    三、诸弟之乱 ·· 8
    四、称帝建国 ·· 12
    五、南下作战 ·· 15
    六、征服漠北 ·· 20
    七、消灭渤海国 ··· 23

第二章 太宗南拓 ··· 28
    一、断腕太后 ·· 28
    二、避难后唐 ·· 30
    三、扶植"儿皇帝" ·· 33
    四、燕云十六州 ··· 37
    五、一攻后晋 ·· 42
    六、二攻后晋 ·· 46
    七、三战后晋 ·· 50
    八、消灭后晋 ·· 54
    九、病逝杀胡林 ··· 58

第三章　世宗皇帝 ······ 63
　　一、耶律阮夺位 ······ 63
　　二、祖孙争权 ······ 66
　　三、两次平叛 ······ 69
　　四、两次南攻 ······ 72
　　五、火神淀之变 ······ 74

第四章　睡王穆宗 ······ 79
　　一、穆宗即位 ······ 79
　　二、谋反一次又一次 ······ 81
　　三、助汉攻周 ······ 85
　　四、失去瀛莫二州 ······ 89
　　五、爱酒爱睡就是不爱女人 ······ 93
　　六、随意杀人的结果 ······ 96

第五章　景宗中兴 ······ 100
　　一、耶律贤继位 ······ 100
　　二、增援北汉 ······ 104
　　三、中兴之主 ······ 107

第六章　宋辽开战 ······ 112
　　一、最后一次增援北汉 ······ 112
　　二、高梁河之战 ······ 115
　　三、满城之战 ······ 120
　　四、雁门关之战 ······ 122
　　五、瓦桥关之战 ······ 125
　　六、辽景宗三路南伐 ······ 128

第七章　太后临朝 … 131
一、萧太后临朝听政 … 131
二、雍熙北伐 … 133
三、岐沟关之战 … 137
四、杨业之死 … 141
五、君子馆之战 … 146
六、代州之战 … 150
七、辽圣宗夺取涿州、易州 … 153
八、耶律休哥兵败徐河 … 156
九、东征西讨 … 158

第八章　澶渊之盟 … 162
一、瀛良河、遂城之战 … 162
二、裴村之战 … 165
三、望都之战 … 168
四、澶州之战 … 172
五、澶渊之盟 … 176

第九章　圣宗亲政 … 182
一、鼎盛时期 … 182
二、亲征高丽 … 186
三、茶、陀河之战 … 190
四、讨伐阻卜 … 193
五、大延琳起义 … 197

第十章　盛极而衰 … 202
一、母子争权 … 202

二、乘人之危 ········· 206
三、重熙增币 ········· 211
四、一征西夏 ········· 216
五、二征西夏 ········· 220

第十一章 昏君道宗 ········· 225
一、耶律重元谋反 ········· 225
二、熙宁划界 ········· 230
三、十香词冤案 ········· 235
四、冤杀太子 ········· 239
五、铲除耶律乙辛 ········· 242
六、磨古斯叛乱 ········· 245

第十二章 辽国灭亡 ········· 250
一、皇孙继位 ········· 250
二、护步答冈之战 ········· 254
三、失去东京 ········· 260
四、议和不成失上京 ········· 263
五、连失中京与西京 ········· 268
六、南京失守 ········· 271
七、天祚帝被俘 ········· 275

附 录 ········· 280
辽国五京道 ········· 280
五代皇帝世系 ········· 282
辽国皇帝世系 ········· 283
北宋皇帝世系 ········· 284

第一章　太祖建国

一、从夷离堇到可汗

东晋十六国时期，在东北大地有三大鲜卑，分别是慕容鲜卑、段氏鲜卑与宇文鲜卑。这三大鲜卑都是鲜卑族，属于不同部族。宇文鲜卑生活的地方大致在今天内蒙古自治区赤峰市境内的老哈河一带。东晋建元二年（344年）二月，宇文鲜卑被慕容鲜卑重创，首领宇文逸豆归败逃，部众溃散。

宇文鲜卑没有灭族更没有灭种，多年以后，他们以两个新的民族出现在东北大地，这两个民族就是契丹族与奚族。其中契丹族仍然活跃在老哈河一带，包括不远处的西拉木伦河一带。

契丹族共有八部，保持着部落联盟的形式。北朝时的契丹八部，叫古八部。隋朝时的契丹八部，叫大贺氏八部。唐朝中期的契丹八部，叫遥辇氏前八部。唐朝后期的契丹八部，叫遥辇氏后八部。遥辇氏后八部分别是迭剌部、乙室部、品部、楮特部、乌隗部、涅剌部、突吕不部与突举部。

每一部的首领称夷离堇，八部联盟的首领称可汗。

准确地讲，夷离堇是每一部的军事首领，负责带兵打仗。当然，除了夷离堇，每一部也没有其他首领，所以夷离堇同时也是每一部的最高首领。军事首领就是部族的最高首领，也表明契丹的军事在部族中的重要性。

此外，还有两个重要官职协助可汗管理契丹八部。一个是于越，权力仅次于可汗。另一个是宰相，分为北府宰相与南府宰相，权力次于于越。北府宰相分管迭剌部、品部、乌隗部、涅剌部与突吕不部，南府宰相分管乙室部、楮特部与突举部。

契丹八部中的迭剌部是大部，不仅实力雄厚，而且可汗也从这一部中产生。无论是部的首领夷离堇，还是联盟的首领可汗，都是采用"世选"的方式产生，也就是在一个家族中选举产生。比如迭剌部的夷离堇，就在迭剌部的耶律氏家族中选举，而可汗则在迭剌部的遥辇氏家族中选举。契丹族的选举都是三年一个选期，可以连任。

契丹族的这个"世选"看起来很文明，但仍然有一些野心家想不通过世选来当首领，有时还伴随着血雨腥风。夷离堇耶律匀德实就被同样出自耶律家族的耶律狼德（有史料称耶律狠德）杀害。耶律狼德通过这种手段也没有当成夷离堇，因为他在就任夷离堇的时候，被耶律匀德实的弟弟耶律蒲古只杀死，耶律蒲古只最后当了夷离堇。

耶律蒲古只的儿子耶律偶思曾经当过两届夷离堇，但不是连任，因为中间还有两位夷离堇。耶律偶思非常欣赏堂侄耶律阿保机，多次对三个儿子说阿保机能成大事，让他们好好追随阿保机。耶律偶思也对阿保机说，他的长子耶律曷鲁可以委以重任。

耶律偶思为何如此看好阿保机呢？当然是阿保机有他的过人之处。

耶律阿保机是迭剌部霞濑益石烈耶律弥里（今内蒙古自治区赤峰市境内）人。石烈是契丹每一部下面的一个行政区划单位，如果把每一部比着是汉人的州，而石烈就是州的下一级县。弥里是石烈的下一级，可以比着是县的下一级乡。如果按这个比喻，耶律阿保机就是霞濑益县耶律乡人。

耶律阿保机是耶律匀德实的四儿子耶律撒剌之子，是家中的长子。出生时与历史上不少帝王一样，也有异象记载。阿保机出生前，他的母亲梦见太阳掉入她的怀里，后来就怀孕了。阿保机出生那天，庐帐内有神奇的光辉和奇异的香气。更为奇特的是，阿保机刚出生就能够爬行，身体像三岁小孩那么大。阿保机三个月就能行走，一周岁就能说话，还知道未来的事情，总说身边好像有神人护卫着他。

史书上的这些记载，当然是后人根据传言附会的。不过，只有了不起的人，才会有人这样去附会他。果然，阿保机长大后，身高九尺，宽额头，尖下巴，目光射人，有贵人之相。特别的是，阿保机能拉开三百斤的弓。阿保机曾经当过于越、总知军国事耶律释鲁的侍卫长，那时他就已经带着迭剌部的兵马去征伐其他部族，立有战功。

唐朝天复元年（901年），耶律偶思去世，遗命推荐耶律阿保机为迭剌部的夷离堇。阿保机则推荐耶律偶思的长子耶律曷鲁为夷离堇。耶律曷鲁不肯，他说阿保机身边还有乱臣贼子，他不能离开阿保机左右。耶律曷鲁对阿保机的帮助很大，后来成为阿保机二十一位功臣之首。阿保机曾对他的二十一位功臣都做了比喻，耶律曷鲁就被比喻为心。

耶律阿保机当了迭剌部夷离堇，这一年他三十岁，已经有了自己的家室，还有了儿子。阿保机的妻子述律平不是契丹族人，而是回鹘族人，本名述律月理朵，述律平是她的汉名。述律平与阿保机生的儿子叫耶律突欲，也有一个汉名，叫耶律倍。阿保机也有一个汉名，叫耶律亿，不过人们非常熟悉他的契丹名字，所以我们还是称他为阿保机。

耶律阿保机当夷离堇的这一年，契丹八部联盟的可汗也进行了改选。选举的结果是遥辇氏痕德堇当选，他已经是遥辇氏第九代可汗了。痕德堇可汗让阿保机担任大迭烈府夷离堇，在联盟中专门负责带兵打仗。阿保机此时的权力其实不比痕德堇可汗小。事实上，痕德堇可汗已经成为一个摆设。

就在阿保机当上夷离堇的当年，他就征讨室韦、于厥等部族，取得大胜。第二年，阿保机到唐朝河东境内，攻打代北地区，攻下九个州郡，俘获九万五千多人，驼、马、牛、羊不可胜数。第三年，阿保机又去攻打女真族，俘获三百户人口。当年，阿保机再到唐朝的河东境内以及河北境内攻掠，抢掠不少百姓和财物。由于阿保机的战功，痕德堇可汗任命他为于越、总知军国事。

唐朝天祐元年（904年），阿保机讨伐黑车子室韦。唐朝卢龙军节度使刘仁恭得到消息，派他的养子赵霸带领数万人马去增援黑车子室韦。阿保机得到这一情报，决定用计取胜。他把精兵埋伏在桃山下，再派一个被他俘虏的室韦人去见赵霸，说是他们的酋长派他来的，请赵霸到一处平地会合。赵霸不知是计，带着兵马进入了阿保机的埋伏圈。平原旷野利于契丹人的骑兵作战，赵霸来到这里自然是自寻死路。就在赵霸毫无防备之际，阿保机的伏兵从四面杀将出来，赵霸被生擒活捉，部众全部被杀。阿保机接着再去攻打黑车子室韦，结果也是取得胜利。

天祐二年（905年），唐朝河东节度使、晋王李克用派人来见阿保机，希望与阿保机结盟，一同对付刘仁恭，阿保机立即就答应了。当年十月，阿保机率领七万名骑兵，来到河东所辖的云州（今山西省大同市），受到李克用盛情款待。酒至正酣，李克用说他在木瓜涧之战中败给了刘仁恭，很想去报仇，但又担心兵马不足，想请阿保机帮忙，阿保机马上就爽快地答应了。二人还互换袍马，结为兄弟。阿保机亲自带兵去打刘仁恭，一连攻下几个州，把那里的百姓带回了契丹。

天祐三年（906年）二月，阿保机又南下攻打刘仁恭，抢掠了不少百姓和财物。回军途中，阿保机趁机攻打山北一带的奚族人，取得大胜。当年十一月，阿保机再派一支人马去攻打东部奚各部，以及东北女真中没有归附的部落，全部打败了他们，使他们臣服。

从阿保机四处征伐，以及南下结盟等事来看，阿保机想做什么事，已经不再考虑痕德堇可汗的感受了。天祐三年十二月，痕德堇可汗去世了，一共当了两届可汗。按当时的规矩，新的可汗必须在遥辇氏家族中选拔，然而此时已经有人不希望再从遥辇氏家族中选拔了，此人便是耶律曷鲁。

耶律曷鲁既然忠心地追随阿保机，当然希望阿保机能够做成更大的事业，只当一个部的夷离堇当然不行。耶律曷鲁于是劝阿保机参加八部联盟可汗的选举，他还向族人推荐阿保机当可汗。

耶律曷鲁这个时候提出这个建议，可以说水到渠成，因为经过多年的努力，耶律家族已经成为八部联盟事实上的首领，遥辇氏已经成为傀儡，只不过阿保机不好意思提出来取代这个傀儡，而是由耶律曷鲁提了出来。耶律家族已经比遥辇氏家族强大，阿保机又是耶律家族中最有实力的人，由他当可汗，谁会不赞同呢？

阿保机就不赞同，他拒绝当这个可汗。其实阿保机不过是在做做样子，他怎么会不想当可汗呢？所以，在耶律曷鲁带着一帮人不断地劝进后，阿保机经过形式上的"三让"最终也就答应了。唐朝天祐四年（907年）正月，阿保机被选举为契丹八部联盟可汗，遥辇氏后八部时代结束，阿保机的时代到来了。

二、拒绝"世选"

耶律阿保机当了可汗，并没有整天待在大帐中，或者待在他当夷离堇时筑的私城龙化州城（今内蒙古奈曼旗境内）中，养尊处优。他还像过去当夷离堇一样，带领兵马四处征战，讨伐那些不肯降服的以及降而复叛的部族。在阿保机当上可汗的次月，他就去征讨黑车子室韦，降服了八个部落。八个月后，阿保机又去征讨黑车子室韦，再次打败了他们。

当了可汗，阿保机也没有总是亲自出征。第二年五月，阿保机就派他的弟弟耶律剌葛带兵去讨伐乌丸以及黑车子室韦。十月，阿保机再派出一支轻骑兵，去室韦部，讨伐叛逃到室韦部的吐谷浑人。第三年三月，阿保机又派他的弟弟耶律苏，以及夫人述律平的弟弟述律敌鲁，会合沧州节度使刘守文，去攻打卢龙节度使刘守光，取得大胜。十月，阿保机又一次派兵去讨伐黑车子室韦。这已是阿保机第六次讨伐黑车子室韦了，看来这个部族是不太好对付的，所以这一次阿保机派出了一支精锐兵马，称为鹰军，结果取得大胜。

除了黑车子室韦，与契丹族同源的奚族也总是降而复叛。其实，奚族人虽然与契丹人同源，但多年来一直受到契丹人的压迫，以致一部分奚族人离开故土，到山后地区的妫州（今河北省怀来县东南）一带居住。山后地区的奚族人称西部奚，而东部故土那里的奚族人则称东部奚。阿保机在当上可汗的前一年，曾经征服了西部奚、东部奚各部，然而几年后，他们又背叛了契丹。不仅如此，在阿保机当上可汗的第四年，乌马山一带的奚族人也发生了叛乱。

对于奚族，阿保机除了用武力讨伐，也曾多次派人招抚，只是效果不佳。阿保机决定再次亲自出马，用武力征服这个部族。在阿保机当上可汗的第四年十月，他带领兵马到达乌马山，打败这里的库支、查剌底、锄勃德等部的奚族人。在阿保机当上可汗的第五年，他再次讨伐奚族当中实力强大的西部奚与东部奚，又一次打败他们。打败了东部奚后，阿保机从此全部占据东部奚包括另一部族霫（音同习）族的地方，其范围东到大海，南及白檀，西越松漠，北抵潢水（今西拉木伦河），总计五部，全部纳入版图。

阿保机当了五年可汗，他忘记了一件重要的事，那就是三年一次的可汗"世选"，他已经当了一届零两年。阿保机不是连任，因为他根本就没有举行"世选"。史书上说，阿保机之所以不举行世选，是听了汉人的建议。是哪位汉人，史书上没有讲，一些研究者认为，这个汉人就是韩延徽。

韩延徽是幽州安次县（今河北省廊坊市安次区）人，生于官宦之家，父亲曾经担任过蓟州、儒州、顺州刺史。韩延徽小的时候就很出众，卢龙节度使刘仁恭让他先后担任幽都府文学、平州录事参军、幽州观察度支使。唐天祐四年（907年）四月，刘守光囚禁父亲刘仁恭，宣布自己为卢龙节度使。后来，刘守光想结交契丹作为后援，就派韩延徽出使契丹。韩延徽见到阿保机，坚决不肯向他行跪拜之礼。阿保机非常生气，就把韩延徽扣留下来，让他到野外去放马。

阿保机的夫人述律平认为韩延徽很有原则，不屈不挠，是个贤士，她建议阿保机不要窘迫和侮辱韩延徽，应该礼遇韩延徽。阿保机觉得述律平的话很有道理，于是就召见韩延徽，一交谈才发现，他与韩延徽很是投机。阿保机决定留下韩延徽，让他参与军事谋划。韩延徽从此成为阿保机的主要谋士。

韩延徽为阿保机解决的一个重要的问题就是如何把汉人留住。

阿保机四处征战，主要是征服那些没有臣服的部族，而在汉人区作战，主要是抢掠人口与财物。经过多年的作战，阿保机的部众中已经有了大量汉人。阿保机希望这些汉人为他干活，但这些汉人不习惯草原的生活，总想逃跑。阿保机对这个问题很是头疼。

韩延徽给阿保机出的主意是，修建城池，让汉人住在里边。为了解决他们想家的问题，韩延徽提出给这些新修建的城池就按汉人家乡的名字来命名，让同乡的人都住在一个地方。如此一来，在契丹出现大量的州郡，这些州郡的名字与内地汉人的州郡名字相同。为了让这些汉人能够长期安心地生活下去，韩延徽还让阿保机为这些汉人选择配偶，划出田地给他们耕种。从此，汉人逃跑的也就少了。

然而不久，韩延徽自己却想逃回内地，他也想回老家。不过韩延徽没有逃回幽州安次县家中，而是来到河东。河东节度使、晋王李克用已经病逝，他的儿子李存勖当了晋王，韩延徽就去投奔李存勖。李存勖让韩延徽当掌书记，没想到另一位将领王缄嫉妒他。韩延徽不敢再留在河东，便回幽州老家探望亲人，最后躲在老朋友王德明家中。韩延徽这个时候已经不敢留在幽州，因为刘守光已经被李存勖消灭了，这里已经不再是刘守光的地盘了。韩延徽决定还是前往契丹，投靠阿保机。王德明认为韩延徽再回契丹，阿保机一定会对他不利，毕竟他是逃回来的。韩延徽则认为他是阿保机的左右手，如果他再回契丹，阿保机不仅不会生气，还会很高兴。

韩延徽回到契丹后，阿保机果然没有生气，只是问他为何不辞而别。韩延徽说忘记亲人是不孝，背弃君王是不忠，所以他先去后回。阿保机听后果然很高兴，还给韩延徽赐名为"匣列"，这个名字在契丹语中的意思是再次到来。阿保机还让韩延徽当守政事令、崇文馆大学士，宫廷内外的事，都让韩延徽参与决策。韩延徽最后也成为阿保机的二十一位功臣之一。

韩延徽当的这些官，都是中原朝廷的官职名称，说明此时的阿保机不仅采用蕃汉分治的方式，官职的名称也已经有了北面、南面区分的雏形。管理契丹人以及其他部族的人，采用契丹的官名，比如于越、北府宰相、南府宰相、夷离堇等，这属于北面官体系。管理汉人采用与中原国家相同的官名，比如政事令之类的官职，这属于南面官体系。

除了韩延徽，韩知古与康默记这两位汉人也曾担任类似的官职。

韩知古是蓟州玉田县（今河北省玉田县）人，幼年时被俘入契丹，后来作为陪嫁的奴隶，跟随述律平到了阿保机的家。韩知古一开始并未引起阿保机的注意，很不得志。后来，韩知古的儿子韩匡嗣有机会见到阿保机，向阿保机推荐了他的父亲，阿保机这才发现韩知古的才能，从此非常赏识他并重用他，任命他为左仆射。韩知古最后也成为阿保机的二十一位功臣之一。

康默记本是蓟州（今天津市蓟州区）衙校，阿保机攻打蓟州时得到他，赏识他的才干，收为麾下，让康默记当左尚书。康默记很擅长处理律法方面的事务，特别是涉及契丹人与汉人的纠纷，他裁决的结果，人人都觉得很公平。后来阿保机又让康默记担任夷离毕，负责刑狱，这已属于北面官了。作为汉人，能担任处理契丹人事务的北面官，确实是一件了不起的事。康默记同样也成为阿保机的二十一位功臣之一。

韩延徽不仅让阿保机用汉人的官职来任命他们这些汉人，他还劝阿保机也要学习汉人的做法。韩延徽告诉阿保机，中原的帝王没有三年一选的制度。阿保机听说中原的帝王是要干一辈子的，很是羡慕。阿保机于是准备把可汗一直当下去，三年到了也不举行"世选"。

然而，第五年就有人不高兴了，要公开反对他了。

三、诸弟之乱

有人没有忘记"世选"可汗的事，他们不是别人，正是耶律阿保机的几位兄弟。阿保机一共有五位兄弟，分别是耶律剌葛、耶律迭剌、耶律寅底石、耶律安端和耶律苏。五位兄弟中前四位准备造大哥阿保机的反，把阿保机从可汗位置上撵下来，由他们当中的一个人来当，当然是要采取"世选"的方式。阿保机的六弟耶律苏并没有参与这个谋划，因为他很忠于大哥，所以耶律苏后来也成为阿保机的二十一位功臣之一。不过遗憾的是,《辽史》竟然没有为耶律苏设传,不能不说《辽史》的编写者也太不认真了。

就在阿保机征服西部奚、东部奚的四个月后,耶律剌葛、耶律迭剌、耶律寅底石、耶律安端兄弟四个就在悄悄谋划让大哥阿保机退位。百密还有一疏,耶律安端的妻子粘睦姑知道这事后,就向阿保机做了报告。阿保机听了这一消息,虽然也很生气,但还是想原谅这几位兄弟,看来阿保机还是有一定心胸的。历史上那些心狠手辣的帝王,对图谋不轨的人,哪怕是亲兄弟,也是赶尽杀绝,斩草除根。阿保机把这几位兄弟叫了过来,带着他们一起上了一座山,在山顶上杀牛宰马,祭祀天地,然后一起盟誓。阿保机要他们不要再反对自己,他也承诺不会加害他们。

阿保机也考虑到兄弟们的感受,需要进行安抚,于是让耶律剌葛出任迭剌部夷离堇。阿保机也要奖励耶律安端的妻子粘睦姑,因为她及时汇报了这个事,阿保机封她为晋国夫人。

阿保机确实不担心兄弟们会再次反对他,他又开始他的征伐大计。在阿保机当上可汗的第六年二月,他亲自带兵南下幽州(今北京市),征讨已经称帝的刘守光。三月,阿保机无功而返。七月,阿保机又去征讨术不姑部,使其归降,俘虏上万人。阿保机又分出一部兵马交给兄弟耶律剌葛,让他去攻打卢龙军所辖的平州(今河北省卢龙县)。由此可见,阿保机已经不再怀疑这位带头闹事的兄弟了。三个月后,耶律剌葛攻克了平州,带兵返回契丹。

此时的耶律剌葛又想起了大哥的可汗之位应当世选一事,他对此还是耿耿于怀。看来耶律剌葛即使当了迭剌部夷离堇,还是心有不平。耶律剌葛于是再次联合耶律迭剌、耶律寅底石、耶律安端几位兄弟,准备以武力逼迫大哥阿保机让位。

耶律剌葛得知阿保机当时正带领兵马在北阿鲁山,准备带着所部兵马去拦截。阿保机得到消息,立即带领兵马快速南进,前往一个叫十七泺的地方。阿保机不想与兄弟们兵戎相见,那样总会有伤亡,而且是兄弟相残,这是阿保机不想看到的。阿保机心想，不就是说我没有举行"世选"吗，我现在就把这个仪式给搞一下。

契丹可汗的世选结束，会有一个燔柴礼，也就是当选的人点燃一捆柴火，祭拜上天，以表示完成世选。淳朴的契丹人看到这个仪式之后，也就心悦诚服了。阿保机决定就在十七泺这里堆起柴火，燔柴祭天。第二天，阿保机又在七渡河驻兵。他的那几位想造反的兄弟听说大哥已经举行过燔柴礼，只好认了，而且个个派人前来请罪。阿保机仍然很怜惜他们，不想给他们加罪，准许他们悔过自新。

第二年正月，阿保机驻军赤水城，耶律剌葛等人前来投降。阿保机穿着平常的衣服，骑着赭白马，解下兵器，只带两个护卫，接受投降。阿保机对他们又加以抚慰开导。耶律剌葛等人离开后，阿保机又多次派人前往安抚。

仅仅过了两个月，耶律剌葛又蠢蠢欲动了。

当年三月，耶律阿保机驻军芦水，耶律剌葛与耶律安端带领一千多名骑兵前来，提出要觐见阿保机。阿保机知道他们不怀好意，于是派出兵马将他们的士兵俘虏，然后再把这些士兵分给其他将领，以削弱耶律剌葛他们的实力。耶律剌葛知道打不过阿保机，于是带着部下来到乙室堇淀，置办可汗才拥有的旗鼓，准备自立为可汗。

不得不说，耶律剌葛这一次也聪明起来了，因为他采用"世选"的方式把自己给选了出来，还烧了柴火祭天，这就让阿保机非常被动。然而阿保机既然已经不遵守"世选"的规则，又怎么会承认耶律剌葛的"世选"呢？阿保机听说耶律剌葛自己要当可汗，马上就带领兵马打了过来。

耶律剌葛也不示弱，他派兄弟耶律寅底石带领一支人马直捣阿保机的行宫，焚烧辎重、庐帐、见人就杀。当时，阿保机的夫人述律平就在行宫，她没有被吓倒，一边冷静地指挥作战，一边派人救火，把象征可汗身份的旗鼓给抢了出来。阿保机的这个旗鼓可不是自己做出来的，而是唐朝皇帝赐予的。

耶律剌葛打不过阿保机，向北方逃去。有人劝阿保机快速追击，阿保机说让他们跑远点，在他们的部众思念故土时再打他们，就容易取胜。四月，阿保机才带兵去追击耶律剌葛，耶律剌葛不再逃跑，带领兵马迎战。由于阿保机事先埋下了伏兵，耶律剌葛被打败。耶律剌葛烧掉车辆、庐帐继续逃走，部众大多被俘虏。

阿保机继续追击耶律剌葛，一直到札堵河。五月，阿保机派北府宰相述律敌鲁带领骁骑渡河继续追击耶律剌葛。不久，就有消息报来，说述律敌鲁已经在榆河擒获耶律剌葛等人。耶律剌葛等人知道自己又输了，于是反绑自己，牵着羊前往阿保机处请罪。阿保机将耶律剌葛的名字改为暴里，把俘虏的六百人以及两千三百匹马分给各军。

耶律剌葛等人被擒了，阿保机没有马上就对他们进行审判处罚，而是先对那些从犯进行问责，阿保机真能容忍这几个闹事的兄弟。对于叛党雅里、弥里，把他们活埋在铜河南面的道路之下。养子涅里思因跟随耶律剌葛等人作乱，阿保机下令用鬼箭射死。夷离堇涅里衮也跟随耶律剌葛作乱，阿保机不忍心杀他，让他自己投崖而死。还有二十九名叛党，被阿保机下令车裂而死，他们的妻女则赏赐给有功将校。还有六千名余党，按情节轻重判刑。对于跟随耶律剌葛作乱的百姓，则大多放回乡里。

第二年就是阿保机当上可汗的第八年。这一年正月，阿保机终于任命自己最信赖的人耶律曷鲁为迭剌部的夷离堇。这个时候的耶律曷鲁已经不再拒绝，大概是认为阿保机已经巩固了自己的位置，不再需要他形影不离地保护了。

当月，参与耶律剌葛叛乱的怖胡、亚里只等十七人被于骨里部人擒获，并押送到阿保机处。阿保机亲自审问他们，他们供出很多宗室中人。阿保机不打算对宗室的人大开杀戒，最后只是把首恶怖胡杖杀，其他人一律释放。阿保机叔父耶律释鲁的儿子耶律滑哥多次心存不轨，阿保机总是宽容他，但他一直不思悔改，这一次也参与了叛乱。阿保机于是召集父老列数耶律滑哥的罪恶，连同他的儿子一起处死，把他的财物分给卫士们。

还有三百多名逆党，案件已经审结，罪当处死。阿保机考虑到人死不能复生，恩赐他们宴饮一天，按各人的喜好，自由活动。于是，酒足饭饱之后，这些人有的唱歌，有的跳舞，有的射箭，有的摔跤，各尽其兴。第二天，阿保机让人对他们进行了宣判。

诸弟之乱的罪魁祸首是耶律剌葛，其次是耶律迭剌，罪当处死。然而阿保机念及他们是他的弟弟，不忍心诛杀他们，于是在施行杖刑之后，把他们释放。另两位弟弟耶律寅底石、耶律安端，本性庸弱，只是受到耶律剌葛的指使，阿保机宽恕了他们的罪行。耶律剌葛的妻子辖剌已参与策划了叛乱，阿保机下令把她绞死。耶律寅底石的妻子涅离属于胁从，耶律安端的妻子粘睦姑曾有报告的功劳，阿保机赦免了她们。半年后，七月初一，有司奏报说各帐族参与谋反的有三百多人，已经伏诛，并暴尸示众。

经过三次平叛，阿保机基本消灭了本家族的反对势力。然而，这场内乱对契丹各部也产生了恶劣的影响，阿保机本人就曾说过，由于三次平叛，民间原有上万匹马，到现在百姓出门都要步行了。

再过一年就是阿保机当上可汗的第九年，按规定又该世选了。兄弟们都被降服了，迭剌部也没有人敢反对了，阿保机也想继续把这个可汗当下去。然而，契丹有八部，可汗是八部的可汗，其他七部的首领也开始有意见了。

四、称帝建国

契丹有八部，是联盟的形式，也就是说是一个松散的组织。可汗虽然是八部联盟的首领，但各部的首领也有一定的权力。严格地讲，契丹并不是一个统一的国家。耶律阿保机想一直当契丹八部的可汗，虽然他的耶律家族不会有人反对，他所在的迭剌部也不会有人反对，但另外七部的首领却有意见了，他们不希望阿保机破坏契丹族存在多年的"世选"制度。

在阿保机当上可汗的第九年，按规定又是一个世选年，然而阿保机仍然不搞世选，另外七部的首领便向阿保机提出了质疑。阿保机当然不甘心让出可汗的位置，但面对七部的发难，也不能不考虑应对之策，毕竟这七部联合起来，实力也不容小觑。阿保机是何等聪明，再加上多年与汉人谋士在一起，那可是眉头一皱，计上心来。

阿保机决定以退为进，他把象征可汗的旗鼓交给七部首领，以此表明他不当可汗了，至于谁来当，由七部首领们去定吧。阿保机还对七部首领说，他在位九年，得到很多汉人，他想建一座城，专门管理汉人，这个城就叫汉城。阿保机的意思是他要带领部众中的汉人，自成一部，相当于契丹八部之外的一部。七部首领对阿保机的想法一点意见没有，马上就答应了。

阿保机于是选了一块地方，建了一座城池，由他与他的汉人部众居住。这个地方在炭山东南的滦河上，北魏时曾在这里设置滑盐县（今河北省滦平县南），因为这里能够产盐。阿保机不仅看中这里产盐，还看中这里产铁，要知道，有了铁，就能制造锐利的兵器，能够提高作战的能力。除了盐、铁，这里水土肥沃，非常适合耕种。阿保机带领汉人部众在这里搞起了农业生产，还按照幽州（今北京市）那里的制度，修建城郭、房屋与街市。我们有理由相信，从幽州来的韩延徽在这里一定起了很大的作用。

阿保机显然是有头脑的，他控制了盐池，也就间接控制了契丹各部，因为大家总是要吃盐的，有了盐巴，那些肉吃起来才更有滋味。阿保机并没有不给各部提供盐，他正是要通过给大家提供盐来让大家依赖他。终于有一天，阿保机的夫人述律平出了一个计策，她让阿保机对契丹各部首领说，大家都知道要吃盐，却不知道盐是有主人的，我就是盐的主人，你们应当感激我，到我这里来犒劳我。

契丹各部的首领显然是很淳朴的，他们确实从心里感激阿保机，他们也很快就带着牛肉与美酒来到阿保机所在的汉城。他们不是来赴阿保机设下的盛大宴席，而是来摆下宴席，感谢阿保机的。然而，阿保机已经把这个宴会当作"鸿门宴"，他要把这些让他当不成可汗的首领全部干掉。这正是他夫人述律平的计策，可见述律平就是一个心狠手辣的女人。这些首领到了汉城，开怀畅饮，就在他们酒至正酣时，阿保机埋伏在附近的勇士们一齐冲出，手起刀落，把他们全部送去了天堂。

　　阿保机此时准备宣布自己继续当契丹的可汗，汉人又给他出主意了，很可能还是那个二十一功臣之一的韩延徽。他对阿保机说，不要再当可汗了，因为当了可汗，三年还得要再选，你干脆像中原帝王一样，当皇帝吧，皇帝没有三年一选的说法。不仅如此，皇帝死了，也不会选别人，而是由皇帝的儿子继续当。阿保机采纳了这个建议，他决定不再当可汗，而是要当皇帝。

　　阿保机没有在他的汉城登基当皇帝，毕竟这是契丹居住区的南边，不是契丹人的核心地区。他很快就回到契丹人生活的潢水（今内蒙古赤峰市境内西拉木伦河）与土护真水（今老哈河）一带，那里有他的一座城，这便是他很早就筑好的龙化州城。

　　当初阿保机当可汗，他的堂兄弟耶律曷鲁的功劳很大。现在阿保机要当皇帝，怎么会少了耶律曷鲁的努力呢？后梁贞明二年（916年）二月初一，已经当了两年迭剌部夷离堇的耶律曷鲁就带领百官，请求阿保机当皇帝。这可是阿保机十分期盼的结果，然而阿保机还得做做样子，他不能一下子就答应下来。耶律曷鲁与百官连续请求三次，阿保机才表示接受。

　　二月十一日，阿保机正式称帝，定国号为契丹，年号为神册。此时的契丹国虽然还是分为几个部，但部落联盟的形式已经不复存在，阿保机已经统一了契丹各部。阿保机的国号依然叫契丹，多年以后，他的后继者把国号改为辽，所以他的国家又称辽国，他也被史书称为辽太祖。

　　三月初二，阿保机将他的第一功臣耶律曷鲁升为于越，其他百官也都有擢升。阿保机还册立十八岁的长子耶律倍为皇太子。耶律曷鲁当了于越，已经位极人臣，然而他只当了三年的于越，就病逝了。病逝前，阿保机问耶律曷鲁还有什么话要说，耶律曷鲁说只有一件事让他放心不下，这便是将迭剌部分为两个部的事一直议而未决，希望能尽快定下来。

　　尽管阿保机也认为迭剌部太大太强，又没有耶律曷鲁这样有本领又值得信赖的人当夷离堇，但他还是没有下定决心将迭剌部一分为二。又过了三年，阿保机才终于决定将迭剌部分为两个部，分别叫五院部、六院部，也称北院部、南院部，各有一位夷离堇。如此一来，契丹八部改称为九部。当然，经过阿保机多年的征伐，他的契丹国早就不止八部，更多的部族已经加入进来，分别由北宰相府与南宰相府管辖。

阿保机是在他的私城龙化州城称帝的，龙化州城就是契丹国的都城。整整两年后，也就是神册三年（918年）二月，阿保机在迭剌部所在地西楼（今内蒙古巴林左旗林东镇）修建皇都城。阿保机让左尚书康默记担任版筑使，负责这项工程。康默记部署得当，人人用力，一百天就得以顺利完工。二十年后，皇都被更名为上京临潢府。

契丹人这个时候之所以能够崛起，当然与阿保机的雄才大略有关，然而时运也很重要。要知道契丹人已经存在了五百多年，为何这个时候才会在历史舞台上大放光彩？唐朝强盛时，契丹人臣服唐朝，接受唐朝皇帝的册封，把唐朝皇帝赐予的旗鼓当作信物，有如中原皇帝的玉玺。唐朝衰退了，草原上的回鹘强盛了，契丹人又臣服回鹘。回鹘衰退时，唐朝又进入藩镇混战的乱世，唐朝朝廷无力管辖契丹，契丹便开始在草原上活跃起来。唐朝灭亡后，中原又进入五代十国的混乱时期，这也是契丹能够继续活跃下去的原因之一。

阿保机不满足大草原，他在征讨草原上不臣服的部族时，也南下越过长城作战，他很想占领汉人的城池，他想当中原与草原人共同的皇帝。阿保机有这样的想法，这与他仰慕汉文化有关，也多少与那些汉人谋士有关。

阿保机能否带领他的契丹国入主中原呢？

五、南下作战

在阿保机称帝之后的八年中，他的作战主要在长城以南，他想与中原国家争夺领地。在阿保机称帝之前，也曾到南方作战，但攻下城池并不占领，只把那里的百姓与财物抢走。阿保机当时的作战，主要以抢掠为主。称帝之后的阿保机明显有了转变，他不仅要人要物，还要城池与土地。当然，夺取城池与土地也不是一件容易的事，有时候虽然攻了下来，但往往还是不能守住。

神册元年（916年）八月，阿保机到河东境内作战，他率领大军穿过振武军所辖的麟州、胜州，直扑朔州（今山西省朔州市）。朔州是振武军的治所，晋王李存勖任命的振武节度使李嗣本就镇守在这里。李存勖当时不仅拥有河东地区的河东军、振武军，还拥有河北北部的几个藩镇，刚刚与后梁发生了魏州之战，已经把后梁的天雄军给占领了。李存勖正集中精力与后梁争夺天下，阿保机此时出兵攻打李存勖的后方，确实是一个好时机。

果然，阿保机一出战，便击败并俘虏了李嗣本。阿保机派人带着文书前往云州（今山西省大同市），去见镇守在这里的大同防御使李存璋，要李存璋拿出钱来，赎回李嗣本。李存璋不接受，下令把阿保机的使节杀了。阿保机得到这个消息，非常愤怒，带领大军再来攻打云州。李存璋坚守城池抵抗，同时派人向晋王李存勖告急。

李存勖担心后方有失，立即离开魏州（今河北省大名县）前线，前往云州增援李存璋。李存勖才到代州（今山西省代县），阿保机就得到了消息。阿保机不想与李存勖交锋，于是解围云州，北返契丹，李存勖也立即掉头南返。

神册二年（917年）二月，李存勖命令兄弟李存矩招募骁勇之士并征集五百匹战马送到魏州，准备向后梁发起新一轮进攻。李存矩当时担任威塞军防御使，镇守在新州（今河北省涿鹿县）。李存矩与神将卢文进带着新招募的兵马到达涿州城西南的祁沟关时，小校宫彦璋发动士兵杀掉李存矩，逼迫卢文进担任首领，带领众人返回新州。到了新州后，守将杨全章紧闭城门不让卢文进等人入城。卢文进于是攻打北边的武州（今河北省张家口市宣化区），打算割据武州。新州、武州都是卢龙军的辖区，李存勖任命的卢龙节度使周德威立即派兵讨伐卢文进，卢文进无处容身，便带领部众北投契丹。

阿保机收留了卢文进，卢文进恳请阿保机发兵南下，夺取卢龙军所辖州郡。阿保机本想亲自带兵南下，被皇后述律平劝止。于是，阿保机给卢文进一支兵马，让卢文进自己南下夺取新州。当年三月，卢文进带领契丹兵马攻打新州，击败守军，占领新州城。

远在魏州的李存勖得到消息，传令卢龙节度使周德威，会合河东、成德、义武三镇兵马前往攻打新州。周德威带领大军一连攻了十多天，没有攻克。这时，卢文进的救兵来了，三十万大军，由契丹皇帝阿保机亲自率领。周德威寡不敌众，被阿保机击败，一路逃回卢龙军的治所幽州（今北京市）城中。

阿保机乘胜追击，一直追到幽州城下。契丹兵马是草原上的骑兵，虽然剽悍，但不懂得攻城之术，然而卢文进是懂得的。卢文进让契丹士兵挖掘地道，从四面八方日夜不停地进攻。周德威则在城中挖掘壕沟，灌满油脂以阻截进入城中的契丹士兵。

卢文进又让契丹士兵在城外依着城墙推土成山，然后从土山上攻入城中。周德威则派人熔化铜水，洒在土山上，一天之内杀死千余名契丹士兵，但契丹的攻势仍然没有停止。面对数量众多的契丹大军，周德威也十分担心，于是派人快马南下魏州，向晋王李存勖告急求救。李存勖派李存审、李嗣源、阎宝等将带领大军前往增援周德威。

当年六月，阿保机仍然没有攻克幽州城。天气开始转热，阿保机留下于越耶律曷鲁继续围攻幽州，自己北返契丹避暑。阿保机刚走不久，他的那位曾经带头造反的弟弟耶律剌葛就带着儿子一起背叛了他，逃入幽州城中，投奔了周德威。八月，李存审等人到达幽州，与耶律曷鲁交战。耶律曷鲁因兵马不足，不能取胜，于是撤兵北返。

三年后，阿保机又开始南下用兵了。神册五年（920年）九月，阿保机派皇太子耶律倍带领兵马南下，攻打晋王李存勖的天德军（今内蒙古乌拉特前旗境内）。十月十五日，天德节度使宋瑶投降。阿保机得到消息，给宋瑶赏赐弓矢、鞍马、旗鼓，将天德军改名为应天军。第二天，契丹大军班师，宋瑶又背叛契丹，耶律倍于是又带领大军前来攻打宋瑶。这一次，耶律倍攻克了天德城，擒获宋瑶，还把他的部众迁到阴山之南。

又过了一年，神册六年（921年）十一月，阿保机派大军再次南下，攻打李存勖的领地。阿保机这次之所以南下，一个原因是卢文进多次的请求，还有一个原因是义武节度使王处直儿子王郁的煽动。义武军本来已经归降李存勖，但不久前，王处直的义子王都囚禁了王处直，由自己当节度使，还得到李存勖的承认，王郁便投奔了契丹国，请阿保机率兵南下。当时，不只是义武军，南边的成德军也出现内乱，成德节度使王镕被他的义子张文礼杀害，张文礼当了节度使。李存勖没有承认这个结果，他亲自带兵到成德军的治所镇州（今河北省正定县）讨伐张文礼。几年来，阿保机一直与李存勖作战，没有得到多少好处，这一次也许是一个良机，阿保机不想放弃。

述律皇后不赞同阿保机南下作战，她认为阿保机已经拥有漫山遍野的牛羊，财产丰富，生活无忧，为什么还要劳师动众，千里远征，为了争夺一点点的小利？述律皇后还说李存勖作战，天下没有敌手，如果阿保机失败，后悔莫及。阿保机没有听，毅然率兵南下。其实述律皇后的看法与阿保机已经不同，此时的阿保机作战，已经不再是为了抢掠人和物，他已经想与中原帝王争夺天下了。不过述律皇后的第二句话有些道理，阿保机当时面对的是一个强劲的对手李存勖，所以他南下中原的目标很难实现。然而阿保机没有认输，他还是要去实现他的目标。

十二月，阿保机大军到达幽州，随即攻打幽州城。幽州攻不下来，阿保机没有恋战，他绕开幽州继续南进，围攻涿州（今河北省涿州市）。用了十天时间，阿保机就攻克了涿州城，俘虏了涿州刺史李嗣弼。阿保机派皇太子耶律倍与王郁率兵继续南进，攻打义武军的治所定州（今河北省定州市），自己随后跟进。镇守定州的王都担心守不住定州，于是派人向已经到达镇州的李存勖求救。

李存勖暂停攻打镇州城,亲自带领兵马北上定州增援王都。神册七年（公元922年）正月,李存勖到达新城（今河北省新乐市南）的北面,与契丹一部兵马遭遇。契丹兵马见到李存勖突然到来,十分惊慌,匆忙北撤。李存勖追击数十里后,俘虏了阿保机的小儿子耶律牙里果。

阿保机当时已经扎营定州城外,听说李存勖杀来,立即下令大军向定州北面的望都（今河北省望都县）撤去。李存勖带领大军挺进望都,与契丹大军再度激战,再一次取得大胜。阿保机只好下令继续北撤,李存勖一直追到易州（今河北省易县）。当时,已经下了十天的大雪,契丹大军没有粮食,没有草料,士兵死亡很多。阿保机举手指天,对卢文进说,老天不让他到这里来啊。阿保机决定停止这次南征,下令返回契丹。李存勖一直追到幽州,还派二百人出境,继续追击一番。阿保机实在忍无可忍,下令反击,把这二百人全部俘虏。阿保机一走,李存勖的守将便收复了被阿保机攻占的妫州、儒州与武州。

阿保机回国后,更改年号为天赞。当年十一月,阿保机任命次子耶律德光为天下兵马大元帅,派耶律德光带领兵马到蓟州（今天津市蓟州区）北部一带攻城略地。天赞二年（923年）正月,耶律德光攻克平州（今河北省卢龙县）,俘虏刺史赵思温。二月,阿保机到达平州,以平州为治所,设立卢龙军,任命卢文进为节度使。阿保机后来还将平州分割出一部分,设立一个新的州,即滦州（今河北省滦州市）。

四月,阿保机命令耶律德光率部南进,攻打幽州。晋王李存勖当时正忙于登基称帝,他派大将李存审赶往幽州御敌。耶律德光久攻幽州不下,转师南攻,虽然攻入易州、定州等地,但由于幽州一直不能攻克,便于当年五月撤兵,返回契丹国。第二年正月,契丹兵马再次南攻幽州,在后唐守将李存审、援军李嗣源的抵御下,又一次撤兵。

阿保机对八年来在南方的作战进行了反思,他要调整策略。

六、征服漠北

天赞三年（924年）六月十八日，辽太祖耶律阿保机召集皇后、皇太子、大元帅、两府宰相、各部头议事。阿保机认为这些年四处征战，把两件大事给忽视了。阿保机甚至还认为三年之后，他将有归宿之处，留给他的时间不多了，他要抓紧时间完成这两件大事。阿保机为此还下了一道诏书，群臣都为此感到惊讶，不知道他说的三年之后，会发生什么事。阿保机在诏书中也没有说明两件大事是什么。但是从后面的情况来看，阿保机所说的两件大事确实很重要。

阿保机要做的第一件大事就是去征服漠北，这个选择是正确的，他只有把漠南、漠北大草原上的那些部族全部征服，才能没有后顾之忧地南下中原作战。自古以来，先北后南的模式是容易成功的。阿保机做出这个调整，也是形势使然。前面曾说，阿保机时代的契丹族是幸运的，因为这个时候唐朝衰退，五代更替，而且草原上强大的回鹘汗国已经退出历史舞台。然而阿保机又是不太幸运的，因为中原出现了一个同样强悍的英雄人物，那便是李存勖。阿保机如此调整，便是暂时避开李存勖，先解决北方的问题。

其实，在阿保机称帝后的八年中，他除了在南方作战，也在北方讨伐那些叛乱的部族，以及还没有归附的部族。比如神册元年（916年）七月，阿保机亲征突厥、吐谷浑、党项、小蕃、沙陀各部，都取得了胜利。神册四年（919年）九月至十月，阿保机亲征乌古部，乌古部整个部落从此臣服。神册五年（920年）八月，党项各部叛乱，阿保机又一次亲征。天赞二年（923年）三月，阿保机讨伐叛变的奚族人胡损，用乱箭把他射死。

阿保机在下了诏书说要尽快办好两件大事时，就立即开始行动了。当天，阿保机为出征作了部署，大军由他亲自率领，大元帅耶律德光随军出征。皇后述律平与皇太子耶律倍留在皇都（今内蒙古巴林左旗林东镇），耶律倍代行国事。

天赞三年（924年）八月十九日，阿保机到达乌孤山（今蒙古国乌兰巴托东部肯特山），用鹅祭天。二十八日，阿保机驻军古单于国（今蒙古国前杭爱省哈拉和林市北）。九月初一，阿保机驻军古回鹘城（今蒙古国鄂尔浑河左岸哈喇巴喇哈逊），刻石记功。十一日，阿保机派骑兵进攻阻卜，又派南府宰相耶律苏、南院夷离堇耶律迭里在西南地区攻掠。二十日，耶律苏等人向阿保机献俘。二十二日，阿保机命人取金河水，凿乌山石，乘辇车到达潢河、木叶山，以此表明百川汇海、众山宗岳之意。二十九日，阿保机诏令磨平辟遏可汗故碑（即毗伽可汗碑，在今蒙古国前杭爱省哈拉和林市北），用契丹文、突厥文以及汉文在碑上记录他此次作战的功绩。

值得一提的是，阿保机此次用三种文字在石碑上刻字记功，其中一种文字是契丹文。在阿保机之前，契丹族人只有自己的民族语言，没有自己的文字。阿保机称帝的第五年，他开始命人造字，只用了九个月时间，就把契丹文字造了出来。五年后，阿保机的弟弟耶律迭剌受回鹘文的启发，重新造字。先后造成的两种文字，分别称为契丹大字与契丹小字。阿保机此次在辟遏可汗故碑上刻的是契丹大字。

阿保机到达漠北高原腹地，主要征讨的是阻卜部。阻卜部就是鞑靼部，是回鹘汗国灭亡后活跃在漠北大草原上的一个强大部族。回鹘汗国灭亡后，回鹘人退出漠北大草原，向西迁徙，分为三支。一支在河西走廊，称为甘州回鹘；一支到达高昌，以吐鲁番盆地为中心，称为高昌回鹘；一支在葱岭（帕米尔高原）以西，后来建立了喀拉汗王朝。阿保机接着便要到西部去征讨回鹘。这一年，阿保机打败胡母思山一带的部族，驻军在业得思山，用赤牛青马祭祀天地。他已经逼近回鹘区域，回鹘一个部落的首领霸里就派使前来，向阿保机进贡。

十月初一，阿保机在寓乐山狩猎，捕获数千头野兽，当作军粮。初二，阿保机驻军霸离思山（今新疆哈密市东北巴里坤山脉），派兵马继续向西作战。这些兵马越过流沙，攻下浮图城（今新疆吉木萨尔县北破城子），西部边远地区各部族全部被攻了下来。

阿保机的兵锋到达西域征服了当地以高昌回鹘为主的部族后，便开始东返了。阿保机东返走的不是来时的路，他是从漠南东返的，因为他还要去征服甘州回鹘以及党项等部族。

十一月初一，阿保机擒获甘州回鹘的都督毕离遏，派人去见乌母主可汗，要求乌母主可汗向他臣服。乌母主可汗后来派使者前来，向阿保机进贡、谢罪。不久，阿保机又到达霸室山，六百多里路程，一边走一边打猎，每天都有新鲜的肉食，士兵们吃得都很丰盛。

天赞四年（925年）正月，阿保机派人先行回国，把出征以来取得的战绩告诉述律皇后与皇太子耶律倍。述律皇后也很关心阿保机他们，毕竟他们出征已经半年之久。述律皇后派近侍康末怛（音同达）前来问候阿保机的起居，并呈上御服和酒食。

二月，阿保机大军进抵党项部的区域，他派大元帅耶律德光攻打党项部族。当月底，耶律德光向父皇阿保机进献党项俘虏。三月，阿保机在水精山宴请出征将士。四月，阿保机南进，进攻小蕃部，取得胜利。就在当月，述律皇后与太子耶律倍在札里河迎接阿保机。

至此，阿保机的北征、西征基本结束。他没有立即返回皇都，而是于当年五月到室韦北陉避暑，室韦北陉是阿保机的夏捺钵之地。捺钵是契丹民族的一大特色，相当于是流动的朝廷，由此也能看出这个游牧民族的生活习性。

九月初三，阿保机回到皇都，这一次的远征全部结束，前后历时一年零两个月。阿保机此次征服阻卜、胡母思山部、回鹘、党项、小蕃等部族，与之前征服奚族不同，他没有把这些部族纳入契丹国的属部，而是让他们保持一定的独立性，以属国的形式存在。从统一的角度来看，阿保机并没有完全统一这些部族，它们与契丹国保持着朝贡关系。这些属国后来时叛时降，契丹国还要再去征讨。

阿保机已经完成一件大事，他还要去完成另一件大事。

七、消灭渤海国

天赞四年（925年）十二月十六日，耶律阿保机下了一道诏书，对官员们说，两件大事，已经完成了一件，还有一件就是契丹与渤海国有世仇，而此仇一直没有报，岂能按兵不动！

渤海国是靺鞨人建立的。靺鞨有七部，其中有记载的为粟末靺鞨与黑水靺鞨，建立渤海国的是粟末靺鞨。黑水靺鞨到辽朝时已经被称为女真，实际上与渤海国的主体民族粟末靺鞨同族同源。粟末水与黑水分别是今天的松花江与黑龙江。

武周圣历元年（698年），粟末靺鞨首领大祚荣称"震国王"，建立政权。大祚荣之所以用"震"为国名，是因为武则天曾封大祚荣的父亲为震国公，而大祚荣也承袭了这个爵位。先天二年（713年）二月，唐玄宗封大祚荣为"渤海郡王"，兼忽汗州都督。宝应元年（762年），唐代宗封渤海国第三任君王、大祚荣的孙子大钦茂为"渤海国王"，渤海国由郡国正式升格为王国。

渤海国经过多年的发展、壮大，疆域已经非常之大，其范围大致是今天的辽宁省东部、吉林省全部以及黑龙江省南部，直到大海的广大地区，被称为"海东盛国"。当阿保机准备去攻打渤海国时，渤海国已经存在了二百二十七年，当时的国王是大諲譔，都城在忽汗城，就是今天的黑龙江省宁安市渤海镇。由于唐王朝已经灭亡，五代的后唐根本控制不了渤海国。而且在地理上，中原与渤海国的联系已经被卢龙军隔断，所以渤海国处于相对独立的状态，同时也是孤立无援的状态。

史书上说，阿保机之所以要先占领渤海国，就是担心他在南方与后唐交战时，渤海国可能会从后面牵制他。其实这个担忧还是基于先解决北方、再解决南方的思路，而之前阿保机征服漠北也是基于这个考虑。总而言之，阿保机所说的两件大事，都是为他将来南下中原作战解除后顾之忧。

阿保机并没有把他的目的说得很明白，在诏书中更不能明言，因为这会暴露他之后南下作战的意图。然而阿保机还是为东征渤海国找了一个借口，那就是契丹与渤海国有世仇，而这个世仇一直没有报，他不能不出兵。

契丹与渤海国到底有什么世仇，史书中语焉不详。其实，即使契丹与渤海国没有世仇，阿保机仍然会去攻打它。国与国之间只有利益，没有什么爱恨情仇；有时就是有仇，为了某个阶段的利益，也会暂放一旁。当然，以报仇为借口，可以动员士兵们去奋勇作战。有的时候，统治者行动的真实理由，与他们说给百姓们的理由并不相同，因为他们的目的与利益也不完全相同。

阿保机下了诏书不久，便亲率大军出发了。这一次，除了大元帅耶律德光、述律皇后以及皇太子耶律倍也一同出征。阿保机担心后唐会派兵牵制他东征渤海国，所以他在出征的同时，派梅老鞋里为使，前往后唐，与后唐皇帝李存勖修好。

天赞四年（925年）闰十二月二十九日晚上，阿保机带领大军包围渤海国扶余府的府城（在今吉林省吉林市）。四天后，也就是天赞五年（926年）正月初三，阿保机攻克扶余府城，杀其守将。

阿保机率领大军继续东进，向渤海国的都城忽汗城挺进。

正月初九，阿保机到达渤海国上京龙泉府境内，逼近都城忽汗城。渤海国王大諲譔已经派老相率领大军前来阻截，阿保机则派惕隐耶律安端、前北府宰相述律阿古只等人率领一万名骑兵为先锋，前往迎战。两军经过激烈地交战，最终契丹大军取得大胜。当天晚上，皇太子耶律倍、大元帅耶律德光、南府宰相耶律苏、北院夷离堇耶律斜涅赤、南院夷离堇耶律迭里带领人马，包围了忽汗城。

正月十二日，也就是契丹大军围城的三天后，渤海国王大諲譔请求投降。十三日，阿保机将大军驻扎在忽汗城南。十四日，大諲譔身穿素服，用草绳绑住自己，牵着羊，带领三百多名部下出城向阿保机投降。阿保机对大諲譔很是礼遇，接受投降后，将他们释放。

正月十七日，阿保机给渤海国所辖的州县下诏，告诉他们的长官，渤海国的国王已经向契丹国投降。渤海国在全盛时有五京、十五府、六十二州，共辖县一百三十多个（有人推测有两百多个），阿保机想通过一纸诏书招降这些地方。

正月十九日，阿保机派近侍康末怛等十三人进入忽汗城，让大諲譔把渤海国的兵器全部交出来。阿保机此举是想解除渤海国的武装，只有这样才能真正统辖这个国家。让阿保机没有想到的是，康末怛等人进城就再也没有出城，因为他们被渤海国的巡逻兵给杀了。

正月二十日，大諲譔宣布不再臣服阿保机，他准备据城抵抗。阿保机没有办法，只得下令攻打忽汗城。大諲譔显然是估计不足，以为阿保机不能轻易攻克他的都城，没想到当天忽汗城就被阿保机的大军攻破了。阿保机在兵马护卫下亲自入城，大諲譔赶紧来到阿保机的马前请罪。阿保机派出兵马，以护送为名，把大諲譔及他的族人全部押到城外。

阿保机没有立即离开忽汗城返回皇都，他要在此待上一些时日，他要将这个刚兼并的国家安抚好，巩固好。二月初三，安边、鄚颉、南海、定理等府，以及各州节度使、刺史前来朝见阿保机，阿保机对他们妥加安抚，继续任用他们为官，让他们返回镇守之地。

二月初五，阿保机大赦天下，改元天显。

二月十九日，阿保机把渤海国改名为东丹国，意为东契丹国，忽汗城改名为天福城。阿保机留下皇太子耶律倍管理这个国家，为此还特地赐封耶律倍为人皇王，允许有自己的年号，如同天子。阿保机再任命弟弟耶律迭剌为左大相，渤海老相为右大相，渤海司徒大素贤为左次相，已故于越耶律曷鲁的弟弟耶律羽之为右次相，让他们一起辅佐耶律倍。

三月初二，阿保机派夷离毕康默记、左仆射韩延徽带领兵马去攻打没有臣服的长岭府。十三日，安边、鄚颉、定理三府反叛，阿保机又派弟弟耶律安端去讨伐。二十一日，三个府的叛乱全部平定。

三月二十九日，阿保机班师回朝，他把大諲譔及其族人全部带走。阿保机派人护送大諲譔及其族人到契丹皇都西边，筑城让他们居住，并将大諲譔改名为乌鲁古。阿保机仁慈，不想用杀掉大諲譔的方式，来断了渤海国人的念想，以使渤海国人不再有复国之心。他只是让大諲譔隐姓埋名。不过，这只是一个长远的考虑，短时间内还不能让渤海国人不背叛自己。阿保机在东返的途中，原渤海国的一些地方又背叛他，他不得不停下西返的步伐，派大元帅耶律德光去平定它们。

六月二十一日，阿保机驻军慎州（今地不详），后唐使者姚坤来了。原来，后唐的开国皇帝李存勖被人杀害了，其父李克用的养子李嗣源取而代之，史称后唐明宗。明宗李嗣源派姚坤为使，向阿保机通报后唐发生的事情。阿保机接见了姚坤，向姚坤坦言，如果得到黄河以北的土地，他就满足了，也就不会再南下用兵。过了一会儿，阿保机又说，全部得到黄河以北的土地，恐怕也难，如果能够得到河北北部的卢龙军、义武军、成德军三个藩镇也就可以了。这些当然不是姚坤能够答复的。阿保机最后让姚坤回国复命，说他会率领一万名骑兵南下，与后唐皇帝李嗣源见面，希望定一个盟约，让他得到卢龙军。阿保机说他会让汉人管理卢龙军，从此也就不再向后唐用兵。

从阿保机的谈话可以看出，他一开始想得到整个河北，后来又改口说希望得到河北北部的三个藩镇，最后也就想得到卢龙军一个藩镇而已。这绝不是阿保机在缩小胃口，而是一种外交策略，他一定不满足只得到一个藩镇。然而老天并未帮助阿保机。

七月二十日，阿保机驻军扶余府，生起病来，而且越来越重。二十七日，阿保机病逝，终年五十五岁。二十八日，述律太后临朝称制，暂时掌管军国大事。阿保机在天赞三年所说的三年后必有归宿之处，说的就是他已经预感到自己只有三年的寿命了。

八月初七，康默记、韩延徽攻克长岭府。八月初十，述律太后带着阿保机的灵柩西返。十八日，耶律德光平定叛乱，奔赴行在。二十一日，人皇王耶律倍也赶到行在。由于阿保机驾崩之地是扶余府，而且在他病逝的那天，子城上出现一条黄龙，后来便将扶余府改名为黄龙府（五十年后，撤销黄龙府。又过四十五年，在今吉林省农安县重建黄龙府）。

阿保机完成了两件大事,下一步便是要南下中原作战,然而他已经不能完成这个任务了,他只能把这个未竟之业留给他的后人。然而,他的后人首先将面临的是一场皇位争夺战。

第二章　太宗南拓

一、断腕太后

契丹国虽然处于奴隶社会阶段，但太祖耶律阿保机学习中原王朝先进文化制度，已经废除了世选制，采用了世袭制，契丹社会正向封建社会过渡。对于皇位继承人的确定，在中原王朝，都是立嫡立长，而阿保机也册立了嫡长子耶律倍为皇太子，按说耶律倍继承皇位没有人会有异议。

再者，耶律倍在契丹国排在天皇帝阿保机以及地皇后述律平之后，被封为人皇王，从天、地、人顺序来看，他无疑是契丹国的三号人物。现在阿保机驾崩了，耶律倍继承皇位顺理成章。然而有人要破坏这一制度，还打着"世选"的名义，来重新确定皇位继承人。这个人便是契丹国的二号人物皇后述律平。

阿保机与述律平生有三个儿子，长子为耶律倍，次子为耶律德光，三子为耶律李胡。耶律倍深得其父阿保机的喜爱，遗憾的是其母述律平并不喜欢他，述律平希望次子耶律德光当继承人。耶律倍与其父阿保机一样，积极推行汉化，以图采用中原汉人的一些管理制度。然而述律平与次子耶律德光比较保守，还想维持契丹旧有的制度。当然，述律平知道，她要想改变继承人并不容易，毕竟有一些忠于阿保机的大臣会反对。在阿保机病逝后不久，南院夷离堇耶律迭里以及郎君耶律匹鲁等人就提出拥立皇太子耶律倍为皇帝，述律平不仅没有同意，还把他们杀了。

述律平知道还有不少大臣忠于阿保机，会拥护阿保机指定的继承人耶律倍当皇帝，她明白要扭转这个局面，首先要为耶律德光继承皇位扫平道路。于是述律平自己先临朝称制,掌管契丹军国大政。述律平没有像武则天那样称帝当女皇,然而契丹国当时没有皇帝,述律平就如同当了皇帝。

述律平前后称制了一年多,她终于决定要确立新的皇帝了。不过,她还想找个机会再杀掉一批可能影响耶律德光当皇帝的人。天显二年(927年)八月,阿保机的陵墓建成,述律平终于找到借口,那便是让人为阿保机殉葬,以大肆排除异己。

契丹人比较朴实,听到述律平说要他们去为先帝阿保机殉葬,虽然心里不情愿,但一时也说不出反对的理由。然而有一位汉人官员却不吃这一套,这个人叫赵思温,四年前耶律德光攻打平州(今河北省卢龙县)时被俘虏,后来也就当了契丹国的官员,此时已经是汉军都团练使。赵思温也是述律平要求为阿保机殉葬的官员之一。赵思温毫不忧虑,他自有应对之法。

赵思温认为与阿保机最亲近、也最为阿保机宠幸的,莫过于述律皇后,如果要陪葬,述律皇后最合适。赵思温这个说法,相当在理,述律平真的找不出合适的理由来拒绝。然而述律平又不想真的去为阿保机殉葬,她要帮助次子耶律德光当上皇帝,还要为耶律德光的皇位巩固一番,所谓扶上马,再送一程。述律平很精明,她也有自己的办法。

述律平说儿子年龄太小,国政不稳固,她暂且不能陪葬,但为了表示对阿保机的忠心,她也不能不有所表示。述律平说完,马上拿起一把刀,砍下自己一只手,说就让这只手去陪葬。述律平的举动,让在场的大臣们都非常震惊,可以说没有人会想到述律平会有这样的举动。没有人敢再说反对的话了,只好乖乖地去为阿保机殉葬。述律平用这个手段杀了这些大臣,但她还是把赵思温留了下来,她赞扬赵思温忠直,没有让赵思温殉葬。

阿保机的葬礼结束后,述律平主持了继承人的选举事宜。述律平搞的这个选举,只有两位候选人,也就是长子耶律倍与次子耶律德光。述律平让这两个儿子各乘一马,立于帐前,再让各位酋长来选心目中的继承人。述律平的规则不是让各位酋长无记名投票,而是让他们去牵被选举人的马缰。各位酋长都知道述律平想让耶律德光当继承人,就是想选耶律倍也不敢选，因为这一年，大家已经见识到了述律平的"厉害"。结果当然是耶律德光当选，原本是太子的耶律倍遭到了冷落。

耶律德光成为辽国历史上的第二位皇帝，史称辽太宗，当皇帝时已经二十六岁。耶律德光当了皇帝，母后述律平也就成了述律太后。耶律德光在当上皇帝的几天后，举行了柴册礼，也就是点燃一捆柴火，搞一个仪式，表明他当了契丹国的皇帝。这个仪式本是契丹八部联盟可汗当选后举行的，在阿保机废除了"世选制"当了皇帝之后，原本没有必要再搞这个仪式了。述律太后与耶律德光的这个行为，是想表明他们还会再搞"世选制"。

史书上说，原本应当继承皇位的人皇王耶律倍主动提出要由弟弟耶律德光继承皇位，然后耶律德光才当上皇帝的，耶律倍也被称为让国皇帝。如果这是真实的事，很可能也不是出于耶律倍的真心，他的"让"恐怕是迫不得已的。不要说耶律倍的"让"，就是历史的那些"禅让"，又有多少是真心的呢？

耶律倍表现得再与世无争，述律太后与耶律德光母子二人对他还是很不放心，所以一直没有让耶律倍返回他的封国东丹国。他们让耶律倍一直待在契丹的皇都。直到三年后，耶律倍终于有机会回到东丹国，此时他已经有了新的打算。

二、避难后唐

与先帝耶律阿保机相类，耶律德光同样不太幸运。阿保机想南下中原作战时，偏偏中原出现了一位英雄人物李存勖。李存勖虽然是"半截英雄"，当了没几年皇帝就被人杀掉了，但阿保机同样死得很早，他没有机会再南下中原了。按说李存勖去世，耶律德光就该有机会南下中原了，然而接替李存勖皇位的偏偏是明宗李嗣源。李嗣源在位期间，善于治理，使得后唐实力日益雄厚，耶律德光占不到任何便宜。

天显三年（928年）三月，耶律德光即位还不到半年，便出兵与后唐作战。

第二章　太宗南拓

这次出兵的起因是后唐义武军节度使王都背叛后唐,向契丹国投降,后唐明宗李嗣源派兵讨伐王都,王都担心不敌,派人向契丹国求救。耶律德光出兵南下,正是为了帮助王都对抗后唐的讨伐。然而,耶律德光此次出兵却遭到了败绩。当年七月,后唐大将王晏球大败契丹与王都的联军,平定了王都之叛,还俘虏了两千多名契丹士兵。更倒霉的是,契丹兵马北撤经过卢龙军境内时,将领荝剌(音同测辣)还被后唐卢龙节度使赵德钧擒获。

契丹国这一次对中原的用兵,惨败而归,耶律德光为此还派出使者到后唐进贡,此后多年没有向后唐用兵。耶律德光还多次向后唐请求放回被俘虏的将领荝剌。卢龙节度使赵德钧认为,不能放回荝剌,只有这样,契丹才不敢再次犯边,如果将荝剌放回,边患必将再次发生。

契丹与后唐当时没有边患,固然是后唐实力比较强,又有荝剌在此;还有一个重要的原因,那就是耶律德光对大哥耶律倍不放心,内部的巩固更为重要。尽管耶律倍为减少二弟耶律德光对他的猜疑,长期住在皇都(今内蒙古巴林左旗林东镇),而没有前往自己的封国东丹国,但耶律德光对他还是不放心。耶律德光认为东丹国首府天福城(今黑龙江省宁安市渤海镇)远在东北千里之外,难以控制,于是就下诏,把那里的百姓向东迁到离契丹国都城较近的东平郡(今辽宁省辽阳市),还把东平郡升为南京,作为东丹国的新首府。此外,耶律倍滞留皇都期间,东丹国的实际掌权人是右次相耶律羽之,而耶律羽之已经成了耶律德光的心腹,耶律倍这个名义上的东丹王,已经被架空了。

耶律倍在皇都期间,耶律德光还多次驾临他的府第,看似关心这位大哥,实是察看他的动向。耶律德光还曾与耶律倍一同去朝见太后述律平。述律平说他们都擅长书法,让他兄弟二人当面书写一段文字,她要观赏。耶律倍还曾向耶律德光进献白纻(音同纻)布。这兄弟二人看起来好像很和睦,其实不过是表面现象。耶律德光不断采取各种措施,以削弱耶律倍的实力。

天显四年(929年)、五年(公元930年),耶律德光两次驾临南京东平郡，名为视察，实是对这里不放心。南京作为东丹国的新首府，本应由人皇王耶律倍在此镇守，而耶律德光两次前来，还宴请耶律倍的下属官员，实是把东丹国牢牢掌握在自己手中。

天显五年三月，耶律德光册封三弟耶律李胡为皇太弟，兼天下兵马大元帅。耶律德光让三弟耶律李胡当未来的皇位继承人，一方面讨好母后述律平，一方面让大哥耶律倍断了念想。耶律德光做了这些部署之后，终于在当年四月，把大哥耶律倍放回东丹国。

耶律倍回到了东丹国，继续保持低调，韬光养晦。耶律倍先让人修建一个石碑，并撰写碑文，碑文标题就叫《建南京碑》，以纪念耶律德光设置南京的重要事件。耶律倍喜爱书画与作诗，在南京的日子里，他也写了不少诗，其中最主要的便是《乐田园》诗，以此表示自己对国家大权没有什么兴趣。

尽管如此，耶律德光对大哥耶律倍还是不太放心。就在耶律倍回到东丹国首府的几个月后，耶律德光便派人来增加耶律倍的仪卫，实是要以此来监视耶律倍。

后唐明宗李嗣源听说耶律倍的遭遇，马上派人带着诏书，乘船渡海来到东丹国的首府南京东平郡联络耶律倍，劝他到后唐避难。耶律倍担心自己一直留在契丹，最终必定没有好的结果，决定效仿当年的吴太伯。吴太伯也是长子，由于父亲将首领的位置传给了小儿子，也就是吴太伯的弟弟，吴太伯来到了江东，后来成为春秋吴国的第一任君主。

耶律倍接受李嗣源的邀请，于当年十一月，带着自己的爱妾高美人，以及部曲四十人，乘船渡海前往后唐。耶律倍在金州（今辽宁省大连市金州区）即将登船入海时，面对就要离开的故国，无比悲愤。耶律倍在海边立了一块木牌，在上面刻了一首诗："小山压大山，大山全无力。羞见故乡人，从此投外国。"

耶律倍从登州（今山东省蓬莱市）上岸，进入后唐国土，不久到达后唐的都城洛阳，得到后唐明宗李嗣源的热情接待。李嗣源以天子的礼仪来迎接耶律倍，还把庄宗李存勖的一个妃子嫁给耶律倍。天显六年（931年）三月，李嗣源给耶律倍赐姓为东丹，更名为慕华。半年后，李嗣源又给耶律倍赐姓为李，更名为赞华。李嗣源还让耶律倍先后担任怀化、义成、昭信等藩镇节度使。

李嗣源在位期间，边患很少，因为耶律德光没有机会再南下用兵。然而耶律德光又是幸运的，因为李嗣源不久就病逝了，后唐出现了内乱，耶律德光的机会来了。

三、扶植"儿皇帝"

后唐明宗李嗣源于长兴四年（契丹天显八年，933年）十一月病逝，在位七年半时间。李嗣源在选择继承人的问题上非常不明智。李嗣源本想把大位传给年长的儿子李从荣，然而李从荣最终没有得到皇位，还被杀掉。李嗣源最后所传的儿子李从厚也不是一位雄才大略的人。李从厚在洛阳继位时，才二十岁，如同他的名字一样，生性仁厚，朝政大权主要由枢密使朱弘昭、宰相冯赟等人掌控。朱弘昭、冯赟想调整李从珂与石敬瑭这两位节度使的镇守之地，终于给后唐带来了动乱。

李从珂是明宗李嗣源的养子，曾跟随李嗣源四处征战，立下赫赫战功。李嗣源非常喜爱李从珂，要不是因为他是养子，皇位都有可能传给他。李嗣源也没有亏待李从珂，封李从珂为潞王，让李从珂当重要藩镇凤翔军节度使。

石敬瑭是李嗣源的女婿，与李从珂一样，一直跟随李嗣源南征北征，立有战功，在军中很有声望。石敬瑭当时正在另一个重要藩镇河东军担任节度使，治所在太原府。

对于朝廷的调令，李从珂没有接受，他还以清君侧的名义，起兵造反。李从珂带着兵马从凤翔前往都城洛阳，一路非常顺利。应顺元年（契丹天显九年，934年）四月初七，李从珂在李嗣源的灵柩前即位。李从珂即位不久，便派人去把逃到卫州的李从厚毒死。

李从珂的胜利来得太快，这让前往京城朝见新皇帝李从厚的石敬瑭不得不宣称支持李从珂。然而，石敬瑭实力十分雄厚，李从珂对他非常不放心。石敬瑭于是装病，表现出无心争权的样子，骗过了李从珂，使得李从珂同意让他返回太原。其后李从珂也要调整石敬瑭的镇守之地，终于把石敬瑭给逼反了。

石敬瑭接到调他前往天平军担任节度使的诏书，感到很是忧虑。石敬瑭不想接受这份调令，他担心一旦离开河东，必将死于半道。石敬瑭的对策是，先上表称病，看看李从珂的意图，如果宽恕他，他就继续当臣子，如果派兵讨伐他，他就造反。

都押牙刘知远劝石敬瑭起兵造反，自己当皇帝。掌书记桑维翰也赞同起兵造反，还给石敬瑭提供了一个计策。桑维翰建议石敬瑭屈节事奉契丹，万一有急事，早上请求契丹相助，晚上便可到达。石敬瑭也觉得自己的实力不及李从珂，毕竟李从珂已经是皇帝，他可以调动多个藩镇的兵马来对付他，而他石敬瑭只有一个藩镇的兵马。石敬瑭采纳桑维翰的建议，准备找契丹做后援。

有了这个想法，石敬瑭一下子自信了起来，干脆向李从珂直接发起挑衅。石敬瑭给李从珂上了一道奏表，说李从珂是明宗李嗣源的养子，不应当继承帝位，请将大位传给李嗣源的幼子、六岁的许王李从益。

李从珂看了石敬瑭的奏表，大怒，当场将奏表撕碎，扔在地上。李从珂立即下诏，削去石敬瑭的官职和爵位，同时任命建雄节度使张敬达为太原四面招讨使，义武节度使杨光远为副使，命令二人率领河阳节度使张彦琪、安国节度使安审琦、保义节度使相里金、右监门上将军武廷翰、前彰武节度使高行周等人攻打太原，讨伐石敬瑭。

李从珂又下令，杀掉石敬瑭在洛阳的兄弟子侄。石敬瑭的兄弟石敬德被抓获，死于狱中，石敬瑭的堂弟石敬威自杀身亡。石敬瑭的儿子石重殷、石重裔逃出洛阳，躲到百姓家中，还是被抓获诛杀，那家百姓还被灭了族。

石敬瑭终于与李从珂撕破了脸，准备兵戎相见。在桑维翰的建议下，石敬瑭准备向契丹称臣，还要把整个卢龙军以及雁门关以北各州割给契丹。不仅如此，为表诚心，石敬瑭还准备认比自己小十岁的契丹皇帝耶律德光为父。石敬瑭的做法，就是向契丹称臣、称儿，并且割让土地，以此来得到契丹的支持。

都押牙刘知远不赞同向契丹称儿，也不赞同给契丹割让土地。刘知远认为，只要向契丹国称臣，再给契丹送上一些金银布帛作为贿赂，达到让契丹国出兵的目的，就可以了。刘知远认为称儿太过分了，割让土地更会给中原带来巨大隐患，将来必定后悔莫及。石敬瑭没有听从刘知远的意见，让桑维翰草拟奏表，派使送给契丹皇帝耶律德光。

后唐清泰三年（契丹天显十一年，936年）八月，张敬达带领大军开始围攻太原城。张敬达命人在太原城外修筑长墙，试图困死石敬瑭。石敬瑭让刘知远带领兵马守城，自己还亲自登上城墙，慰劳将士。石敬瑭一边坚守城池，一边等待契丹国的救援大军。

耶律德光接到石敬瑭的求救奏表，对石敬瑭称臣、称儿，还割让大片土地，非常高兴。耶律德光当即命人回书，说等到秋天草长马肥，他就举全国之兵南下，帮助石敬瑭。当年八月，耶律德光率领兵马从扬武谷南下，兵马虽然只有五万骑兵，但他对外号称三十万。契丹大军一路旌旗飘飘，前后五十余里。

九月十五日，耶律德光抵达太原城外，在汾河北岸的虎北口布下阵势。耶律德光派人设法进入城中告诉石敬瑭，他准备当天晚上就向张敬达的围城大军发起进攻，问问石敬瑭是否可以里应外合。石敬瑭比较慎重，说张敬达的围城军很强，不能轻视，到第二天再议。然而，使者尚未回到耶律德光的军中，耶律德光的兵马就已经与张敬达的骑兵将领高行周、符彦卿交战起来。石敬瑭得到消息，也不再犹豫，立即派刘知远出城助战。

耶律德光派出三千名轻骑兵，连铠甲都不穿，直接冲入张敬达的阵中。张敬达的士兵看到契丹骑兵没穿铠甲，并不畏惧，争相追逐，一直追到汾水拐弯处。契丹骑兵涉水而过，张敬达的兵马则沿岸跟进。突然间，契丹伏兵杀出，将张敬达的兵马冲断为南北两段，北边的步兵大多被契丹军杀死，南边的骑兵撤回了营寨。

张敬达的营寨在太原城南的晋安乡，也称晋安寨。张敬达收拾残兵退保晋安寨，耶律德光也率兵返回虎北口。这一战，张敬达的士兵有一千多人向石敬瑭投降，刘知远劝石敬瑭将他们全部杀掉。

当天晚上，石敬瑭出了北门，拜见耶律德光。四十五岁的石敬瑭握住三十五岁的耶律德光的手，大有相见恨晚之意。石敬瑭认为耶律德光远道而来，人马疲倦，没想到一交战，就取得了胜利，他对此感到不解。耶律德光说他一路南来，一开始也担心后唐会部署兵马阻断雁门，再在险要之处设下伏兵，让他不能很快到达太原。耶律德光后来派人打探，得知没有一个后唐兵马，所以他才能长驱直入。耶律德光说他的大军来得快，士气正锐，而张敬达的士兵围城日久，士气已经低落，如果不趁机急攻，一旦旷日持久，胜负难知。耶律德光最后说这就是他速战而胜的原因，不可用以逸待劳这个常理来看待。石敬瑭听后甚为叹服。

第二天，石敬瑭率部与契丹兵马合围晋安寨，并在晋安寨南扎营，东西长一百余里，纵深五十里，布置响铃与军犬。张敬达虽有五万士兵，一万匹战马，但四面看去，无路可逃。张敬达还是派人设法出了包围圈，向李从珂奏报。

这是张敬达最后一次与朝廷联络，之后就再没有机会派出使者了。李从珂接到张敬达的奏报，立即给张敬达增兵，他派天雄节度使范延光率领两万名士兵从青山口奔向榆次，卢龙节度使赵德钧率兵袭击契丹后路，一同救援晋安寨。李从珂还派枢密使赵延寿率领两万兵马北上与他父亲赵德钧会合。

有大臣劝李从珂御驾亲征，然而李从珂于九月二十五日到达怀州（今河南省沁阳市）时，就不再前行。这时，吏部侍郎龙敏给李从珂出了一条妙计，建议册立流亡在后唐的耶律倍为契丹国主，派兵护送他回国，从幽州直奔契丹都城；然后再发出檄文，宣告天下，契丹主耶律德光必有后顾之忧，一定解围而去。李从珂虽然认为这个计策很好，但此时他已经极为沮丧，对与石敬瑭作战丧失了信心，每天从早到晚只是饮酒、悲歌。

十一月初三，李从珂下诏任命赵德钧为诸道行营都统，让赵德钧担任讨伐石敬瑭的主帅。然而赵德钧并不想与契丹作战，他想吞并范延光等人的兵马，也好在此乱世之中称王称帝。然而李从珂的催促诏书不断，一直逗留不前的赵德钧只好北进，驻屯团柏谷（今山西省祁县东南）。

李从珂、赵德钧大概还不知道，石敬瑭已经登基称帝了。耶律德光认为石敬瑭必定能够战胜李从珂，中原必将易主。他还认为石敬瑭容貌器宇、胆识度量都很不凡，应当成为中原之主，他准备册立石敬瑭为天子。这当然是石敬瑭梦寐以求的事，不过还是要虚情假意地推让一番。耶律德光倒很实在，坚持要让石敬瑭当皇帝。石敬瑭的属下也跟着劝进，石敬瑭也就答应了。

十一月十二日，耶律德光册封石敬瑭为大晋国皇帝。当天，石敬瑭在太原城东南的柳林筑起高坛，举行登基仪式。耶律德光特地将自己身上的衣帽解下，让石敬瑭穿上，进行册封。石敬瑭所建立的国家，是五代的第三个政权，史称后晋，石敬瑭便是后晋高祖。

四、燕云十六州

当时，耶律德光驻军柳林，辎重与老弱士兵则留在虎北口。驻扎在柳林的士兵每天晚上都要收拾行装随时准备撤到虎北口。如果此时袭击契丹兵马，将是一个大好时机，然而前来增援张敬达的赵德钧并不想与契丹作战。赵德钧抵达团柏谷一个多月，始终按兵不动，尽管团柏谷离张敬达被困的晋安寨只有百里之地。

赵德钧也想像石敬瑭那样，依靠契丹来夺取中原，然后自己当皇帝。赵德钧派人悄悄给耶律德光送去一封信，还送上金银绸缎。赵德钧在信中说，如果册立他为皇帝，他会南下平定洛阳，消灭李从珂，从此与契丹国结为兄弟之国，也会承诺让石敬瑭永远镇守河东。

赵德钧提出的条件显然没有石敬瑭的诱人。石敬瑭的条件是向契丹称臣、称儿，还割让土地，送上布帛。赵德钧不称臣，不称儿，只称兄弟，也没提割让土地、送上布帛的事。那么赵德钧的想法能够得到耶律德光的认可吗？还真的能，为什么呢？因为赵德钧的部队兵强马壮。

耶律德光看了赵德钧的书信，认为自己深入敌境，晋安寨久攻不克，而赵德钧兵马强大，又担心北部各州断其后路，便想答应赵德钧的请求。耶律德光给赵德钧送去诏书，还送去铠甲、战马与弓箭。

石敬瑭得知耶律德光又准备扶立赵德钧，非常害怕，马上派已经担任权知枢密使的桑维翰去见耶律德光。石敬瑭之所以派出桑维翰，就是因为桑维翰从一开始就主张与契丹结盟，甚至不惜答应那么多苛刻的条件。那么桑维翰能够说服耶律德光吗？史书记载了二人的对话，足以看出桑维翰的口才。

桑维翰来到柳林，对耶律德光说："大国出动义军，一战便让唐兵瓦解，退守一寨之中，粮草很快耗尽。赵德钧父子，不忠不信，既畏惧大国之强，又野心勃勃，绝不是以死殉国之人，何足畏惧？陛下不能相信其满口胡言，贪图其微末小利，而放弃垂成之功。如果晋国得到天下，必将竭尽中原财力事奉大国，岂是赵德钧那些小利可以相比？"

耶律德光说："你见过捕捉老鼠的人吗？一不小心，就会被老鼠咬破手指，何况赵德钧也是一支强敌。"

桑维翰说："陛下已经扼住他的咽喉，他还能咬人吗？"

耶律德光继续为自己辩解："我不是要违背之前的约定，只是用兵谋划，不得不如此。"

桑维翰说："陛下以信义救人之急，四海之人有目共睹。陛下为何随时更改决定，让大义不能得以始终？"

桑维翰不仅有口才，还有"诚心"。桑维翰说完，跪在耶律德光的大帐前，从早上一直到晚上，泪流满面，不停地请求。耶律德光终于被桑维翰感动，指着大帐前的一块大石头，对赵德钧的使者说他已经答应帮助石敬瑭，只有这块石头烂了，他才会改变主张。耶律德光后来对石敬瑭说，桑维翰忠心耿耿，希望让他当宰相。石敬瑭于是让桑维翰既当宰相，又兼任枢密使。

晋安寨被围困将近四个月，寨中的将领高行周、符彦卿也曾数次带领骑兵出战，企图突围，终因寡不敌众无功而返。粮草早已耗尽，只能将木头削成碎片喂马，甚至从马粪中淘出草木喂马。战马相互啃噬身上的鬃毛，不久便被啃光。战马饿死了，士兵们便将死马分而食之。将士们天天盼望援兵，就是不见援兵的影子。

面对如此困境，副使杨光远、部将安审琦劝张敬达向契丹投降，张敬达说他受到明宗及当今皇上的厚恩，不能投降。张敬达也说，如果真的到了山穷水尽，任由杨光远他们砍下他的首级出降。杨光远用眼神示意安审琦杀掉张敬达，安审琦于心不忍。

杨光远决定自己动手。清泰三年（契丹天显十一年，936年）闰十一月初九早上，诸将按例到张敬达的大营议事，对张敬达忠心的高行周、符彦卿等人还没有到，杨光远趁机将张敬达杀害。杨光远杀了张敬达，便对诸将提出向契丹皇帝耶律德光投降，诸将也不再反对。

耶律德光接受杨光远等人的投降，还赐予每位将领契丹裘帽一套。耶律德光还对诸将戏言说："你们这群汉人，竟然不用盐巴，就能吃下一万匹战马！"杨光远等人听后感到非常惭愧。耶律德光赞赏张敬达的忠烈，命人厚葬，还要求他的部下，以及石敬瑭的部将效法张敬达。

石敬瑭与耶律德光率兵南下，数日后抵达团柏谷，随即向后唐援军发起进击。赵德钧、赵延寿父子率先逃跑，将领符彦饶、张彦琦、刘延朗、刘在明等人也跟着逃跑，士兵全部溃散，一万多人互相践踏而死。

仍在怀州（今河南省沁阳市）的后唐皇帝李从珂得到消息，匆忙南返洛阳。李从珂回到洛阳，立即派宦官秦继旻、皇城使李彦绅将耶律倍杀掉。耶律倍可以说是李从珂用来对付契丹的一枚重要棋子，但他不会用这枚棋子。李从珂此时已经不想用这枚棋子了,他想做的事便是自杀。

石敬瑭与耶律德光继续南进,于闰十一月十九日到达潞州(今山西省长治市)。已经逃到潞州的赵德钧父子决定向石敬瑭投降,便来到城外迎接。赵氏父子先见过耶律德光,再跪于石敬瑭马前。耶律德光命人将赵氏父子用铁链锁上,送回契丹国。

赵氏父子到了契丹,将所有的宝物连同田契、房契全部献给述律太后。述律太后问赵德钧:"你想当天子,为何不先打败我儿,然后再慢慢谋图?你身为人臣,不能退敌,又想趁乱取利,如此所为,有什么脸面活在世上?"赵德钧低下头,说不出话。述律太后又问:"宝物在此,田地、房屋在哪里?"赵德钧说:"在幽州。"太后说:"幽州今天属于谁?"赵德钧说:"属于太后。"太后说:"那还用得着你献?"赵德钧更加惭愧,从此郁郁寡欢,一年后去世。赵延寿后来倒是做了大官,被耶律德光任命为枢密使。

押走了赵氏父子,石敬瑭与耶律德光在潞州设宴。耶律德光举起酒杯对石敬瑭说,他为大义远道而来,如今大事已成,他如果继续南下,黄河以南的百姓一定会非常惊慌。耶律德光让石敬瑭率领汉人兵马继续南下,他派将领太相温带领五千名契丹骑兵一同南下,他本人则暂时留在潞州,等候石敬瑭的消息。耶律德光说如果有紧急情况,他再南下,如果石敬瑭顺利平定洛阳,他就率部北返契丹。耶律德光说完,握住石敬瑭的手,互相流泪,不忍相别。

石敬瑭终于要启程了,耶律德光又解下白貂裘,亲自为石敬瑭披上,再赠石敬瑭二十匹良马,一千二百匹战马。耶律德光说:"愿世世代代、子子孙孙不相忘!"

闰十一月二十六日,后唐皇帝李从珂带着传国玉玺登上玄武楼,自焚而死,后唐正式灭亡。当天晚上,石敬瑭带领大军到达都城洛阳。石敬瑭是在契丹帮助下当了皇帝、得了天下的,自然对契丹感激不尽。石敬瑭不久便下诏,追封耶律倍为燕王,派人护送他的灵柩回契丹。契丹将领太相温带领兵马北返时,石敬瑭又将他一直送到河阳(今河南省孟州市)。不久,耶律德光也从潞州北返契丹。

耶律德光此次南下作战，最大的收获便是得到一大片土地。石敬瑭根据当初承诺，将卢龙军、威塞军、大同军、彰国军四个藩镇所辖的全部十四州，以及振武军所辖的朔州、河东军所辖的蔚州，割让给契丹。

石敬瑭所割让的地方便是所谓的"幽云十六州"，也称"燕云十六州"。幽云十六州如果以太行山北支为界，可以分为山前七州与山后九州。山前七州，在太行山北支的东南，以幽州（今北京市）为代表，分别为幽州、蓟州、瀛州、莫州、涿州、顺州、檀州。山后九州，在太行山北支的西北，以云州（今山西省大同市）为代表，分别为云州、朔州、寰州、应州、蔚州、新州、妫州、武州、儒州。

会同元年（938年）十一月，石敬瑭派人给耶律德光送来十六州地图与户籍，正式将原本属于中原王朝的燕云十六州纳入契丹国版图。耶律德光于是下诏，升幽州为南京，而将原来的南京改为东京，东平郡称辽阳府。耶律德光此次还将皇都改为上京，设立临潢府。从此，契丹国就有了上京、东京与南京三个京。

得到燕云十六州后，耶律德光明确了北面官、南面官体系，并进行了一些完善。北面官管理契丹及其他一些部族，南面官管理汉人。之所以称北面官、南面官，是因为契丹人东向拜日，皇帝大帐朝向东方，北侧是北面官庐帐，南侧是南面官庐帐。

之前，契丹国就有不少汉人，太祖阿保机也设置一些官职管理汉人，成为南面官的雏形。现在不仅得到更多汉人，还得到汉人州郡，耶律德光于是增加了一些南面官职，比如设立了御史大夫、御史中丞等官职，还让政事令韩延徽担任南京三司使，负责管理新得到的幽州等地。

在北面官体系中，耶律德光设立了宣徽使等官职。耶律德光还将北院夷离堇、南院夷离堇以及乙室部夷离堇升为大王。从此，原迭剌部分成的两部首领分别称为北院大王与南院大王，都属于北面官体系，级别仅次于两府宰相。

耶律德光除了得到燕云十六州，每年还得到石敬瑭三十万匹布帛的进贡，这是耶律德光第二个收获。当然，耶律德光还得到一个臣子，这个臣子不是一般的大臣，而是中原皇帝石敬瑭，因为石敬瑭的后晋国向契丹国称臣。不能不说，耶律德光还有一个特别的收获，那就是得到一个儿子石敬瑭，这个儿子不是一般的儿子，不仅年龄比他大十岁，还是一位皇帝。

然而，石敬瑭病逝后，他的继任者却不想承认这些屈辱的盟约了。

五、一攻后晋

会同五年（942年）六月，后晋派人给耶律德光送来一封信。耶律德光从信中得知，他的"儿皇帝"石敬瑭在当月病逝了，石敬瑭的侄儿石重贵当了皇帝。耶律德光看了这封信很是生气，一来石重贵擅自登基，没有向他请示，二来石重贵竟然在信中只称"孙皇帝"，不称臣。

耶律德光派回图使乔荣前往后晋责问石重贵。乔荣到了后晋才得知，建议石重贵只称孙不称臣的人是刚担任侍卫马步都指挥使、同平章事的景延广。景延广有拥立石重贵为皇帝的功劳，所以石重贵让他掌管兵马大权，还兼任宰相。作为回图使，乔荣负责契丹与后晋两国之间的贸易。景延广竟然劝石重贵将乔荣的贸易物品全部没收，那些在后晋国内做生意的契丹人则全部杀死，还要把乔荣关进大牢。

石重贵想想觉得有些过分，便将乔荣释放，还好言抚慰，赏赐财物，然后让他北返契丹。乔荣就要走了，一旁的景延广放出大话："回去告诉你们的主子，先帝是北朝（契丹）所立，所以向北朝称臣。现今皇上是南朝所立，但也不敢忘记先帝与北朝的盟约，所以还敬奉北朝。作为邻居，称孙就够了，称臣就没有这个理。请北朝皇帝不要听信赵延寿的谎言而看轻南朝。南朝的士兵战马，你也亲眼看到了。老头子如果发怒，就来激战，孙儿有十万横磨剑在此等待。如果被孙儿打败了，让天下人耻笑，不要后悔！"

乔荣担心失去财物回到契丹会被治罪，便想把罪责推给后晋，但怕说不清楚，想留个证据。乔荣于是对景延广说："你说的话比较长，我怕记不住，请写在纸上，让我带回去。"

景延广敢做敢当，当场命人写好，交给乔荣。乔荣回到契丹，将此事呈报耶律德光，耶律德光大怒。从此，一旦有后晋的使节来到契丹，耶律德光就命人将这些使节囚禁在幽州（今北京市），不予接见。镇守幽州的契丹卢龙节度使赵延寿多次劝耶律德光南下用兵，消灭石重贵，好由他来当这个儿皇帝。耶律德光有南下的打算，但一时还没有行动，他要等机会。

会同六年（943年）十一月，后晋平卢节度使杨光远派人前来，对耶律德光说，石重贵不向契丹称臣，违背了之前的盟约。杨光远还告诉耶律德光，后晋国内出现饥荒，建议耶律德光趁机攻打，必将一战而消灭后晋。杨光远之所以与契丹联络，是因为石重贵在景延广的建议下，要削弱他的权力，甚至要对他动手，他得找一个外援。

耶律德光听了杨光远的话，便准备南下攻打后晋。耶律德光还打算找一位代理人，一来协助他南下作战，二来帮助他治理中原，就像石敬瑭那样。耶律德光想到了赵延寿，认为赵延寿是一个合适的人选。耶律德光于是集结五万兵马，交给赵延寿统领，并对赵延寿说，如果消灭后晋，就让赵延寿当皇帝。赵延寿深信不疑，从此为契丹尽心尽力。

十二月，耶律德光调遣大军，分为东、中、西三路南下，河北方向两路，河东方向一路。东路军是河北方向，由耶律德光的堂兄弟耶律麻荅（音同答）率领，经德州、博州渡过黄河，与杨光远会合。中路军也是河北方向，由耶律德光亲自率领，从幽州经邺都直逼黎阳（今河南省浚县），赵延寿、赵延昭为前锋。赵延昭就是那个让述律平砍断一只手的赵思温的儿子。西路军是河东方向，由耶律德光的叔父耶律安端率领，经雁门关攻打代州、忻州、太原。

耶律德光派出的三路大军，中路是主力，目标是从黎阳渡过黄河，直扑后晋的都城开封。东路军的目的是在会合杨光远的兵马后，经郓州（今山东省东平县）袭击开封，形成两路大军攻向后晋都城开封的态势。西路大军不是为了占领河东，而是为了牵制河东节度使刘知远的大军，让刘知远没有机会切断中路大军的归途，毕竟耶律德光的中路军已经长驱直入中原腹地。

会同七年（944年）正月，耶律德光与前锋赵延寿等人率领兵马到达贝州（今河北省清河县），开始攻城。由于奸细邵珂打开南门，引导契丹兵马入城，贝州城于正月初六被占领，贝州知事吴峦投井而死。耶律德光进城后，杀死守城军民一万多人。

耶律德光继续南下，于正月十五日到达邺都（今河北省大名县），赵延寿则到达邺都所辖的南乐县（今河南省南乐县）。邺都之前称魏州，是藩镇魏博（也称天雄军）的治所。耶律德光虽然还没有攻下邺都，但已经任命赵延寿为魏博节度使，晋封魏王。

正月二十三日，契丹大军的一支兵马到达黎阳。当时，后晋出帝石重贵已经御驾亲征到达澶州（今河南省濮阳市）。石重贵听说契丹兵马已经向南挺进到黎阳，一点不敢大意，立即派右武卫上将军张彦泽率领三千人马前往拦截。石重贵还派人给耶律德光送去书信，提出两国修好，停止战争。耶律德光当时正在围攻邺都，根本不答应石重贵的请求。

天平军观察判官窦仪来到澶州，向石重贵奏报说，博州刺史周儒献出城池向契丹投降，还派人与杨光远联络，引导契丹兵马从马家口（今山东省茌平区东南）南渡黄河。窦仪还提醒景延广，说契丹兵马如果渡过黄河与杨光远会合，黄河以南一带就很危险了。景延广也认同这一判断。

石重贵立即作了一些部署。二月初二，石重贵派侍卫马军都指挥使、义成节度使李守贞，以及右神武统军皇甫遇、陈州防御使梁汉璋、怀州刺史薛怀让，率领一万兵马，沿黄河水陆并进，向东进发，以防契丹兵马从马家口渡过黄河接应杨光远。

石重贵将兵马调向东方，契丹大军则从中线发起了进攻，将后晋将领高行周、符彦卿、石公霸等人围困在戚城（今河南省濮阳市北）。景延广收到这个消息，竟然没有立即上报石重贵。二月初三，景延广才将这个十万火急的消息奏呈石重贵。石重贵立即亲自率领兵马前往援救。

澶州到戚城相距不远，石重贵很快就到达戚城，向契丹的围城军发起袭击，契丹上将金头王战死。契丹围城军得知后晋皇帝亲自来援、主将战死，便解围而去。被围的高行周、符彦卿等将见到石重贵，哭着诉说救兵来得太慢，差点性命不保。

石重贵在戚城取得胜利，李守贞等将在马家口也传来捷报。李守贞等将到达马家口时，一万名契丹步兵正在此处修建营垒，少量骑兵在外巡逻防备，尚有数万兵马驻屯在黄河西岸，数千艘船只正在摆渡士兵。李守贞等将立即向巡逻骑兵发起袭击，骑兵不敌退走。李守贞再向修建营垒的士兵发起袭击，又获胜。契丹兵马撤退，抢渡黄河，数千人淹死，数千人被俘杀。黄河西岸的契丹士兵不能相救，痛哭而走，不敢再向东挺进。杨光远西进不利，只好返回青州。

耶律德光当时还在围困邺都，前后将近两个月。耶律德光已经失去耐心，打算从邺都撤围，考虑新的作战策略。赵延寿提议带领大军径直南进，直接进抵石重贵所在的澶州城，一边围攻澶州，一边夺取浮桥，然后南渡黄河，直捣开封，天下可定。赵延寿提出继续深入作战的理由是，后晋的士兵害怕契丹，必定不敢追击。耶律德光采纳了这一建议。

三月初一，耶律德光率领契丹大军在澶州城北列阵，东西两翼包围澶州城东西两门，从城楼上望去，不见边际。耶律德光派出精兵，攻打石重贵所在的中军，石重贵毫无畏惧，亲自跃马出阵迎战。后晋士兵看到皇帝亲自出战，都踊跃向前。耶律德光看到后晋兵马众多，对左右发问，杨光远说晋兵已经饿死大半，怎么还有这么多？

突然，后晋军中万弩齐发，飞箭蔽日。耶律德光只好指挥兵马向后稍加撤退，再攻后晋东边的阵地，但也未能攻克。天色已晚，两军士兵战死的不可胜数。耶律德光传令撤退，在三十里外扎营。

契丹西路耶律安端的兵马早在正月就因不敌刘知远的兵马，已经率先北返了。刘知远向石重贵奏报了这一战况，石重贵命令他带领兵马东进，以切断耶律德光大军的归路。刘知远于二月中旬向东到达乐平（今山西省昔阳县）时，就不再前进。耶律德光担心归路被人切断，很快就下达了北撤的命令。

耶律德光留下部分兵马镇守贝州，然后将其余兵马分为东西两路，东路从沧州、德州方向北上，西路从深州、冀州方向北上。一路上，契丹士兵烧杀抢掠，耶律麻荅还攻陷了后晋的德州。契丹兵马北撤后，后晋将领很快就收复了德州、贝州。

经过这场战斗，后晋朝廷上下对景延广非常厌恶，桑维翰又告发景延广不救戚城之罪，石重贵也担心难以控制景延广，便将景延广调到西京洛阳任留守。景延广到了洛阳，郁郁不得志，整日纵酒。

石重贵又派兵讨伐杨光远，半年过去了，杨光远左盼右盼，契丹的援兵都没有到来，便朝着契丹国的方向下拜说："皇帝啊，皇帝啊，你误了光远了。"最后，杨光远被石重贵彻底铲除。

就在杨光远被消灭的当月，耶律德光又一次率兵南下了。

六、二攻后晋

会同七年（944年）十一月，契丹皇帝耶律德光下诏，调遣各地兵马，于闰十二月初一到幽州城（今北京市）东北的温榆河北岸集结，准备第二次南下攻打后晋。十二月初五，耶律德光从上京起程。十二月二十六日，耶律德光到达古北口（今北京市密云区古北口镇）。

闰十二月初一，耶律德光在温榆河检阅契丹各地前来的兵马。闰十二月十一日，大军到达恒州（今河北省正定县），开始围攻恒州城，同时分兵攻打恒州所辖的九个县。

再次担任前锋的卢龙节度使赵延寿继续向南挺进，一直到达邢州（今河北省邢台市）境内。镇守恒州的后晋顺国节度使杜重威发现自己被断了后路，赶紧派人从小路前往京城开封，向后晋皇帝石重贵告急。石重贵下诏，命令天平军节度使张从恩、邺都留守马全节、护国军节度使安审琦，带领所在藩镇兵马进屯邢州，再命武宁军节度使赵在礼进屯邺都。张从恩担任北面行营都监，成为大军的主将。

石重贵发出诏书不久，便接到前方来报，契丹皇帝耶律德光亲率主力兵马已经到达恒州所辖的元氏县（今河北省元氏县）。耶律德光就在元氏县建立牙帐，准备在此指挥契丹大军作战。石重贵担心契丹兵马来势凶猛，进屯邢州的各路兵马难以抵敌，于是紧急下令让张从恩等人稍作后撤。岂料这一撤，士兵大为恐惧，一时丢盔弃甲，到达相州（今河南省安阳市）时，队伍已经不再完整。

会同八年（945年）正月，张从恩、马全节、安审琦等人集结数万士兵，在相州城北的洹水（今安阳河）列阵。皇甫遇、慕容彦超二将带领数千名骑兵奉命前往侦察契丹军情。

当时，契丹大军已经从邢州南进，到达邺都境内，数万兵马与皇甫遇、慕容彦超的数千骑兵遭遇，发生激战。皇甫遇、慕容彦超二将且战且退。退到榆林店（今河北省临漳县西南）时，契丹兵马越来越多，二将不再撤退，传令列阵迎战。从中午激战到下午，一百余合，双方伤亡都很大。然而，皇甫遇、慕容彦超二将人马太少，面临险境。

日暮时分，探马将皇甫遇、慕容彦超二将与契丹大军作战的消息报至相州城中，主将张从恩不愿出兵增援，部将安审琦不顾个人安危，带领人马北渡洹水，前往营救二将。正在围攻皇甫遇与慕容彦超的契丹将士看到南边尘土飞扬，以为后晋大队人马来到，纷纷惊呼：晋国大军来了。契丹将士不敢恋战，解围而去，皇甫遇与慕容彦超终于脱险。

当天晚上，张从恩与众人在相州城中议事。张从恩认为，他们的兵马并不多，城中的粮草也不够十天，万一有奸细将他们的虚实告诉契丹，契丹必将派大军围困他们，他们将死无葬身之地。张从恩提议率兵前往黎阳

（今河南省浚县），南倚黄河抵御契丹，可以确保万全。

诸将不赞同张从恩的建议，但张从恩已经带领所部兵马先行出发，只留下五百名步兵防守安阳桥。诸将不得已，只好随张从恩行动。大军慌忙撤走，一时乱了阵脚，如同上个月邢州撤退时的惨状。

其实张从恩并不知道，已经移驻邯郸的耶律德光听说后晋大军大举来到的消息，已经向北撤退到三四百里外的鼓城（今河北省晋州市）。仍在邺都境内的赵延寿带着兵马向南深入到相州城南边的汤阴县（今河南省汤阴县）时，听说后晋派右神武统军张彦泽前来增援相州，便不敢再向南深入，也开始北撤。

邺都留守马全节派人向石重贵奏请，趁契丹兵马北返之际，发兵奔袭幽州。石重贵表示赞同，并于当年二月又一次到达澶州（今河南省濮阳市），在此指挥各军追击契丹大军。石重贵任命顺国军节度使杜重威为北面行营都招讨使，马全节为副招讨使，李守贞为马步都监。杜重威成了大军的主帅。

三月初九，杜重威等将在定州（今河北省定州市）完成集结。三月十四日，杜重威带领大军北上到达契丹国控制的泰州（今河北省保定市清苑区），契丹国泰州刺史晋廷谦献出城池投降。三月十八日，杜重威攻占满城（今河北省保定市满城区）。三月十九日，杜重威又攻克遂城（今河北省保定市徐水区遂城镇）。

就在杜重威取得节节胜利之时，有契丹降兵告诉杜重威，契丹皇帝耶律德光已经率部掉头南下，大约有八万多名骑兵，估计第二天晚上就能到达遂城。杜重威听到这个消息，非常害怕，决定退保泰州。

三月二十二日，契丹前锋兵马抵达泰州。杜重威不想坚守泰州，于第二天率部继续向西南撤退至阳城（今河北省保定市清苑区阳城镇）。契丹兵马没有放过杜重威，一路尾随杜重威。

三月二十四日，契丹兵马追到阳城，杜重威不再继续后撤，开始传令迎战。这一战，契丹兵马不敌而退，杜重威还向北追击了十余里，契丹兵马越过白沟（今河北省高碑店市白沟镇）而去。

杜重威在阳城休整一天，便继续南撤。这时，北撤的契丹兵马又转头南下，原来是契丹皇帝耶律德光到了。契丹大军很快便追上杜重威，杜重威率领大军且战且退，然而一天不过后撤十余里，早已人困马乏。

　　三月二十七日，后晋大军南撤至白团卫村（今河北省保定市清苑区阳城镇南）安营扎寨。契丹大军一路追来，将后晋大军的营寨围了好几重。契丹还派兵到营寨之南，切断后晋大军的粮草通道。

　　当天晚上，刮起猛烈的东北风，房屋倒塌，树木折断。晋军的营寨中严重缺水，杜重威下令在营寨中挖井，可是刚见到水时，井便崩塌了。士兵们极其口渴，便抓起潮湿的泥土，用布包起来，挤出水喝。

　　第二天天亮时，风刮得更大了。契丹皇帝耶律德光坐在大奚车中，对将领们说，晋军就这些人了，把他们全部擒获，然后南下攻取他们的都城开封。此令一下，契丹铁甲骑兵先行，将晋军营寨外的栅栏破坏，步兵再手拿短兵器冲杀进来。契丹士兵还顺风纵起火来，扬起高高的烟尘以助其势。

　　面对契丹大军的攻势，都招讨使杜重威按兵不动。寨中士兵都非常愤怒，认为杜重威不出战，会让他们白白送死。诸将于是来到杜重威营帐之中，请求出战。杜重威对诸将说等风小一点，再看看能否出战。

　　马步都监李守贞对杜重威说："彼众我寡，在风沙遮蔽之下，敌人不知我军是多是少，只要拼死力战，就有获胜的可能。如果等风停止，敌人看到我们并无多少兵马，我们一定全军覆没。你负责守住大营，我带领中军出营决战。"李守贞不等杜重威说话，便大声叫道："各路兵马一齐出战！"诸将于是都出营作战。

　　契丹大军看到后晋兵马杀出，向后撤退数百步。这时风势更大，天昏地暗，如同夜晚。后晋一万余名骑兵杀向契丹阵中，横冲直撞，呼声震天动地。契丹将士没想到后晋兵马会有如此气势，更不知来兵数量多少，一时无力招架，纷纷溃散，如同高山崩塌。李守贞又命令步兵全部拔营而出，与骑兵一同杀了过去。

契丹兵马不敢再战，慌忙向北撤退，晋军追击二十余里。契丹皇帝耶律德光乘着大奚车向北逃了十余里后，由于晋军追得紧，只好改骑骆驼继续逃走。契丹的散兵逃到阳城东南的一条河边，才稳住阵形。

杜重威认为契丹士兵已经吓破胆，不能让其列阵，于是传令精锐骑兵继续进攻。契丹散兵只好渡河北去，杜重威这才下令收兵。诸将请求继续追击，杜重威说："遇到盗贼，能够侥幸不死就好了，难道还要要回衣服和行囊吗？"李守贞也说："两天来，人马干渴，也跑不动了，难以再追，不如全军而回。"杜重威于是带领兵马退保定州。

四月，石重贵也从澶州返回京城开封。石重贵两次打败南侵的契丹兵马，开始不把契丹放在眼里。一年后，石重贵主动出兵，他想收复石敬瑭割让给契丹的幽云十六州。

七、三战后晋

后晋与契丹第二次作战取得胜利后，后晋皇帝石重贵认为契丹不堪一击，开始准备北伐，主动向契丹发起进攻，以夺取土地。契丹则一改以往主动南下进攻的做法，采用计谋，将后晋大军吸引到北方作战，然后派骑兵突然南下，袭击防务空虚的都城开封。

会同九年（946年）九月，契丹卢龙节度使赵延寿派人从他的镇守之地幽州（今北京市）到开封，说他想回归中原。枢密使李崧、宰相冯玉没有识破赵延寿的阴谋，竟然让已经担任天雄军节度使的杜重威给赵延寿写一封信，称朝廷欢迎他回来，并承诺赏赐丰厚的钱物。赵延寿也回信说："久处异域，思归中原。请派大军接应，自当脱身南下。"

不久，契丹又派瀛州（今河北省河间市）刺史刘延祚给后晋深州乐寿县（今河北省献县）监军王峦写信，愿意献出城池投降晋国。刘延祚在信中还说："城中契丹兵马不足千人，请朝廷派轻骑兵来袭，我愿为内应。再者，今年秋天以来，雨水不断，从瓦桥关向北，到处积水，无边无际。

契丹主已回牙帐,就是听说关南有变,也无法相救。"

王峦与杜重威向朝廷上奏,认为可以趁机夺取瀛、莫二州。李崧、冯玉深信不疑,准备派大军北上迎接赵延寿与刘延祚。石重贵不满足收复瀛、莫二州,更想趁机北伐契丹,以收复石敬瑭割让给契丹的整个"幽云十六州"。

十月,石重贵下诏,任命杜重威为北面行营都指挥使,李守贞为兵马都监。这一任命,杜重威成了大军主帅,而李守贞则成了副帅。石重贵还昭告天下:"此次调遣大军,志在扫平契丹,先取瀛、莫,安定关南;再收幽、燕,荡平塞北。"又悬赏说:"擒获契丹主耶律德光者,授予重镇节度使,赏钱一万贯,绢万匹,银万两。"

杜重威、李守贞与各路兵马很快在天雄军会合,然后向北推进。杜重威胆小,害怕敌不过契丹,便让他的妻子宋国长公主进宫对她的侄儿石重贵说杜重威深入契丹境内,必须有足够的兵马。石重贵于是派出全部禁军,京城为之一空。

十一月十二日,杜重威大军到达瀛州,见城门大开,但不见一人。杜重威不敢进城。不久得到消息,说契丹守将高谟翰早已逃走。杜重威于是派将领梁汉璋带领两千名骑兵追击。梁汉璋在南阳务(今河北省肃宁县东北)追上契丹兵马,发生激战。梁汉璋不敌,战死。杜重威听报,非常害怕,马上率部南撤。

杜重威南撤至武强(今河北省武强县)时,听报契丹皇帝耶律德光再次率兵大举南下,正从易、定二州方向,直扑恒州(今河北省正定县)。杜重威更加惊恐,准备从冀州、贝州方向南撤,以避开耶律德光大军。这时驻防在恒州的彰德节度使张彦泽前来会师,认为契丹可以击破。杜重威于是又决定前往恒州与耶律德光交战,由张彦泽担任前锋。

十一月二十七日,杜重威率领大军到达恒州城南的滹沱河南岸。滹沱河上有一座桥名为中度桥,此时已被契丹兵马占据。张彦泽带领骑兵夺桥,契丹士兵守桥不利,便退到滹沱河北岸。

耶律德光见晋军数量众多，再加上初战不利，担心晋军抢渡滹沱河，与恒州城内兵马里应外合。耶律德光正准备北撤，见晋军在对岸安营扎寨，有持久的打算，耶律德光决定不再北撤。后晋、契丹两国兵马于是隔河对峙。

磁州刺史李毂对杜重威建议："大军与恒州城近在咫尺，烟火相望。如果用大量的三股木投入水中，再将柴草与泥土堆在上面，桥便很快建成。然后再与城中秘密约定举火为号，招募将士夜晚砍开契丹兵马的营寨，内外夹攻，契丹兵马一定逃跑。"

诸将也认为可行，但生性怯懦的杜重威认为不可，他竟然派李毂南下，到怀、孟二州去督运军粮，把李毂支走。杜重威每天只是置酒作乐，很少商议军事。杜重威这是在等待朝廷的增援，因为他已经派人向石重贵告急。

耶律德光本想将后晋大军诱出，再直扑京都开封，现在南进受阻，又担心被后晋切断退路，于是召集诸将商议对策。诸将大多建议北撤，只有大将耶律图鲁窘反对。耶律图鲁窘认为，一旦北撤，幽州必将被晋军攻占。耶律图鲁窘还认为，晋军步兵多，行动缓慢，而契丹骑兵多，行动快速，建议派出精锐骑兵从别处绕道，赶往晋军身后，切断晋军的粮草运输线，必定能够取胜。

耶律德光非常赞同，马上派将领述律敌烈与通事刘重进带领骑兵去切断晋军的粮道。述律敌烈、刘重进向南一直到达栾城。栾城中守兵只有一千余人，马上开门投降。述律敌烈、刘重进将俘虏的脸上都刺上"奉敕不杀"四字，然后放这些俘虏向南逃走。那些为后晋大军运粮的百姓看到这些面部刺字的人，都丢弃车辆，纷纷逃跑。

督运军粮的李毂得知此事，马上上呈密奏，认为大军面临危险，请石重贵驾临滑州督战，再发兵防守澶州、河阳，以防契丹兵马南下。李毂让军将关勋将此表快马送往京都开封。

关勋到达开封，杜重威请求增兵的奏表也跟着到了。京城此时已经无兵可派，石重贵只好命守卫皇宫的数百人也奔赴前线。石重贵还想亲征，但被马军都指挥使李彦韬劝止。石重贵于是下诏，任命归德节度使高行周为北面都部署，符彦卿为副部署，一同防守澶州，再派西京留守景延广防守河阳，以张声势。

杜重威的使者在北返时被契丹士兵抓获，杜重威并不知情。杜重威仍在等待援兵的消息，奉国都指挥使王清则提议出战。王清对杜重威说："我们的大军离恒州城只有五里，守在这里没有什么用。一座孤营，粮草耗尽，必将不战而溃。我请求率领两千名步兵为前锋，夺取中度桥，为大军开道。如果能够进入恒州城，就没有什么可以担忧的了。"

杜重威答应了王清的请求，还派将领宋彦筠与王清一起夺桥。王清带领士兵英勇作战，契丹守桥士兵不能抵挡，开始后撤。这时各将连忙请杜重威传令大军跟进，但杜重威不肯。

宋彦筠被契丹士兵击败，落入河中，游到了南岸。王清带领部众已经杀到河北岸，与契丹士兵互有杀伤。王清派人请杜重威增援，杜重威仍不发一骑一兵。王清决定以死报国，带领部众一直战斗到晚上。契丹又不断派兵增援，王清及部众最后全部战死。

契丹大军很快将杜重威大营完全包围，杜重威从此与外界隔断，粮草也很快用光。杜重威开始为自己寻找出路，他的出路也是当"儿皇帝"。十二月初八，杜重威与李守贞商议，准备向契丹投降，李守贞表示同意。杜重威再悄悄派心腹前往契丹牙帐，向耶律德光请求给予重赏。耶律德光说："赵延寿的威望还不够高，恐怕不能当中原的皇帝。如果杜重威愿降，就册封他为皇帝。"杜重威听了这话，欣喜若狂，下定决心投降。

十二月初十，杜重威召集诸将前来大帐，向诸将出示降表，请诸将署名。诸将感到无比惊骇，没有一个敢说话，只有乖乖听命。杜重威让阁门使高勋带着降表前往晋见耶律德光，耶律德光给杜重威赐诏，表示接纳、抚慰。

杜重威命令全体将士出营列阵，将士们以为准备出战，都踊跃欢呼。岂料杜重威对大家说："主上失德，听信奸人，猜忌我们。现在粮食已经吃完，我要与大家一同谋求出路。请大家全部脱下铠甲！"将士们听了此言，才知道是向契丹投降，于是都放声大哭，声震原野。

耶律德光派赵延寿来到杜重威大营，杜重威与各位将领都到马前迎接。赵延寿在众将士面前，给杜重威穿上赭袍，再宣读耶律德光的诏书，任命杜重威为太傅，李守贞为司徒。

随着杜重威的投降，义武军节度使李殷、安国军留后方太、顺国军节度使王周也都向耶律德光投降。耶律德光任命半年前就主动投降的易州守将孙方简为义武军节度使，耶律麻苔为安国军节度使，客省副使马崇祚权知恒州事，以接替王周、李殷与方太三人。

耶律德光准备继续南下，夺取后晋都城开封。

八、消灭后晋

耶律德光准备派一名降将担任先锋，带领兵马先前往京城开封。耶律德光想派皇甫遇，皇甫遇不肯。皇甫遇退出耶律德光的大帐，对属下说他位居将相，战败却不能守节而死，哪里还忍心到京城去谋图自己的君王？皇甫遇于是绝食数天，后自缢而死。

耶律德光最后派降将张彦泽率领两千名骑兵先行南下，还命通事傅住儿担任都监。张彦泽尽心尽力为耶律德光卖命，倍道兼程，连夜南渡黄河。会同九年（946年）十二月十六日，张彦泽到达滑州（今河南省滑县），离京城开封只有两百里。

消息很快便传到开封，后晋皇帝石重贵紧急召见枢密使李崧、宰相冯玉、马军都指挥使李彦韬等人商议。石重贵还想调兵，然而开封城中已经没有兵马。石重贵想到河东节度使刘知远有一支兵马，不仅数量可观，战斗力也很强。如果石重贵早点派这支兵马东进河北，切断契丹大军退路，说不定耶律德光会北撤。当然石重贵就是派了，刘知远也未必会执行。然而此时，石重贵别无他法，只得下诏，命令刘知远发兵增援。

诏书是发出去了，但第二天天还没亮，张彦泽就已经到达开封城外，很快攻破封丘门，进入城中。李彦韬带领城内仅有的五百名禁兵前往抵御，无法取胜。张彦泽在明德门外扎营，城中一片慌乱。

石重贵知道已经无法力挽狂澜，便在宫中放起火来，提着宝剑驱赶嫔妃进入火中自焚，被亲军将领薛超阻止。不多时，都监傅住儿前来宣读耶律德光的诏书。石重贵脱下黄袍，身穿素衣，下跪叩头接诏，左右之人都掩面而泣。

石重贵此时已经不得不降，他让翰林学士范质草拟降表，在降表中石重贵既称孙又称臣。石重贵又派两位皇子石延煦、石延宝奉上传国玉玺一颗、金印三枚，前往迎接耶律德光。

石重贵派人去请张彦泽，想与张彦泽谈一谈。张彦泽还算有自知之明，作为替契丹打前锋的人，他说他没有脸面去见石重贵。石重贵没有找被自己贬降的桑维翰，他觉得自己没有脸面见到桑维翰。

然而，张彦泽却以石重贵的名义让桑维翰前来侍卫司。桑维翰来到侍卫司，张彦泽便命人将他处死，还在他的脖子上系了一根绳子，以此表明桑维翰是自缢而死。后来耶律德光得知此事，说他并不想杀掉桑维翰，对张彦泽杀掉桑维翰感到愤怒。耶律德光命人厚待桑维翰家人。

张彦泽任由士兵在城中抢掠两天，城中为之一空，而张彦泽居处的财物则堆积如山。张彦泽自认为替契丹立下功劳，因而昼夜饮酒，只顾玩乐。张彦泽出入总有数百名骑兵跟随，旗帜上写着"赤心为主"，见到的人都笑。张彦泽与阁门使高勋不和，有一天借着酒意闯入高勋家中，将高勋的叔父、兄弟全部斩首。城中兵民听闻此事，都不寒而栗。

十二月十八日，张彦泽将石重贵从宫中带往开封府，一刻也不得停留，宫中一片哭声。石重贵与太后、皇后乘坐小轿，宫女、宦官十余人徒步跟从，看到的人无不落泪。张彦泽派控鹤指挥使李筠带领士兵看守石重贵。石重贵离开皇宫被软禁，也就失去了皇权，标志着后晋的灭亡。此时的石重贵三十三岁，当皇帝只有四年半时间。

十二月二十三日，两位皇子返回开封，带来耶律德光的亲笔诏书。耶律德光在诏书中对石重贵说："孙儿不必担忧，一定会让你有吃饭的地方。"

石重贵听了此言，心中稍安。石重贵听说耶律德光即将南渡黄河，准备与太后前往迎接。张彦泽将此事奏于耶律德光，耶律德光不许。

耶律德光到达封丘县（今河南省封丘县）时，已经无处可逃的景延广主动前来晋见。耶律德光斥责景延广，说让契丹与后晋不和，发生战争，都是景延广所为。耶律德光还问景延广："十万横磨剑在哪里？"景延广不承认自己说过那些话。耶律德光让乔荣前来对质，还拿出记录当年话语的纸张，景延广这才无话可说。

耶律德光下令将景延广用铁链锁上，派人送往契丹。数日后，景延广到达陈桥（今河南省开封市东北）夜宿时，趁看守不备，自扼喉咙而死，终年五十六岁。

会同十年（947年）正月初一，后晋朝中的百官一齐来到城北，遥向城中的石重贵辞别，然后改穿素服纱帽，跪在道路两旁，迎接耶律德光入城。四十六岁的耶律德光头戴貂帽、身穿貂裘，内裹铁甲，勒马于高冈之上，传令各位起身，准许他们换回正常的官服。

这时，百官中的左卫上将军安叔千独自出列，用契丹话向耶律德光打招呼。安叔千虽然会说契丹话，但并不识字，当时被人称为"安没字"，在今天可以称为"安文盲"。耶律德光也听说过安叔千，所以见到安叔千时，马上就惊讶地问：你就是"安没字"？耶律德光还说安叔千在邢州时，曾经多次给他上表请求投诚，他没有忘记安叔千。安叔千听说耶律德光还记得他，很是受宠若惊，连忙叩头致谢，一蹦一跳地退了下去。

耶律德光进入开封城时，百姓吓得惊呼而走。耶律德光登上城楼，对城中百姓说："我也是人，你们不要害怕。我会让你们过上好日子。我本无心南来，是汉人兵马把我引来的。"

正月初二，阁门使高勋控诉张彦泽杀其家人。耶律德光还得知张彦泽抢掠京城，非常怒火，命人将张彦泽与傅住儿一起绑起来。耶律德光问百官，这二人该死吗？百官都说该死。第二天，张彦泽、傅住儿被押到北市斩首，就由高勋负责监斩。

第二章 太宗南拓

正月初九，耶律德光换上中原服饰，接受百官朝见。耶律德光听说大臣李崧、冯道二人有才干，便任命李崧为太子太师、枢密使，冯道为太傅，也在枢密院供职。耶律德光还派出使者，带着诏书前往各藩镇，各藩镇节度使大都争着上表称臣。耶律德光如果想召见谁，被召者无不快马奔向开封。当然也有例外，彰义节度使史匡威就坚决不向耶律德光称臣。雄武军节度使何重建更是杀死契丹使者，以秦、阶、成三州向后蜀国投降。

耶律德光把石重贵贬为负义侯，并派人把石重贵押送到黄龙府（今吉林省吉林市）。黄龙府就是辽太祖耶律阿保机病逝的地方扶余府改的名，耶律德光之所以让石重贵到黄龙府去，就是以此告慰先帝阿保机，他已经统一了中原。

数日后，石重贵与李太后、安太妃、冯皇后以及弟弟石重睿、皇子石延煦、石延宝一起北迁，宫女、宦官一百多人跟随。耶律德光还令后晋中书令赵莹、枢密使冯玉、马军都指挥使李彦韬一同随行。从开封前往黄龙府，路途遥远，石重贵的饭食常常供应不上。石重贵经过中度桥时，看到杜重威留下的营寨，大哭道："天啊！我家有什么地方对不起他，竟让这个贼子破坏了。"二十七年后，石重贵在契丹病逝，终年六十一岁。

押走了石重贵，耶律德光还想在中原册立一个"儿皇帝"。耶律德光觉得自己还是要回到北方去，尽管中原已经纳入他的契丹国版图，但他并不想留在开封当皇帝。耶律德光想在汉人当中找一个人当"儿皇帝"，就像石敬瑭那样。其实这正是不少人梦寐以求的，比如赵延寿、杜重威，还有已经被杀掉的杨光远等人。那么耶律德光会让谁来当这个皇帝呢？耶律德光打算与中原的百官商量一下。

耶律德光对百官说，契丹国辽阔万里，有君长二十七人，然而契丹的习俗与中原不同，治理中原，还是要找一个汉人来当君王。耶律德光想听听百官的意见，没想到百官都说，天无二日，国无二主，不论是汉人还是契丹人，都愿拥戴耶律德光为皇帝。耶律德光也不推让，于是说就由他来当这个皇帝。

二月初一，耶律德光头戴通天冠，身穿绛纱袍，登上正殿，设立器乐、仪卫。百官上前朝贺，汉人都穿汉服，胡人都穿胡服，胡人站在文武两班汉人之间。耶律德光从此将国号由"契丹"改为"大辽"，年号改为"大同"，以此表明天下已经一家。

赵延寿看到耶律德光当起中原的皇帝，没有立自己为帝，心中很是不高兴。耶律德光当然也不想亏待赵延寿，毕竟赵延寿鞍前马后地为他做了不少事。耶律德光决定给赵延寿调整官职，升恒州为中京，让赵延寿担任中京留守、大丞相，仍然保留枢密使之职。

耶律德光自己当了中原皇帝，还会北归契丹吗？

九、病逝杀胡林

辽太宗耶律德光把开封府降为原来的名称汴州。耶律德光在汴州，不断接受各地官员进贡，大肆纵酒作乐。耶律德光很骄傲，常常对原后晋的大臣们说："中国的事，我都知道，我国的事，你们却不知。"

卢龙节度使、燕王赵延寿奏请给契丹兵马发放粮饷，耶律德光说："我国没有这个做法。"耶律德光于是让契丹骑兵出城，以牧马为名，四处抢掠，还称之为"打草谷"。从东、西两都到郑、滑、曹、濮各州数百里之间，百姓的财产、牲畜都被抢掠一空，很多青壮死于刀刃之下，老弱填在沟壑之中。

耶律德光自己也在搜刮钱财。耶律德光对判三司刘昫说："三十万契丹大军已经荡平晋国，应当厚加赏赐，快去准备钱财。"当时的国库已经空空如也，刘昫只好向京城的官员、百姓借钱借帛，将相也不放过。刘昫还派出数十人到各州搜刮，百姓苦不堪言。耶律德光得到这些钱财，也没有发给士兵，而是存在府库中，准备运回辽国上京。

当时很多节度使都争着向耶律德光称臣纳贡，并前往汴州朝见。当然也有一些节度使不肯投降契丹。河东节度使刘知远的做法比较特别，他不想称臣，也不想进贡，更不想离开河东这个重镇。

刘知远曾受到石重贵的猜忌，虽然担任北面行营都统，但并无实权。然而刘知远却利用这个都统之名，大量招募士兵，步骑兵已经达到五万人。刘知远又得到吐谷浑的财物，河东已经成为最为富裕、最为强大的藩镇。石重贵与契丹结仇、开战，刘知远知道石重贵一定难以成功，但也没有说过一句劝谏的话。契丹大军向南深入，刘知远没有拦腰阻截，也没有派兵增援，他所做的也只是防范契丹入侵他镇守的河东。

耶律德光已经消灭后晋、占据中原，刘知远不得不做出反应。刘知远于是派客将王峻带着三份奏表前往汴州拜见耶律德光。第一份奏表祝贺耶律德光进入汴州。第二份奏表说河东境内胡人、汉人杂居，是边防重镇，他不敢离开。第三份奏表说他已经准备好进贡之物，但辽国将领刘九一西进，越过太行山，进驻太原城南，太原城中百姓非常恐惧，等将此军调走、道路畅通，他才可以进贡。

阅罢刘知远的三份奏表，耶律德光非常高兴，并下诏加以赞赏。耶律德光还亲自在诏书上刘知远的姓名前加了个"儿"字，又给刘知远赐予木拐。按照契丹人的礼遇，赐予木拐，表明对大臣的优待。在契丹，只有耶律安端以叔父之尊才能得到这样的赏赐。

尽管耶律德光如此礼遇刘知远，刘知远并不领情，他很快就在部属的劝进下称帝了，时间就在耶律德光当上中原皇帝的半个月之后。耶律德光仍在汴州期间，刘知远就敢于称帝，旗帜鲜明地反对耶律德光的辽国，表明他还是有一定的勇气的。刘知远还给各藩镇下诏，要求各藩镇替辽国搜刮钱财的一律停止，各地辽国的使节一律诛杀。

刘知远称帝，耶律德光很快就知道了。耶律德光也做了一些部署，任命通事耿崇美为昭义军节度使，高唐英为彰德节度使，崔廷勋为河阳节度使，命令三人扼守险要，以防刘知远带领兵马南下汴州。

从耶律德光任命的三位节度使防守之地来看，昭义军、彰德在太原之南，可谓第一道防线，而河阳还在南边，为第二道防线。然而让耶律德光没有想到的是，高唐英尚未到达彰德的治所相州（今河南省安阳市），相州便被一个叫梁晖的人夺取而献给刘知远了。

刘知远得到彰德，不久又得到藩镇建雄军，控制了建雄军的治所晋州（今山西省临汾市）。耶律德光得知晋州丢失，非常担忧，因为刘知远很可能从晋州方向南下，再从陕州（今河南省三门峡市）方向南渡黄河进入中原，因为镇守在陕州的保义军留后赵晖也已经归附刘知远。耶律德光想拉拢赵晖，然而赵晖不领情，竟然将他派的使者斩首，然后派人使前往太原，向刘知远奏报。耶律德光怒不可遏，立即派将领高谟翰攻打陕州，却未能攻克。

河东正南方的藩镇昭义军也出现反辽之举。昭义军判官高防与巡检使王守恩密谋，派人闯进节帅府，杀死昭义军留后赵行迁，然后推举王守恩为昭义军留后。王守恩命人杀死辽国使节，派人向刘知远投降。

至此，挡在河东南边的三个藩镇建雄、昭义、彰德均为刘知远所有。

辽国任命的昭义军节度使耿崇美当时已经到达泽州（今山西省晋城市），准备夺取昭义军的治所潞州（今山西省长治市）。刘知远得到消息，立即派大将史弘肇率领一万名步骑兵前往增援潞州。

紧接着，澶州、宋州、亳州、密州等地民众也纷纷起兵反辽。耶律德光接到奏报，对左右说："我不知道中国人如此难以统治！"为防不测，耶律德光派天平军节度使李守贞、天雄军节度使杜重威、泰宁军节度使安审琦、武宁军节度使符彦卿返回本镇，并派辽兵护送。

耶律德光已经萌生离开汴州北返的想法。三月的一天，耶律德光对百官说，天气渐渐热起来，他不能久留汴州，要北返探望太后，准备留下一名亲信在汴州当节度使。百官想留下耶律德光，奏请耶律德光将述律太后接到汴州来。耶律德光说太后的家族非常大，如同千年古柏，盘根错节，不可迁动。

耶律德光在汴州设立藩镇宣武军，任命外戚述律敌烈为节度使。述律敌烈是述律太后兄长之子，也是耶律德光的表兄弟，妹妹还是耶律德光的皇后。耶律德光为了述律敌烈便于统治汉人，他让汉族大臣李崧为述律敌烈取了一个汉名萧翰。述律敌烈是第一个将述律姓改为萧姓的人，从此辽国皇后一族都姓萧。

耶律德光在北返之前，还做了一件事，那就是命令宁国都虞候武行德带领一千多名士兵，护送数十艘船只，将从中原搜刮的铠甲运往北方。耶律德光此举，不只是看中这批铠甲，更是想削弱中原的武力。

大同元年（947年）三月十七日，耶律德光从汴州正式起程北返，文武百官数千人、将士数万人、宫女宦官数百人跟随。耶律德光将府库中的财物全部带走，只留下一些乐器、仪仗而已。

四天后，耶律德光在滑州的白马县（今河南省滑县）北渡黄河。耶律德光高兴地对宣徽使高勋说，他在契丹时，以打猎为乐，到了中原真让他烦闷，他今天得以回去，死而无憾。

耶律德光北返，所过之地一片废墟。耶律德光对跟随他的胡人、汉人大臣说，将中国破坏成这个样子的，都是燕王赵延寿的罪过。耶律德光虽然这样说，但仍要继续破坏。当到达相州城下时，耶律德光便传令攻城。城破之时，耶律德光下令将城中男子全部杀光，妇女全部带走。耶律德光留下高唐英镇守相州，高唐英发现城中只有七百人，而尸骨有十余万具。

四月十六日，耶律德光听报负责押送铠甲的武行德将铠甲发给士兵，趁河阳节度使崔廷勋护送耿崇美前往潞州赴任之机，夺取了河阳。武行德还归附刘知远，被刘知远任命为河阳节度使。

第二道防线河阳也失去了，耶律德光得知后，不禁叹息道："我有三大失误，以致天下人背叛我。向各藩镇搜刮钱财，这是第一个失误；让上国人去打草谷，这是第二个失误；不让节度使早点返回本镇，这是第三个失误。"

耶律德光到达赵州的临城县（今河北省临城县）时，突然患起病来。到达恒州的栾城县（今河北省石家庄市栾城区）时，耶律德光病情恶化，开始发热。部下弄来冰块，放在耶律德光的胸前、肚子上、手上以及脚上。

耶律德光热得受不了，将冰放到嘴里，吃了起来。

四月二十一日，耶律德光达到栾城北边的杀胡林，病逝，年仅四十六岁。当时天气已经转热，为了能够将耶律德光的遗体带回辽国，部下将耶律德光肚子剖开，将数斗盐巴装入腹中。

耶律德光突然病逝了，谁会来当辽国的皇帝呢？

第三章　世宗皇帝

一、耶律阮夺位

按照述律太后的安排，如果耶律德光不在了，应当由她的三儿子耶律李胡继位当皇帝。耶律李胡当时已经是皇太弟，是契丹国明确的皇位继承人。然而，耶律德光是在返回的途中病逝的，国内无人知晓，述律太后没能及时让耶律李胡登基。就在这时，有人已经在谋划，要当辽国的皇帝了。

首先蠢蠢欲动的人是赵延寿。赵延寿并不奢望去当整个辽国的皇帝，他只想当中原汉人的皇帝。现在耶律德光死了，赵延寿希望得到中原国家的皇位，至于契丹国的皇位，那不在他的考虑之中。

赵延寿决定不再跟随契丹大军北返，他准备进入恒州城（今河北省正定县）。赵延寿之所以要去恒州城，一是大军已经进入恒州境内，离恒州城没有多远。二是赵延寿是辽国的中京留守，而中京正是恒州。赵延寿准备就在恒州，把他心中一直想得到的中原皇位拿到手。

就在赵延寿进入恒州城不久，辽国的永康王耶律阮以及北院大王耶律洼、南院大王耶律吼各率所部兵马也相继到达恒州。永康王耶律阮以及北、南二王所率领的兵马，便是耶律德光带领北返的契丹大军。

耶律阮是耶律德光的大哥耶律倍的长子，契丹名耶律兀欲，当年三十一岁。奇怪的是，耶律德光抢了大哥的皇位，迫使大哥到中原国家避难，而大哥的长子耶律阮却能够在契丹国活得好好的。耶律阮不仅活得好好的，还深得耶律德光的喜爱。此次跟随耶律德光南下消灭后晋，耶律德光便册封耶律阮为永康王。耶律德光进入汴州后，还命人找到杀害耶律倍的凶手右金吾卫大将军李彦绅和宦官秦继旻,将二人斩首,为大哥耶律倍报仇。耶律德光还把二人的家产赏赐给耶律阮。

还有一个人也活得好好的,这便是耶律安抟。耶律安抟是原南院夷离堇耶律迭里的儿子。耶律迭里当初因为建议由耶律阮的父亲耶律倍继承皇位而被述律太后杀害。此后,耶律安抟就与耶律阮秘密交往,成为耶律阮的心腹。

辽太宗耶律德光突然病逝,耶律安抟马上劝耶律阮趁机夺取皇位,还为耶律阮谋划。耶律安抟认为,如果得到北院大王耶律洼、南院大王耶律吼等人的支持,耶律阮这个皇位就能到手。耶律安抟于是去劝说两位大王,很快得到了他们的支持。他们之所以要拥立耶律阮,正是担心如果让述律太后再来主持新皇帝登基的话,必将又有一大批官员被送去殉葬。当然,耶律阮作为辽太祖耶律阿保机的嫡长孙这个特殊身份也很重要。所以,耶律德光病逝杀胡林不久,耶律安抟与契丹诸将就秘密拥戴耶律阮为皇帝,耶律阮已经接受他们的叩拜。

赵延寿不知道契丹人已经拥立耶律阮为皇帝,他打算拒绝耶律阮等人进入恒州城。然而,赵延寿又一想,他就是想当中原国家的皇帝,也还是要得到契丹国的支持,他觉得还是当"儿皇帝"比较安全。赵延寿于是命人打开城门,让耶律阮等人入城。

赵延寿想先入为主,制造一个由他当中原国家皇帝的舆论。他于是假传先帝耶律德光遗诏,说耶律德光临死前答应由他"权知南朝军国事",也就是中原的军国大事,由他暂且掌管。赵延寿还让人把这个所谓的遗诏发往各个藩镇,告知各藩镇节度使。耶律阮不相信有这个遗诏,因而对赵延寿所为非常痛恨。

有人给赵延寿出主意,说恒州城中汉人兵马不下万人,如果先下手为强,干掉耶律阮这些契丹人,大事可成。赵延寿没有这个胆子,他不想放弃契丹这个主子,他还是想用他的办法来得到这个皇位。赵延寿决定在大同元年(947年)五月初一这一天,搞一个仪式,在待贤馆接受文武百官拜贺。

赵延寿还对仪式作了详细的安排，让宰相、枢密使拜于阶上，节度使以下拜于阶下。宰相李崧还是比较清醒的，他认为，契丹人不可能接受这个做法，很可能会生出变乱，请赵延寿不要举行这个仪式，赵延寿只好作罢。

赵延寿怎么也没有想到，耶律阮先向他动手了。

就在五月初一这一天，耶律阮请赵延寿以及汉族大臣张砺、和凝、李崧、冯道等人到他下榻的馆驿赴宴。席间，耶律阮对赵延寿说："小妹从上国（契丹）来，你要不要见见她？"

耶律阮所说的小妹便是他的妻子，因为他的妻子向来把赵延寿当着兄长看待，所以在赵延寿面前自称小妹。赵延寿当时也没有多想，高兴地与耶律阮一同进入里屋，去见这位小妹。

过了很久，耶律阮走了出来，对张砺等人说，燕王赵延寿谋反，已经被锁了起来。张砺等人不敢多言。耶律阮又说，先帝耶律德光在汴州时，曾经答应，由他掌管南朝军国，然而燕王赵延寿却假传诏书。耶律阮告诉众人，此次只拿赵延寿一人，其余人等，一概不究。

第二天，耶律阮到待贤馆接受蕃、汉官员的拜贺。

又过了数日，耶律阮召集蕃、汉官员到达府署，宣读先帝遗诏，大意为："永康王是大圣皇帝之嫡孙，人皇王之长子，深受太后钟爱，众望所归，可于中京恒州即皇帝位。"

耶律阮说他是大圣皇帝耶律阿保机的嫡孙，是人皇王耶律倍的长子，这个没有错；然而说他深受述律太后钟爱，这个恐怕不见得，至少述律太后不会希望由他来当继承人。当然，在中京恒州，耶律阮还是得到众人拥护的，所以他才能顺利登上帝位。诏书宣读完毕，耶律阮与群臣一起改穿丧服，为耶律德光举行丧礼。

耶律阮很清楚，他此次称帝，并没有得到述律太后的同意，所以他能够想象到，当他回到契丹，必将有一场皇位争夺战。耶律阮必须面对这一现实，他也做好了心理上、行动上的准备。耶律阮任命安国节度使耶律麻荅为中京留守，镇守在恒州，再把从后晋国带来的官员也留在恒州，然后自己带领契丹大军，于五月二十一日从恒州起程北上。

述律太后得知孙子耶律阮当了皇帝，会有什么反应呢？

二、祖孙争权

述律太后得知耶律德光病逝，孙子耶律阮当了皇帝后，果然大怒异常。她立即出动军队，由皇太弟、天下兵马大元帅耶律李胡带领，前往阻止耶律阮回国。

耶律阮北上到达南京（今北京市），暂且驻屯。就在这时，有人主动前来请求担任耶律阮的前锋，带领兵马前往迎战耶律李胡。此人就是耶律安端，是辽太祖耶律阿保机的弟弟，也就是耶律阮的叔祖。耶律安端听说耶律阮与祖母述律太后争权，本想保持中立，一个也不支持，是他的儿子耶律察割劝他支持耶律阮。耶律安端于是与侄儿耶律刘哥（耶律寅底石之子）商议，前往南京投奔耶律阮，并主动请缨，担任大军前锋。

大同元年（947年）六月，耶律安端与耶律刘哥带领兵马到达泰德泉的石桥（今内蒙古巴林左旗南）时，与耶律李胡的大军遭遇。耶律安端亲自上阵作战，没想到坠下马来，耶律德光的儿子耶律天德举枪便刺，幸亏耶律刘哥拼死相救，才得以上马再战。这时，耶律李胡军中一位汉人军官临阵倒戈，让战场形势发生逆转，此人便是原后晋国的侍卫马军都指挥使李彦韬。

李彦韬原本跟随后晋国的亡国之君石重贵一同北迁契丹，后来被安排到述律太后的队伍中当排阵使。述律太后把李彦韬当人才，而李彦韬却没有领述律太后的情。就在耶律安端作战不利的情形下，李彦韬竟然阵前叛变，向耶律安端投降，结果便是耶律李胡的军队大败。

述律太后得知耶律李胡战败，哪肯善罢甘休，她亲自率领兵马，与耶律李胡一同前来作战。耶律阮也带领大军离开南京，与前锋耶律安端会合，最后于当年闰七月与祖母述律太后的大军在潢河（今西拉木伦河）上的横渡对峙。耶律李胡还将跟随耶律阮的官员家属都拘捕起来，要把他们杀掉。

祖孙一场大战即将开始，在此关键时刻，有一位重要人物出场，成功化解这场危机，此人便是掌管宗族内部事务的惕隐耶律屋质。耶律屋质当时正在述律太后身边，他劝说述律太后与耶律阮和解。耶律屋质对述律太后说，耶律李胡与耶律阮都是太祖阿保机的子孙，皇位给谁都没有传给外族，这没有什么不可以，太后应当与耶律阮讲和。述律太后也同意讲和，就派耶律屋质前往耶律阮军中充当调解人。

耶律阮当时的态度还比较强硬，认为述律太后的兵马是乌合之众，根本打不过他。耶律屋质告诉他一个重要的消息，那就是耶律李胡已经把耶律阮队伍中官员的家人都拘捕起来了，如果耶律阮坚持要战，这些人就活不成了。一旁的官员们听到这个消息，都非常惊慌。

耶律阮考虑了好久，才接受耶律屋质的调解建议，问耶律屋质如何和解。耶律屋质建议耶律阮与述律太后见面谈一谈，消除各自的怨恨与怒气，如果实在谈不拢，再交战不晚。

耶律阮终于与他的祖母述律太后见面了，没想到一见面，两人就互相指责，没有和解的意思。耶律屋质发现情形不对，赶紧采取办法，要不然这祖孙二人和解不了，最终还得兵戎相见。耶律屋质的办法就是指出二人的错误，一个都不留情面，让他们自己服软。然而这需要一定的勇气，毕竟这二人不是普通人。

耶律屋质拿一把筹具在手，首先指责述律太后，说长子人皇王耶律倍还在的时候，为什么要让弟次子耶律德光继承皇位？述律太后为自己辩解，说这是太祖阿保机定下的。

耶律屋质再责问耶律阮，为什么擅自登上帝位，而没有禀告至亲述律太后？耶律阮说他父亲人皇王应该继承皇位而没有能够继承，所以就离开了契丹，言下之意，他如果不自己称帝，根本没有机会。

耶律屋质知道这二人都不会承认有错，于是严肃地说，人皇王耶律倍舍弃父母之国而投奔后唐，作为儿子能够这样做吗？而你永康王（耶律阮）

见到太后，一点也不谦恭，还一味寻求仇恨。耶律屋质又指责述律太后，说她出于对次子耶律德光的偏爱，假托先帝的遗命，随意传授帝位。耶律屋质最后说，你们这样还指望和解吗？还是交战吧。

耶律屋质说完，就把手中的筹具扔在地上，以此表明自己不管了。述律太后先软了下来，她说太祖在世时，兄弟叛乱，创伤尚未抚平，今天不可以再有一次内乱了。述律太后说完，取了一支筹具。耶律阮说，父亲没有做，而由儿子来做，谁又会怪罪呢？说完也取过一支筹具。在场的官员看到二人的举动，十分感动，都大哭起来。

一场恶战避免了，但述律太后仍然不死心，她问耶律屋质，现在已经和解了，那么皇帝到底由谁来当呢？耶律屋质说，太后如果能让永康王来当，岂不是顺天意、合人心，还有什么可以犹豫的呢？

太后还没有说话，一旁的耶律李胡严厉地说，有他在，耶律阮就当不了皇帝。耶律屋质说，按照礼法，有嫡系子孙在，就不应该传给兄弟，以前耶律德光继承，已经是不应该的事，更何况你李胡暴戾残忍，众人都不希望由你当皇帝。述律太后听了这话，对这个不争气的三儿子李胡说，听到了吧，这其实是你自己造成的。述律太后终于同意由孙子耶律阮继承皇位。

没过多久，耶律阮还是担心述律太后会谋划让耶律李胡当皇帝，于是将述律太后与李胡送到祖州（今内蒙古巴林左旗西南）耶律阿保机的墓园软禁起来。

当年八月，耶律阮在原来的北面官体系中，设置了一个新的官职，叫北院枢密使。从此，在辽国，北院枢密使是权力最大的官职，于越已经是没有实权的尊官了，就连北府宰相、南府宰相也排在这一官职之下。那么耶律阮会让谁来当这个最有实权的官呢？那便是心腹耶律安抟。

耶律阮不久还在南面官体系中，设置了南院枢密使，作为南面官中最有实权的官，由后晋阁门使高勋担任。需要说明的是，在《辽史》中，北面官中既有北院枢密使，也有南院枢密使，而在南面官中只有枢密使，也就是辽国共有三位枢密使。经辽史专家考证，这是《辽史》的错误，其实北面官、南面官各有一位枢密使，也就是北院枢密使与南院枢密使，北院枢密使权力更大。

当年九月，耶律阮举行柴册礼，群臣奉上尊号，称天授皇帝，改元天禄，史称辽世宗。辽世宗追封他的父亲耶律倍为"让国皇帝"，任命叔祖耶律安端为东丹国主，封明王，封耶律察割为泰宁王，任命耶律刘哥为惕隐。

三、两次平叛

辽世宗耶律阮在与祖母述律太后的斗争中获胜，不只是因为述律太后不希望再次发生内乱，还有一个很重要的原因就是辽世宗当时的实力更强。辽太宗耶律德光三次与后晋作战，最终消灭后晋，他带去的是辽国的主力大军，而这支大军最后成了辽世宗的兵马，因为这支大军的主要将领都倒向了辽世宗，就连耶律安端这样的人也选择支持辽世宗。就是促成横渡之约的耶律屋质，也有支持辽世宗的倾向，他不仅化解祖孙的冲突，还劝述律太后接受辽世宗继承皇位。

辽世宗不同于辽太宗。辽太宗在位的二十年，虽然也有一定的权力，算不上是一个傀儡皇帝，但述律太后仍然有着很大的权力，辽太宗在很多事情上还是要看述律太后的眼色。辽世宗则不一样，他从与祖母述律太后争权的那一天开始，就带着无比的仇恨，他不可能当一个听命于述律太后的皇帝。然而述律太后有着强悍的个性，她也是不好对付的，更不会轻易就认输。述律太后以及她支持的三儿子耶律李胡不甘心失去大权，他们仍然想着要找机会夺权。辽世宗对他们自然是严加防备，所以一听到有人说他们有谋反之心，马上就把他们软禁了起来。

然而，还是有人要反对辽世宗，还不止一人。

第一个就是辽太宗的三儿子耶律天德。辽太宗共有五个儿子。长子耶律述律，汉名耶律璟，次子耶律罨撒葛都是皇后萧温所生，为嫡子。三子耶律天德、四子耶律敌烈、五子耶律必摄均为庶子。耶律天德也参加了南下灭晋的战争。辽太宗北返途中突然病逝后,耶律天德就负责护送辽太宗的灵柩回上京。后来得知耶律阮已经称帝,耶律天德就参加了耶律李胡的大军,阵前差点儿将辽世宗的前锋耶律安端刺中。耶律阮最终当了皇帝,也没有为难耶律天德,如果耶律天德不再反对耶律阮,或许能够平安地过一生,就像辽太宗耶律德光当年抢了大哥耶律倍的皇位,也没有为难耶律倍的儿子耶律阮。然而耶律天德并不安分,他要反对辽世宗耶律阮,还与另外几个人联合起来。

还有一个人要反对辽世宗,他就是辽太宗北返时留在中原担任节度使的表兄弟萧翰。萧翰是皇亲国戚,述律太后是他的姑姑,辽太宗的皇后是他的妹妹。可以说萧翰无论如何都应当站在述律太后与辽太宗这一边,然而萧翰听说辽太宗病逝、辽世宗即位,便立即离开汴州(今河南省开封市),前往追随辽世宗,他也要拥护辽世宗。辽世宗与述律太后对峙横渡时,述律太后看到萧翰支持辽世宗,非常生气,责问萧翰为何支持辽世宗?萧翰说他的母亲无缘无故被述律太后杀害,所以他要支持辽世宗对抗述律太后。由于萧翰支持辽世宗,所以得到辽世宗的高度信任,辽世宗还将妹妹耶律阿不里嫁给他。然而,让辽世宗没有想到的是,仅仅过了几个月,萧翰就与耶律天德一起,准备把辽世宗赶下台。

除了耶律天德与萧翰,还有两个人也参与了这次谋反。他们是兄弟二人,分别是耶律刘哥与耶律盆都。在辽世宗与述律太后对抗时,耶律刘哥是支持辽世宗的,不过那是在叔父耶律安端的劝说下才跟随叔父耶律安端一起去帮助辽世宗的,看来他从心底里并不想支持辽世宗。辽世宗获胜后,给耶律刘哥封了惕隐,掌管宗族事务,也就是把耶律屋质的官给了他。然而耶律刘哥并不领情,他还是要与耶律天德、萧翰他们一起反对辽世宗,并且把弟弟耶律盆都也带上了。

天禄二年(公元948年)正月,耶律天德与萧翰谋反,没有成功,被辽世宗关进了监狱。耶律刘哥、耶律盆都兄弟虽然与他们勾结,但并没有暴露，所以辽世宗没有处罚他们。然而有人把这二人参与谋反的事告诉了耶律屋质。耶律屋质立即去见辽世宗，告诉辽世宗耶律刘哥兄弟也参与了耶律天德的谋反。辽世宗把耶律刘哥兄弟叫来查问，耶律刘哥不承认，辽世宗也就没有继续追问，还像以前一样信任他。

不久，耶律刘哥请辽世宗去观看一种棋类游戏，称"樗（音同初）蒲"。辽世宗答应了，二人一边饮酒，一边观看。观看当中，耶律刘哥举起酒杯向辽世宗敬酒，偷偷在袖子中藏了一把小刀，想趁机行刺辽世宗。辽世宗也不是等闲之辈，虽然与他父亲耶律倍一样，仰慕中原文化，但并非文质彬彬之人，同样具有草原人的彪悍，史书就说他"内宽外严，善骑射"。辽世宗当时就觉得耶律刘哥神色异常，立即下令将耶律刘哥拿下，当场审问耶律刘哥，是不是图谋不轨。耶律刘哥十分狡猾，得知辽世宗没有发现他袖中藏刀，于是当场发誓，他忠于辽世宗，没有任何非分之想。辽世宗又一次放过了耶律刘哥，不再怀疑他。

耶律屋质坚信耶律刘哥要谋害辽世宗，再次劝说辽世宗，还建议把向他告发耶律刘哥的耶律石剌叫来，当面与耶律刘哥对质，而不是总是宽恕他。辽世宗这才觉得问题可能比较严重，他相信耶律屋质的话。辽世宗于是把这件事交给耶律屋质，让耶律屋质去审问耶律刘哥以及关在监狱中的耶律天德与萧翰。

耶律屋质带着佩剑的士兵去审问这几个人，最终耶律天德、萧翰认了罪，自然也就把耶律刘哥兄弟参与谋反一事给抖搂了出来。事实清楚了，辽世宗最后将首恶耶律天德斩首。萧翰是辽世宗的妹夫，打了几十大板就释放了。耶律刘哥、耶律盆都兄弟是从犯，一个发配边防之地戍边，一个派到黠戛斯国去当使臣。

让辽世宗没有想到的是，萧翰还是不服他，还想谋反。不过萧翰没有马上就谋反，他整整等了一年。让辽世宗更没有想到的是，萧翰这一次竟然伙同他的妻子也就是辽世宗的妹妹耶律阿不里一起谋反。这夫妻二人也知道自己的实力不够，于是想联合东丹国主、明王耶律安端一起谋反。

天禄三年（949年）正月，萧翰写了一封信，派人悄悄送给耶律安端。萧翰的这封信没有能够送到耶律安端手中，因为被另一个人给截获了，此人便是耶律屋质。耶律屋质看了这封信，马上就去向辽世宗奏报。辽世宗这回没有轻饶萧翰，他下令把萧翰处死。对于自己的妹妹，辽世宗还是表现出他的仁慈，只下令把耶律阿不里关进牢狱之中。耶律阿不里最后病死在狱中。

辽世宗终于解决了内部的问题，他接着要解决外部的问题。辽世宗与他的祖父耶律阿保机以及叔父耶律德光一样，也想出兵中原，想把他的辽国开拓到中原。然而，此时中原已经有了变化，耶律德光占领的地方，已经被中原新起的王朝夺取了。辽世宗还能够收复中原吗？

四、两次南攻

辽太宗耶律德光消灭后晋后，将原后晋的都城开封府改回以前的名称汴州（今河南省开封市）。辽太宗在汴州只待了四个月，就北返了。辽太宗还在汴州的时候，原后晋河东节度使刘知远就在太原称帝了，不承认辽太宗对中原的占领。辽太宗病逝杀胡林（今河北省石家庄市栾城区北）的次月，刘知远从太原南下，目标就是汴州，他要夺取中原。辽太宗留在汴州以镇守中原的萧翰听说刘知远南下，也无心镇守，不久就北返追随辽世宗耶律阮了。刘知远到了汴州的几天后，宣布他的国号为汉，史称后汉，是五代之第四代。刘知远还将汴州改为开封府，作为后汉的都城。

随着刘知远建立后汉并夺取中原，辽太宗消灭后晋的成果付之东流，当然，很早之前从"儿皇帝"石敬瑭手中得到的燕云十六州还在辽国的控制之下。刚当上皇帝不久的辽世宗当然不甘心这样的结果，他一直想再度南下用兵，把中原给夺回来，然而他的皇位是从祖母手中夺取的，他得先稳定内政。辽世宗在稳定内政的时候，后汉开国皇帝刘知远也在平定叛乱，巩固他刚建立的王朝。辽世宗平定了内部叛乱时，刘知远却已经病逝了一年之久，他的儿子刘承祐继位当了皇帝，史称后汉隐帝。

天禄三年（949年）九月，秋高气爽，草长马肥，辽世宗召集群臣商议南伐之事。商议结果是派兵南下，攻打后汉国的北部地区。这一次，辽世宗本人没有亲自南下，看来他对后方还是不太放心。

十月，辽国大军到达河北境内，在贝州（今河北省清河县）、邺都（今河北省大名县）以及深州（今河北省深州市）境内攻城略地。辽军杀死深州刺史史万山，俘虏众多百姓。

河北境内的官员很快将辽军入侵的消息奏报到后汉的都城开封，隐帝刘承祐派枢密使郭威率领兵马北上抵御。十一月，郭威率领大军北渡黄河，辽军得到消息，害怕郭威，于是撤兵北返。郭威此次北上，一直到达邺都、邢州（今河北省邢台市），还派其他将领继续北进，到达镇州（今河北省正定县）、定州（今河北省定州市）。郭威派人向隐帝刘承祐请示，他准备再向北推进到辽国边境，刘承祐不想招惹辽国，命令郭威南返。

辽世宗此次南下用兵，未得一城一池，又是一次抢掠性质的作战，辽世宗对此并不满意。尽管南方的南唐国还派使者前来，祝贺辽世宗此次南下用兵取得胜利，辽世宗还是准备第二年秋天再次南下作战，而且这一次他要御驾亲征。

天禄四年（950年）十月，辽世宗亲率大军从上京临潢府（今内蒙古巴林左旗林东镇）出发，南下攻打后汉，目标还是河北一带。辽世宗此次作战，所带兵马以骑兵为主，虽然有数万名，但攻城并非所长，所以仍是一次抢掠性的作战。辽世宗的大军主要在深州、邢州、镇州境内作战，攻克了深州的安平县与饶阳县、邢州的内丘县、镇州的束鹿县等城池。

镇州、邢州一带的官员赶紧将辽军再次南下的消息快马奏报到都城开封。这个时候的后汉刚刚经历一场内乱，由于隐帝刘承祐杀害枢密使郭威留在京城的家人，郭威从镇守之地邺都起兵进京，与刘承祐的兵马进行了交战，刘承祐已经被身边人杀害，郭威也已经控制了这个国家。新的皇帝还没有登基，郭威请李太后临朝听政。李太后听说辽兵入侵，便于当年十一月派郭威带领大军北上御敌。

十二月十九日，郭威大军渡过黄河，到达澶州（今河南省濮阳市），暂住一晚。第二天，郭威就上演了一出"黄袍加身"的好戏，他被将士们拥立为皇帝。郭威在将士们的"逼迫"下，不再北上抵御辽军，而是南返京城开封去当皇帝。第二年正月初五，郭威正式登基，改国号为周，五代之第五代后周建立。

郭威没有北上抵御辽军，自己反而到京城当了皇帝，让后汉成了五代当中最短的一个王朝，前后也就三四年时间。那么辽世宗此次南征没有遇到郭威的大军，是不是战果会更大呢？史书记载，辽军攻打内丘城（今河北省内丘县）时，死伤惨重。还有一件怪异的事，那就是晚上出现月食，军中出现很多怪事，这让辽世宗不得不决定结束这场南征。

半年后，有人愿当辽世宗的"侄皇帝"，还请辽世宗出兵南伐。

五、火神淀之变

辽世宗回到辽国，刚刚建立后周的郭威就派人前来，希望与辽国和平相处。辽世宗当时也有与后周讲和的想法，于是给后周送去良马。然而让辽世宗没有想到的是，没过多久，另一个国家也派人前来，与他结好，不仅答应进贡大量钱物，还愿意当"侄皇帝"，条件就是希望辽国帮助它攻打后周。

原来，就在郭威称帝建立后周的十一天后，也就是天禄五年（951年）正月十六，后汉高祖刘知远的弟弟刘崇在太原也称帝了。刘崇不承认郭威的后周，他仍然以"汉"为国号，以示他哥哥刘知远创建的后汉没有灭亡。刘崇建立的汉，只有一个藩镇的大小，就是他镇守的河东军，也就十个州府而已。史家不认为刘崇建立的汉是后汉的延续，所以称它为"北汉"，位列十国，不属五代。刘崇对郭威的后周取代后汉很是憎恨，把后周当作不共戴天的仇敌之国。然而刘崇也知道，他的国家太小，根本没有力量与郭威的后周对抗。刘崇于是结交辽国，以辽国为靠山，联合辽国一起对付后周。

刘崇建立北汉不久，就派出使者来到辽国上京，拜见辽世宗，提出像后晋石敬瑭那样侍奉辽国，同时也希望得到辽国的支援与帮助，让他能够与后周对抗。辽世宗没有拒绝刘崇的请求，也派出使者前往北汉，告诉刘崇，辽国正与后周议和，后周的使者已经来过，答应每年给辽国进贡十万贯钱。

刘崇立即明白辽世宗的意图，马上派宰相郑珙为使前往辽国，献上重金，还称辽世宗为"叔皇帝"，自己则称"侄皇帝"，并请辽世宗对他进行册封。辽世宗于是转而与北汉结好，并扣留了后周的使者。当年六月，辽世宗派燕王耶律牒蜡来到北汉，册封刘崇为大汉神武皇帝。刘崇当"侄皇帝"，与后晋高祖石敬瑭当契丹人的"儿皇帝"没有多少分别。

刘崇有了靠山，马上决定攻打后周，还派人向辽国求援。辽世宗接到刘崇的请求，决定再度南下。辽世宗先派人通知各部酋长，秋天到九十九泉（今北京市延庆区东北）会合，商议南下用兵之事。

当年九月，辽世宗及各部酋长带领所部兵马到达九十九泉，辽世宗提出与北汉皇帝刘崇会师，一同攻打后周，各部酋长不赞同继续南下，他们对多年南下作战已经感到厌倦。辽世宗很强势，坚决要求各部南下作战，各部没有办法，只好跟着辽世宗继续向北汉国方向进发。

辽世宗此次南下，不仅带着辽国大军，还带着两位皇后。

一位是甄皇后。甄皇后本是后唐宫女，后唐灭亡后，成为后晋宫女。辽世宗跟随叔父耶律德光南下消灭后晋时，在后晋宫中得到这位宫女。辽世宗当年才二十九岁，而这位宫女已经四十一岁，比他大十二岁。辽世宗当时是一见倾心，根本不考虑这是一位大龄女子，而且可能已经被中原皇帝临幸过。后来，叔父耶律德光在北返途中病逝，辽世宗当了皇帝，他不顾族人反对，坚决册立甄氏为皇后。在辽国，辽世宗所在的耶律家族必须与祖母述律平所在的述律（后改萧氏）家族女子通婚，辽世宗在这样的情况下，娶了汉人女子不说，还册立汉人女子为皇后，这是很难被辽国人接受的。

辽世宗只好采取了平衡措施，这就产生了另一位皇后。辽世宗与祖母述律太后和解后，就娶了述律太后的侄女萧撒葛只为妻。值得注意的是，萧撒葛只在辈分上高于辽世宗，是辽世宗父亲耶律倍的表妹，不过这在辽国契丹人那里，没有人会认为有什么不妥。辽世宗虽然娶了萧撒葛只，但并没有把皇后的位置给她，辽世宗仍然让甄氏当皇后。然而，辽世宗还是没顶住压力，在三年后，也册立萧撒葛只为皇后。不过，辽世宗没有妥协到底，他还是保留了甄氏的皇后位置，也就是两后并立。辽世宗不仅是辽国历史上唯一的同时册立两位皇后的皇帝，还是唯一将汉人女子册立为皇后的皇帝。

后人在分析辽世宗如此钟情汉人女子甄氏一事上，认为辽世宗并非是因为好色，是因为他仰慕汉文化，而甄氏除了"有姿色"，也"严明端重，风神娴雅"。甄氏身上散发出的浓郁的中原政治、文化气息一定吸引了辽世宗。果然，甄氏当了皇后以后，"内治有法，莫干以私"，也就是说她治理后宫很有法度，没有私心。

然而正是这位让辽世宗倾心的甄皇后也不同意辽世宗再次南下用兵。甄皇后对中原的事情应当是比较了解的，毕竟她经历了后唐、后晋两朝，对之后刘知远建立后汉、郭威建立后周的形势也有自己的一些判断，但辽世宗并没有采纳她的建议。

辽世宗执意南下，联合北汉一起攻打后周，两位皇后也一同随行。萧皇后已经为辽世宗生有一子，名为耶律贤，当年才四岁。当年秋天，萧皇后又生一女，正在产褥期。甄皇后也为辽世宗生有一子，名为耶律只没，年龄比耶律贤小一点儿。

从辽世宗带着两位皇后以及年龄尚幼的儿子一同南下征战来看，辽世宗显然对自己的实力很有自信。这个实力不只是南下与中原国家作战的实力，更主要是他认为自己已经完全掌控了辽国军政，而且没有人再反对他了。

辽世宗是一个想干一番大事的皇帝，但他也有缺点，他看人会走眼，难怪有史料说辽世宗"眇一目"，也就是瞎了一只眼睛。到底谁忠谁奸，辽世宗有时分辨不清。已经担任右皮室详稳的耶律屋质就曾对辽世宗说耶律察割行为不轨，提醒辽世宗注意防备，辽世宗就是不相信。

辽世宗之所以不相信耶律察割会对他不利，是因为耶律察割的表现让辽世宗觉得耶律察割是一个忠臣。在辽世宗与祖母述律太后对抗时，耶律察割成功劝说父亲耶律安端支持辽世宗，可以说有功于辽世宗。辽世宗也没有亏待这个大功臣，在正式登基后，就封耶律察割这位堂叔父为泰宁王。

与耶律天德、萧翰他们一样，耶律察割也想谋害辽世宗，由自己当皇帝，只不过他比耶律天德、萧翰他们要精明，也更有方法。耶律察割已经得到辽世宗的信任，还要进一步靠近辽世宗。耶律察割竟然让人告诉辽世宗，他父亲耶律安端讨厌他，以得到辽世宗的同情与帮助。辽世宗召见耶律察割，耶律察割一边哭泣，一边诉说，辽世宗果然很是怜悯他，让他出入于宫廷。辽世宗外出打猎时，也带着耶律察割，耶律察割说他手有毛病，从不拿弓箭，让辽世宗对他没有防备之心。耶律察割还经常把家中的一些小事讲给辽世宗听，让辽世宗觉得他非常诚实。

耶律察割还要进一步靠近辽世宗，他竟然把自己的庐帐向辽世宗的行宫移近了一些，以便自己有机会动手。耶律察割之所以敢这么做，当然是因为辽世宗对他十分信任。果然当耶律屋质以此来提醒辽世宗时，辽世宗一点不信耶律察割的这个行为会对他不利。辽世宗甚至还当着耶律屋质的面，把耶律屋质反映耶律察割不轨的奏表拿给耶律察割看。耶律察割马上说耶律屋质这是嫉妒他，说完就泣不成声。辽世宗的同情心马上就来了，说我不怀疑你，你没有必要哭泣。耶律察割于是对耶律屋质口出怨言。耶律屋质说你没有谋逆之心，那就是我错怪你了，希望你不要做不义之事。后来，耶律屋质又一次提醒辽世宗，要防范耶律察割，辽世宗说耶律察割舍弃他的父亲来侍奉君王，他怎么能有异心？耶律屋质说，耶律察割对父亲不孝，对君王岂能忠心？辽世宗仍然不听耶律屋质的劝告。

辽世宗此次南下，当然也带着这位"忠心耿耿"的堂叔父耶律察割，还有曾经谋反过的另一位堂叔父耶律盆都。耶律盆都当时被罚往辖戛斯国当使臣，一段时间之后也就回来了，辽世宗也不再怀疑他了。

九月初四，辽世宗的大军到达祥古山下的火神淀（今河北省涿鹿县西），传令扎营。辽世宗当天与他的生母柔贞太后祭祀了他父亲耶律倍的亡灵，然后宴请各位文武大臣以及各部酋长。辽世宗那天很高兴，他喝醉了酒，最后是被左右之人扶进大帐的。辽世宗喝多了，大臣们也没少喝，大部分人都醉了，也都回帐歇息了。

耶律察割觉得这是一个好机会，他准备多日的计划可以付诸实施了。耶律察割不想一个人行动，他要找一些帮手。耶律察割首先想到的是辽太宗的嫡长子寿安王耶律璟。耶律察割去找耶律璟，把他的计划告诉耶律璟。耶律璟没有接受耶律察割的计划。耶律察割又去找耶律盆都，耶律盆都马上就听从了他。

耶律察割准备就和耶律盆都两个人行刺辽世宗，没想到这个时候又有一个人加入了进来。就在耶律察割回到自己的庐帐中时，燕王耶律牒蜡因喝醉了酒，不知什么原因被他的妻子扶进了耶律察割的庐帐中。耶律察割干脆把自己的计划也告诉耶律牒蜡，想多一个支持者。耶律牒蜡听了耶律察割计划，立即就答应了。

当天晚上，耶律察割等人带着兵马闯进了辽世宗的行宫，将正在醉梦中年仅三十四岁的辽世宗杀害。在这场突然发生的政变中，不只是辽世宗与他的生母柔贞太后被杀，他的甄皇后也被杀害。

萧皇后正在产褥期，不在行宫。第二天，萧皇后听说辽世宗被杀，乘坐辇车来见耶律察割，请求为辽世宗收殓，耶律察割当场将萧皇后也杀害了。辽世宗的儿子耶律贤藏在堆积的木柴当中，躲过了这场劫难，不幸的是，因此而落下病根。辽世宗的小儿子耶律只没也躲过了这场劫难，详细情形，史书上没有说。

耶律察割杀了辽世宗，自己便当起了皇帝。

第四章　睡王穆宗

一、穆宗即位

耶律察割当了皇帝，很是兴奋，不过他显然是高兴得过早了。耶律察割在行宫中看到一只玛瑙碗，马上拿到他妻子面前夸耀，说这是稀世之宝，如今就是他的了。耶律察割的妻子倒是一个冷静的人，她对耶律察割说，寿安王耶律璟、右皮室军详稳耶律屋质他们还在，她和耶律察割就不可能有活路，要这个碗有什么用。耶律察割根本不担心，说耶律璟才二十一岁，还是个小孩子，而耶律屋质不过带领几个奴仆而已，他们明天早上就会来见我，有什么可以担忧的？

耶律察割不把耶律璟放在眼里，或许还有一些道理，但不把耶律屋质放在眼里，显然是高估了自己。耶律屋质带领的皮室军可不是耶律察割所说的几个奴仆，而是皇帝的心腹部队，不仅忠诚，而且作战能力很强。

耶律屋质以前就曾提醒过辽世宗要对耶律察割多加防范，他与耶律察割已经有了矛盾，他不可能再去拥护耶律察割为皇帝。耶律屋质那天晚上听到风声，还听说不可放过穿紫色衣服的人，他赶紧换了衣服出了自己的庐帐，通知禁卫长带领皮室军来讨伐耶律察割。耶律屋质还让他的弟弟耶律冲去把耶律璟请来一起行动。

从耶律屋质的举动来看，他显然在心中已经有了新的皇帝人选，那便是辽太宗的嫡长子耶律璟。不得不说，耶律屋质是很有远见的，他没有随随便便拥立一个人当皇帝。不管耶律璟的能力如何，就凭他这个身份，就能得到很多人的拥护，成功率是很高的。

然而让耶律屋质失望的是，耶律璟来到后，犹豫不决，不敢答应耶律屋质。耶律屋质说你是太宗的儿子，耶律察割这帮叛贼如果得到你，一定不会放过你，那样的话，群臣能够侍奉谁？国家又能够依靠谁？耶律璟当时大概是感到害怕，不敢与耶律察割对抗，所以才不答应耶律屋质，现在听了耶律屋质说耶律察割不会放过他，同样也感到害怕，于是就答应了耶律屋质，准备与耶律察割争个高低。耶律屋质树起耶律璟这面旗帜，果然有作用，不少将领听说之后，便前来投奔，表示支持耶律璟。

耶律察割得知耶律璟与耶律屋质起兵反对自己，这才发现自己估计不足，毕竟第二天还没到，耶律璟与耶律屋质他们就来了，而且是带着兵马杀来的。耶律察割仓皇出帐，带着自己的人马准备与耶律璟对阵。耶律察割的将士中，有人投奔了耶律璟，耶律察割终于感到害怕，担心自己会失败，于是命人把众官员的家属都拘捕起来，准备以此来要挟耶律璟与耶律屋质。

在被拘捕的人当中，有一个人叫耶律敌猎，官职是林牙，相当于是汉族官名翰林。耶律敌猎给耶律察割出了一个主意，他认为耶律察割杀了辽世宗，才给耶律璟有了当皇帝的机会，建议以此为理由与耶律璟讲和，应当能够得到耶律璟的赦免。

耶律察割这个谋算多年看似聪明的家伙，此时已经是病急乱投医，竟然相信了耶律敌猎的话。耶律察割问耶律敌猎，哪个可以担任使者去与耶律璟谈判？耶律敌猎马上推荐自己，还推荐另一个同样被拘捕的人，这便是耶律璟的亲弟弟、十七岁的耶律罨撒葛。耶律察割想也不想，就同意了耶律敌猎的建议。耶律察割此时显然是乱了方寸，他也不想想，一旦放了耶律璟的亲兄弟，还有什么可以要挟耶律璟的呢？

耶律敌猎与耶律罨撒葛来到耶律璟那里，不仅没有劝和双方，还被耶律璟将计就计。耶律璟假装接受耶律察割的和解条件，再派耶律敌猎去见耶律察割，请耶律察割前来商议。耶律璟此举实是要把耶律察割给骗出来，然后干掉他，然而耶律察割以为耶律璟接受他的提议了，竟然马上就去见耶律璟。

耶律察割到了耶律璟那里，当场就被拿下了。耶律璟没有放过耶律察割，下令把耶律察割处死，方式非常残忍，由辽世宗的亲弟弟耶律娄国亲自动手，把耶律察割身上的肉一小块一小块切下来，直到他死去。耶律璟也没有放过耶律察割的儿子们，将他们全部诛杀。

耶律察割之乱平定了，耶律璟也登上了皇位，他改年号为应历，大臣们也给他上了一个尊号，称天顺皇帝。史家则用他的庙号，称他为辽穆宗。辽穆宗非常感激耶律屋质，对耶律屋质说他的性命是耶律屋质给救下的。辽穆宗把叛党的财产全部赏赐给耶律屋质，耶律屋质没有接受，坚决推辞。五年后，辽穆宗让耶律屋质当北院大王。

辽世宗被杀，他的心腹大臣、北院枢密使耶律安抟没有能够讨伐耶律察割等人，受到朝廷内外官员的责备。耶律安抟这个人，为人宽和，做事没有什么原则，对一些不法分子也不能加以禁止，这大概正是他在辽世宗被害后，没有敢于讨伐叛党的原因。辽穆宗上台后，考虑到耶律安抟是辽世宗的心腹，也就没有重用耶律安抟。

尽管以耶律屋质为首的大臣支持耶律璟，耶律璟也平定了耶律察割的叛乱，但仍然有人对耶律璟继承皇位不满，毕竟之前的皇帝辽太宗也好，辽世宗也罢，都没有指定继承人。辽穆宗在接下来的十年当中，就是不断地在与谋反者的斗争中度过的。好在辽穆宗即位后，调整了对中原国家作战的策略，没有像辽太祖、辽太宗以及辽世宗那样有征服中原的野心，他减少南下用兵，使得他有精力来解决内部的叛乱，巩固他得到的皇位。

二、谋反一次又一次

第一个谋反的是太尉忽古质，时间是应历二年（952年）正月初五，是在辽穆宗登上皇位的四个月后。忽古质为什么要谋反，史书记载不详。忽古质的官职是太尉，属于辽国官制中管理汉人的南面官，虽然级别很高，位列三公，但属于尊官，没有实权。忽古质的谋反，很快就被辽穆宗平定，影响不算大，但却开启了一个先河。

半年之后，又有南面官官员谋反，这回谋反的是政事令萧眉古得以及宣政殿学士李澣（音同浣）。政事令在南面官中，虽然不及掌管汉人兵马的南院枢密使有权，但却是管理政务的官员，相当于宰相，后来又改称中书令，韩延徽、韩知古、赵延寿等人都当过这个官。不仅如此，萧眉古得还是皇亲国戚，是辽世宗的小舅子。那么萧眉古得为什么会谋反呢？他其实是对辽穆宗当政不满，并非是要推翻辽穆宗，由自己当皇帝，或是想拥立别人当皇帝。李澣本是后晋官员，是在后晋灭亡后被带到辽国来当官的。李澣一直想逃回中原，只是没有成功。李澣不死心，又劝说萧眉古得与他一起到南方去投奔后周。萧眉古得接受了，准备与李澣在六月初八这一天逃走，没想到这事被辽穆宗知道了，辽穆宗立即采取行动，将他们逮捕，先关押起来。

政事令是政事省最高官员，萧眉古得被捕了，辽穆宗便将这个职位给了耶律娄国。耶律娄国是辽世宗的弟弟，是亲手把杀害辽世宗的耶律察割一刀一刀剐死的人。耶律娄国在辽穆宗即位后，就被任命为南京留守，也算是一个重要官职。现在让耶律娄国当政事令，还算是重用。然而让辽穆宗没有料到的是，耶律娄国也想谋反，他与他的前任政事令萧眉古得想逃到外国不一样，他想干掉辽穆宗，由自己当皇帝。

耶律娄国还找了一些帮手，其中一个便是帮助辽穆宗引诱耶律察割上当的耶律敌猎。耶律娄国之所以找到耶律敌猎，是因为耶律敌猎在帮助辽穆宗后，没有得到辽穆宗的重用。辽穆宗一直没有提升耶律敌猎的官职，耶律敌猎还是掌管文告的林牙。此外还有几个不得志的人也被耶律娄国拉了过来，比如侍中神都、郎君海里等人。

耶律娄国等人密谋后，于当年七月二十一日开始行动，准备对辽穆宗动手。这时离耶律娄国当上政事令才一个半月。耶律娄国的运气不好，还没有动手，就走漏了风声，辽穆宗把他们全部拘捕起来。辽穆宗亲自审问耶律娄国这位堂兄弟，耶律娄国不承认自己谋反。辽穆宗说他还是寿安王时，耶律娄国就多次劝他谋反，干掉他的哥哥辽世宗，取而代之，今天的事一定错不了。耶律娄国无言以对。辽穆宗又派人审问耶律娄国的同党，等他们全部服罪后，再给耶律娄国判罪。

八月初六，辽穆宗将耶律娄国及其同党谋反事实查清之后，下令将耶律娄国以及之前就关押的萧眉古得斩首。对于李澣，辽穆宗让人杖责一番，然后释放。其他人根据罪行轻重，也都进行了处罚。

应历三年（953年）六月，述律太后驾崩，终年七十五岁。自从辽世宗当了皇帝，述律太后已经成为太皇太后，从此也就失去了掌管国家的权力，一直没有自由，被软禁了六年整。辽穆宗为表达哀思，一个月不上朝。当年十月，辽穆宗派太师唐骨德负责修建述律太后的陵园。让辽穆宗没有想到的是，这个时候，有人竟然趁着国丧谋反了。

此次谋反的带头人是耶律宛，还有他联合的郎君嵇干、敌烈等人。耶律宛是同样被限制自由的耶律李胡的次子。耶律李胡作为曾经的皇太弟，没有争得过辽世宗，还被辽世宗软禁起来，没有机会再当皇帝，但他的儿子们一直没有死了这条心。然而，耶律宛的谋反同样没有成功，最后被辽穆宗关了起来。

辽穆宗虽然对谋反者不手软，下手也比较快，但对他们的处罚还是很慎重的，他要审问清楚了以后才决定如何处罚。辽穆宗照例派人去审讯耶律宛他们，没想到耶律宛在供词中又牵出一些人，这当中竟然还有辽穆宗的亲弟弟、太平王耶律罨撒葛，此外还有辽世宗当年的心腹耶律安抟，以及林牙华割、郎君新罗等人。辽穆宗先下令把这几个人全部关起来，继续审问。耶律安抟很不幸，在监狱中就死去了。

耶律宛等人谋反的事审问得差不多了，但辽穆宗没有马上就对他们动刑，因为他当时正忙于述律太后灵柩的安葬事宜。直到应历四年（公元954年）正月，辽穆宗终于下旨，将郎君嵇干、林牙华割等人斩首，而将耶律宛释放，至于太平王耶律罨撒葛，因为没有参与耶律宛谋反团伙的事实，所以也就释放了。从辽穆宗对谋反者的处罚来看，他对他们家族中人还是比较仁慈的，这与之前的辽世宗差不多。

四次谋反都以失败告终，此后六年，没有人再干谋反的事。

应历九年（959年）十二月，谋反的事又发生了，同样让辽穆宗没有想到的是，谋反的人竟然是自己的四弟耶律敌烈。上一次耶律宛谋反时，想把辽穆宗的二弟耶律罨撒葛牵连进来，没有成功，这回辽穆宗的四弟耶律敌烈可是带头造反的，被他伙同的还有前宣徽使耶律海思以及萧达干等人。耶律敌烈他们计划在十二月初九这一天行动，结果与前面那些谋反的人一样，事情败露，被辽穆宗拘捕。审问只用了一天，事情就清楚了。第二天，辽穆宗搞了一个仪式，先祭祀天地、祖先，告诉天地、祖先，逆党谋反失败了，然后再下令将萧达干处死，将耶律海思关进狱中，而将四弟耶律敌烈释放。从辽穆宗对四弟耶律敌烈的处置来看，再次显现他对同族中人的仁慈。

应历十年（960年）七月，又一次出现谋反之事，不过这一次不是皇族中人，而是南面官中两位重要的官员。一位是政事令耶律寿远，一位是太保楚阿不。谋反同样没有成功，辽穆宗对这两位官员就毫不手软，审问结束后，马上下令把他们斩首。

然而好景不长，才过了三个月，谋反再一次出现，而且这回又是皇族中人。十月初十，耶律李胡的长子耶律喜隐谋反，他也想当皇帝。耶律喜隐没有吸取二弟耶律宛谋反失败的教训，大概是看透辽穆宗对皇族中人比较仁慈，所以他也要谋反一次。同样的结果，耶律喜隐的谋反也被辽穆宗及时镇压了。在审问耶律喜隐时，耶律喜隐竟然把他的父亲耶律李胡也供出来，说耶律李胡也参与谋反。耶律李胡本来就没有什么自由，这回彻底失去自由，被辽穆宗关进了牢狱之中。耶律李胡在狱中待了没多久就死了，终年五十岁。次年（961年）二月初二，辽穆宗释放了耶律喜隐，果然没有对皇族中人下狠手。

至此，第二阶段的谋反事件已经发生了三次，会不会像第一阶段一样，以耶律李胡家族的谋反而暂告一段落呢？没有，有人还想补上一次，好像有意凑成四次，与第一阶段的次数一样。应历十一年（961年）二月，司徒乌里只的儿子迭剌哥告发他的父亲谋反。辽穆宗派人查问一番，结果是诬告，司徒乌里只没有罪过。辽穆宗自然没有处罚乌里只，只下令处罚迭剌哥。乌里只向辽穆宗求情，辽穆宗最后下令将迭剌哥杖责一番，然后释放。

十年当中，七八次的谋反，都被辽穆宗成功识破并及时平定，让我们不得不对辽穆宗刮目相看。要知道，辽穆宗当时不过是一个二十多岁的年轻人，如果不是他本人有防范谋反的本领，就是耶律屋质在帮助他，耶律屋质大概有发现事情于萌芽状态的能力吧。

辽穆宗在处理谋反事件的时候，北汉不断地请他出兵增援，他又是如何处理与中原国家战事的呢？

三、助汉攻周

辽世宗是在南下增援北汉的途中被耶律察割谋害的，而辽穆宗又是在平定耶律察割的叛乱中登上皇位的。辽穆宗没有继续带领兵马南下，而是于应历元年（951年）九月北返辽国的南京（今北京市）。然而，北汉皇帝刘崇又派人前来，攀认辽穆宗为叔父，同时请辽穆宗派兵帮助他攻打后周。辽穆宗并不想再南下用兵，但又不好意思拒绝刘崇，毕竟刘崇送钱送物，还叫他为叔父。辽穆宗于是派彰国军节度使萧禹厥率领五千兵马帮助北汉攻打后周。

刘崇得到辽国的支持，自己也亲自带领两万兵马与辽国大军一起攻打后周的重镇晋州（今山西省临汾市）。十月十九日，汉、辽联军到达晋州城外，三面包围晋州城，日夜不停地攻城。刘崇的一支游骑兵还一路南下，深入到绛州（今山西省新绛县）境内。

晋州城十分难攻，一直到当年十二月，汉、辽联军仍然没有攻克晋州城。当时的天气已经非常寒冷，还下起了大雪，百姓都到山寨中躲避，野外没有粮草可以抢掠，刘崇的大军开始缺粮。辽国的士兵更是不想再战，士兵们都盼望着早日北归。当听说后周派来援救晋州的大军已经过了晋州城南百里之外的蒙阮（今山西省曲沃县西北）时，北汉及辽国士兵异常惊慌，竟然烧毁营寨，连夜撤退。

汉、辽联军撤退到霍邑（今山西省霍州市西南）时，被后周兵马追上。一场激烈地交战后，汉、辽兵马死伤很多，不少人坠下山崖而死。汉、辽兵马继续北逃，后周大军也没有再追，汉、辽兵马得以渡过汾水逃走。

刘崇从此不敢再向后周发动袭击。直到两年后，后周太祖郭威病逝，养子柴荣继位，刘崇觉得这是一个攻打后周的机会，决定再次联合辽国兵马，攻打后周。辽穆宗也没有拒绝刘崇，还是和上次一样，派兵助战。辽穆宗此次派出的将领是北院宣徽使耶律敌禄，配给一万名骑兵。辽穆宗虽然没有亲自带兵，但此次也驾临南京，大概也有督战的意味。

应历四年（954年）二月，刘崇亲率三万兵马，以义成军节度使白从晖为行军都部署，武宁军节度使张元徽为前锋都指挥使，与辽国援军在团柏（今山西省祁县东南）会师，然后南下攻打后周的潞州（今山西省长治市）。

汉、辽兵马到达潞州城西北的梁侯驿时，后周镇守潞州的昭义军节度使李荣派将领穆令均带领两千名步骑兵前往迎战，李荣自己带领大军进驻潞州北边的太平驿，以作声援。穆令均与北汉将领张元徽交战，张元徽佯装失败，率部撤退。穆令均不知是计，纵马追击，闯进埋伏圈，不敌身亡。李荣得到消息，立即率部撤回潞州城中，坚守城池待援。

刘崇没有攻打潞州，而是一路南下，到达高平（今山西省高平市）城南。三月十九日，刘崇的兵马与前来增援李荣的后周先锋兵马遭遇，发生交战。刘崇知道后周援兵来了，但不认为柴荣会亲自来，他决定先行后撤，选好地势，与后周援兵再战。刘崇将主力中军部署在泽州城东北的巴公原（今山西省晋城市东北），北汉将领张元徽在东，辽国将领耶律敌禄在西，阵势非常严整。

柴荣当时确实亲自带兵前来，他得知前方已经与敌人遭遇，担心刘崇逃跑，于是传令各军加快行军，很快也到达巴公原。柴荣将兵马分为左、中、右三军，三军一同向前推进，柴荣也纵马亲临战场督战。柴荣还命将领李彦崇带领一支兵马守在江猪岭（今山西省长子县西），以防刘崇从那里逃走。

刘崇看到后周的兵马并不多，感到有些后悔，后悔不该请辽国出兵助战。刘崇认为北汉的兵马就能击败敌人，根本不需要辽国的援兵。北汉的将领们也赞同刘崇的看法。刘崇于是对将领们说，今天要击败后周兵马，让辽国将士开开眼，好让他们心悦诚服。

辽将耶律敌禄比较谨慎，策马向前，察看后周大军阵地，然后对刘崇说，后周兵马虽然不多，但都是劲敌，不能轻率进攻。刘崇不赞同，说机不可失，让耶律敌禄不要多言，看他如何指挥作战。耶律敌禄感到很不高兴，也不再言语。

刘崇显然是轻敌了。一个轻敌的人，就是遇上不利的因素，也不会改变主意。就在这时，强劲的东北风突然变为南风，而司天监李义却告诉刘崇，说决战的时机到了。刘崇也认为时机已到，准备下令进攻。枢密直学士王得中拦住刘崇的战马，对刘崇说，李义该杀，如此风势，对北汉军不利。刘崇让王得中不要胡言乱语，如再乱说，就杀了他。刘崇说完，指挥东军先行出击，张元徽便带领一千名骑兵向后周的右军发起进攻。

按理说，当时的风向对后周兵马有利，毕竟后周军在南、北汉军在北。然而让人想不到的是，后周右军将领樊爱能、何徽与北汉军交战没多久，便带领骑兵先行逃走，右军顿时溃散。一千多名步兵没有逃走，竟然脱下铠甲，高呼万岁，向刘崇投降。守在江猪岭的李彦崇听说樊爱能等人已经南逃，赶紧带领兵马也向南撤退。

柴荣看到情势不妙，担心左军也跟着崩溃，便立即带领亲兵，冒着矢石督战。亲兵队伍中有一名宿卫将领名叫赵匡胤，看到天子亲自出战，对同伴说："皇上冒着如此危险，我们怎能不拼死而战？"

赵匡胤又对殿前都指挥使张永德说，敌人的气焰虽然嚣张，但只要奋力作战就可以击破。赵匡胤还提出了作战方案，说张永德将士中有很多人善于左手射箭，让张永德带领这些人登上高处放箭，作为左翼，他赵匡胤带领一支兵马作为右翼。张永德赞同，于是各率两千人出战。赵匡胤身先士卒，纵马冲锋，士兵们也跟着拼死力战，无不以一当十，北汉兵马不能抵挡。

刘崇这时已经得知柴荣亲自前来，命张元徽乘胜前进。张元徽纵马上前破阵，没想到战马突然跌倒，被后周士兵杀死。张元徽是北汉的一员骁将，北汉将士听说他阵亡，士气大减。

这时南风刮得更加猛烈，后周士兵奋勇争先上阵杀敌，北汉兵马大败，四处溃散。刘崇看到不能取胜，连忙挥动红旗收兵，然而不能制止溃散。辽将耶律敌禄看到周兵强盛，不敢上前援救。耶律敌禄又想到刘崇并没有听他的建议，心中仍然耿耿于怀，于是传令所部兵马撤退。

北汉兵马也开始撤退，后周兵马追击，一直追到高平。一路上，被杀的北汉士兵布满山谷，丢弃的辎重、兵器、牲畜不计其数。刘崇已经顾不得将士们了，保住自己的性命要紧，他换上普通衣服，头戴斗笠，骑着辽国赠送的黄骝马，带领一百多名骑兵从高平西北的雕窠岭向北，最后果然经江猪岭向北汉的都城太原逃去，可惜李彦崇早已撤走。

柴荣决定乘胜攻打太原。三月二十八日，柴荣任命符彦卿为河东行营都部署兼知太原行府事，郭崇威为副部署，向训为都监，李重进为马步都虞候，史彦超为先锋都指挥使，命令五将率领两万名步骑兵从潞州北上。柴荣又命令护国军节度使王彦超、保义军节度使韩通从阴地关（今山西省灵石县西南）方向进入北汉境内，与符彦卿会合。

柴荣乘着高平之战的胜利继续攻打太原，很快就收到效果。四月，北汉的盂县（今山西省盂县）、汾州（今山西省汾阳市）、辽州（今山西省左权县）接连向后周投降。北汉境内的百姓还争相前来给后周大军送粮，哭诉刘崇的赋税太重，希望后周大军能够攻克太原，消灭北汉。此外，北汉的宪州、岚州、沁州、忻州也跟着向后周投降。

让刘崇没有想到，耶律敌禄还让他失去了代州（今山西省代县）。耶律敌禄怀疑北汉代州防御使郑处谦与后周勾结，想杀了郑处谦。耶律敌禄于是命人去请郑处谦前来议事，郑处谦也起了疑心，便不肯前往。耶律敌禄再派几十名辽兵来到城门前打算强行进城，郑处谦也不示弱，立即派兵将这些骑兵全部杀死，同时下令紧闭城门，不让耶律敌禄进城，还派人向柴荣投降。

北汉面临生死存亡，辽穆宗赶紧派南院大王耶律挞烈带领兵马前往增援。柴荣得到消息，派符彦卿率领一万余名步骑兵前往迎战这支辽国援兵。当年五月，两部兵马在忻州（今山西省忻州市）城北的忻口发生交战，先锋史彦超带领二十名骑兵冲了上去，李荣也率部跟了上来，一连杀死辽兵两千多人。辽兵开始撤退，史彦超仗恃自己勇猛，紧追不舍，离大军越来越远。突然，辽兵勒马迎战，史彦超终因寡不敌众，被辽兵杀死，李荣单人匹马逃了回来，后周士兵伤亡很多。主将符彦卿不敢再战，先退守忻州，再率部返回太原城下，向柴荣复命。

柴荣听说猛将史彦超战死，感到非常惋惜，开始考虑是不是要撤兵。当时，为了攻打太原，后周在东自怀、孟，西到蒲、陕一带征集民工，然而一个多月过去了，太原城仍未攻克，百姓已经不堪其苦。到了五月，又不停地下起大雨，将士们都很疲惫，不少人还生起病来。柴荣不得不结束此次征伐，带领大军南返。

四、失去瀛莫二州

辽穆宗虽然两次出兵帮助北汉攻打后周，但他并没有南下与后周争夺天下的雄心。辽穆宗只有二十多岁，他对中原国家易攻为守的策略大概不是他一个人决定的，辅佐他的那些大臣们，一定也起了不少作用。此前，太祖、太宗以及世宗多次南下征战，辽国的不少大臣已经感到厌倦，辽穆宗的这个策略也是符合不少人的想法的。然而，对待北汉这个"侄皇帝"之国，辽穆宗还是一直给予帮助的。没过多久，后周南边的南唐国也来向辽国请求帮助，因为后周正向南唐发起一轮又一轮的进攻。

周世宗柴荣是五代十国时期一位有作为的皇帝，他致力于天下的统一。在大臣们的建议下，柴荣采用了"先易后难、先南后北"的统一策略，首先就向南方的后蜀国发起战争，在夺得后蜀国的秦、凤、阶、成四州后，又向南唐发起战争。

柴荣于应历五年（955年）十一月开始攻打南唐，应历八年（958年）三月结束，柴荣本人还三次亲临前线督战，前后用时两年零五个月，终于将南唐打得称臣，并割让江北十四州。按照当初的计划，柴荣应当在消灭南唐以及南方各国之后，才向北方的辽国以及北汉用兵，不仅要消灭北汉，还要收复被辽国占领的燕云十六州。然而柴荣此时不得不调整他的统一策略。

就在柴荣攻打南唐的第二年，南唐便两次派使通过海路前往辽国求救，请辽国联合北汉，一起在后周的北方发起战事，以图缓解南唐的压力。南唐第一次派出的使者被后周将士抓获，第二次派出的使者终于到了辽国。辽穆宗为了南唐，又一次出兵与北汉一起袭扰后周，准备在第二年秋天开始行动。辽穆宗先派人前往北汉，让北汉与辽国一同出兵攻打后周。北汉的开国皇帝刘崇已经在一年前病逝，当时在位的是他的儿子刘承钧，史称北汉睿宗。刘承钧继位以来，只关注国内治理，没有能力也不想对外用兵。然而刘承钧不敢拒绝辽国，只好答应辽穆宗。在辽穆宗面前，刘承钧已经不是"侄皇帝"，而是"儿皇帝"。

应历七年（957年）十一月，辽穆宗派大同节度使崔勋带领兵马南下，刘承钧则派忠武军节度使李存瓌（音同瑰）带领兵马南下，与崔勋会师，攻打后周的潞州（今山西省长治市）。汉、辽联军此次作战的目的是声援南唐，并非要夺取后周的领地，所以在潞州并没有发生大的战斗就北撤了。

应当说，辽国与北汉的这次行动，改变了柴荣的部署。柴荣在只得到南唐江北十四州的情况下，就接受与南唐的议和，他准备去攻打辽国与北汉。由此可见，柴荣确实是一位雄主，他根本没有把强大的辽国放在眼里。

柴荣虽然调整他的统一策略，但没有立即北上攻打辽国或北汉，而是先作防御,再作战争前的准备,毕竟战争需要大量的人力与物力。在防御方面,柴荣在第三次南征刚回到京城开封时,就派殿前都点检张永德率兵北上,防御辽兵。

柴荣接着便开始关注农业生产,为战争积蓄财力。柴荣非常重视农业,命人用木头刻出农夫、蚕妇的雕像,放在殿堂之中,以警醒自己。柴荣在农业方面一个重要的措施就是实行均田。数月后,按均田重新核定,共多出四万二千多顷田地。

北征之前,必须先打通漕运。应历九年(959年)二月,柴荣命令侍卫马步都虞候韩通、宣徽南院使吴延祚,征集徐、宿、宋、单等州百姓数万人疏浚汴水。柴荣再派马军都指挥使韩令坤带领士兵,从开封城东边引导汴水进入蔡水,打通陈州与颖州之间的漕运;派步军都指挥使袁彦带领兵民疏通五丈渠,向东经过曹州、济州、梁山泊,连通青州、郓州一带的漕运。

在作了不少准备之后,柴荣终于在三月十九日下诏,将前往沧州(今河北省沧州市东南)督战,以收复北方领土。柴荣先传令北方的义武节度使孙行友防范西部山路。三日后,柴荣再命韩通等人率领水陆兵马北上。十日后,柴荣从开封起程。

四月,韩通在辽国的宁州(今河北省青县)南边安营扎寨。为了便于从水路攻入辽国占领区境内,韩通从沧州开始疏浚河道,一直通向辽国占领下的瀛州(今河北省河间市)与莫州(今河北省任丘市北)。宁州以前称乾宁军,随燕云十六州一起割让给辽国。辽国升乾宁军为宁州,不在燕云十六州之列,而瀛州与莫州都属于燕云十六州。

四月十六日,柴荣到达沧州,一刻也没有停留,立即带领兵马北上。四月十七日,柴荣到达宁州,辽国的宁州刺史王洪献出城池投降。柴荣收复宁州后,将宁州改回原来的名称乾宁军。

四月二十日,柴荣下令水陆两路同时进发,韩通为陆路都部署,赵匡胤为水路都部署。柴荣随水路行进,舰船相连,有数十里长。四月二十四日，柴荣到达独流口（今天津市静海区北），再逆流西进。四月二十六日，柴荣到达益津关（今河北省霸州市），辽国守将终廷辉献出城池投降。

四月二十七日，柴荣从益津关再向西，前往瓦桥关（今河北省雄县）。因河道变窄，大船不能前行，柴荣改走陆路，继续西进。夜晚，柴荣就在野外宿营，辽国的斥候骑兵不断在附近出现，随从官员都感到害怕，因为柴荣的侍卫兵马不到五百人，但柴荣毫不畏惧。

四月二十八日，赵匡胤带领部众率先到达瓦桥关，辽国守将姚内斌献出城池投降。柴荣不久也到了瓦桥关，进入关城。两日后，侍卫亲军都指挥使李重进率领大军也到达瓦桥关。

柴荣此次北上，没有直接攻打瀛、莫二州，而是从沧州北上，再向西占领益津关与瓦桥关，这样便将瀛、莫二州与辽国切断，形成对瀛、莫二州的战略包围。柴荣的这一迂回战术很快就收到效果。四月二十九日，辽国莫州刺史刘楚信献出城池投降。五月初一，辽国瀛州刺史高彦晖也献出城池投降。至此，瓦桥关以南的城池、土地全部被收复，共三个州、十七个县，人口一万八千三百六十户。

五月初二，柴荣在瓦桥关行宫设宴犒赏诸将。宴席之上，柴荣提出准备继续北上，夺取幽州（今北京市）。诸将都不赞同。诸将认为大军此次离京三十二天，兵不血刃，就夺取燕南之地，这是不世之功。诸将还说辽国的骑兵都聚集在幽州之北，不能再向北深入。

柴荣很想继续收复幽州，听了诸将的话，很不高兴。柴荣仍然催促先锋都指挥使刘重进先行北上，进驻涿州的固安（今河北省固安县），自己则前往北边的安阳水搭建浮桥。当天晚上，柴荣突然感到身体不适，便决定不再北进。

五月初四，义武节度使孙行友奏报说，他已经收复被辽国占领的易州（今河北省易县），擒获辽国易州刺史李在钦。孙行友还派人将李在钦押到瓦桥关柴荣大营，柴荣下令在大营前斩首。

五月初五，柴荣下诏，在瓦桥关设置雄州，割容城（今河北省容城县北）、归义（今河北省容城县）两县隶属；在益津关设置霸州，割文安（今河北省文安县）、大城（今河北省大城县）两县隶属。柴荣再让韩通征集滨州、棣州境内数千名百姓前来修筑霸州城。柴荣最后任命侍卫马步都指挥使韩令坤为霸州都部署，义成节度留后陈思让为雄州都部署，派二将在两地镇守。安排妥当之后，柴荣于五月初八南返。

柴荣夺回燕云十六州中的瀛、莫二州的时候，辽国内部的谋反已经告一段落，五年多没有再发生谋反事件。辽穆宗此时有精力来应对南部发生的战事，他在柴荣南返的十多天后，到达辽国的南京，也就是幽州。辽穆宗对幽州尚在手中感到庆幸，而对瀛、莫二州的丢失，他竟然说，那些地方本来就是汉人的地盘，今天还给他们，没有什么可惜的。

辽国的精锐兵马当时已经集结在南京，辽穆宗还是不甘心被柴荣夺回那么多地方。辽穆宗派兵南进收复失地，虽然没有收回瀛、莫二州，但还是于当年六月收复了容城等地。

辽穆宗遇到周世宗柴荣，是他的运气不好，所以燕云十六州少了两州。然而，辽穆宗的运气也没那么差，因为要不是柴荣生病，恐怕燕云十六州都要被柴荣收复。就在辽穆宗收复部分城池的当月，柴荣就病逝了，年仅三十九岁。半年后，赵匡胤当了皇帝，建立了北宋，结束了五代的历史。

柴荣的统一大业戛然而止了，赵匡胤的统一大业又开启了。赵匡胤仍然采用先易后难、先南后北的统一策略，辽穆宗又能过上几年的安稳日子了。然而让世人没有想到的是，辽穆宗从此爱上了睡觉，被辽国人称为"睡王"。

五、爱酒爱睡就是不爱女人

辽穆宗被辽国人称为"睡王"，并不是他从当上皇帝开始，就整天睡觉，不问政事。辽穆宗喜爱饮酒，也不是他一当上皇帝开始，就整天畅饮，甚至日夜不分。辽穆宗在当上皇帝的前十年，史书上关于他酣睡、饮酒的记载几乎没有。这十年左右，辽穆宗在忙于镇压内部谋反，巩固他的统治，同时还出兵帮助北汉攻打后周，并应对周世宗柴荣的北伐。

柴荣在北伐夺回瀛、莫二州的次月就病逝了，而后继的北宋开国皇帝赵匡胤又忙于先统一南方，对辽国以及北汉的威胁暂时解除了。辽穆宗此时就有了一个很大的转变，那便是喜爱饮酒，而喝多了就蒙头大睡。辽穆宗为什么喜爱喝酒、喜爱睡觉？原因也许有很多，但有一点也许是可能的，那就是他不喜爱女人。作为皇帝，而且很年轻的皇帝，不喜爱女人，这确实很是奇葩。既然不喜爱女人，总得找一个别的什么爱好，所以就去饮酒，毕竟契丹人也很能喝酒。然而酒喝多了，必然就会酣睡。

辽穆宗不喜爱女人，这个一定是他有什么毛病，正常的年轻男人一定不是这样的。史书上说辽穆宗身体虚弱，讨厌见到女人，到了该纳妃的时候，他的祖母述律太后提出为他选一位妃子，他竟然以身体不适而推辞。当然，再怎么推辞，最终还是娶了一位，这便是内供奉翰林承旨萧知璠的女儿，后来便成了皇后。尽管如此，辽穆宗并没有与萧皇后同房，所以一直没有生儿育女。皇后不能没有，但其他嫔妃就可以不纳，所以辽穆宗的后宫中只有太监，几乎没有宫女。

到底辽穆宗得了什么病，让他不想碰女人？史书上没有明说。但史书上也说了一件事，很值得分析一下。说女巫肖古给辽穆宗献上一个延年益寿的药方，要将男子的胆放在药中一起吃，几年下来，杀了不少人。后来，辽穆宗也觉得这个药方很荒谬，就把肖古杀了，从此也不再吃这个药。辽穆宗杀肖古是在应历七年（公元957年）四月，这是他当皇帝的第七年，已经二十七岁。这个年龄，绝不需要考虑延年益寿，辽穆宗之所以要服药，一定是要治病。治什么病？只有他这个不喜爱女人的病。如此分析，肖古给他的药方中有男人的胆可以理解，会不会考虑增加辽穆宗的阳气，尽管这个毫无科学根据。辽穆宗吃了几年的药，决定不吃了，不只说明他还算是明智，一定是吃了没有什么效果。而这个所谓的效果，一定不是延年益寿的效果，因为辽穆宗才二十几岁，怎么能看出他不会长寿？一定是对辽穆宗的病没有效果，而这个病很可能就是不愿碰女人的病，说得再白一些，那就是勃起方面的毛病。

一个年纪轻轻的皇帝，要女人有女人，却在那方面有难言之隐，时间长了，一定会产生心理问题。怎么解决呢？喝酒、睡觉是一个办法。当然还可以打猎，他确实也喜爱打猎，这些都可以暂时忘却烦恼。不过心理问题严重了，还会杀人，这个留到后面再讲。

史书上首次记载辽穆宗饮酒，是在应历十三年（963年）正月初四，他一连畅饮九天。这个时候，辽穆宗当皇帝已经十三年了，也三十三岁了。当年九月初一，辽穆宗又在野外宴饮，整整一个通宵才结束。第二天晚上，辽穆宗又喝了一夜的酒。十一月，辽穆宗又到掌管田猎的虞人家里饮酒，整整四天。一开始，辽穆宗还只是隔三岔五地喝酒，而到了应历十四年（964年）十一月冬至，辽穆宗宴饮直到天亮，从此干脆白天睡觉，晚上饮酒。

辽穆宗虽然纵酒贪睡，但也没有完全不问政事，大事也不敢耽误。应历十四年（964年）九月，黄室韦叛乱，十二月，乌古部叛乱，详稳僧隐带领兵马平叛，惨遭失败，僧隐及乙实等人战死。应历十五年（965年）正月初七，辽穆宗任命枢密使雅里斯为行军都统，虎军详稳楚思为行军都监，带领突吕不部三百名士兵，联合诸部军队讨伐乌古部。辽穆宗听说乌古部夷离堇的儿子勃勒底没有参与叛乱，立即下诏褒奖。从这件事可以看出，辽穆宗还没有十分糊涂。

三月初六，大黄室韦叛乱。四月初五，小黄室韦叛乱。雅里斯、楚思出兵征伐，被室韦打败，辽穆宗派使者前去责问。四月十五日，辽穆宗调整讨伐军主将，派秃里代替雅里斯为都统，女古代替楚思为监军，率领轻骑兵讨伐室韦。辽穆宗在武力征讨的同时，还派挞马寻吉里带着诏书，前往招抚叛军。五月初五，寻吉里奏称，招抚没有起到效果，只能继续武力征讨。当月，雅里斯率领萧挞凛、耶律苏两个群牧的兵马追击叛军，在柴河发生交战，又遭到失败。室韦的首领当月逃到敌烈部，六月，敌烈部前来投降，室韦叛乱也就算平定了。

七月初六，雅里斯派人前来奏报，说乌古叛军到达河德泊，辽穆宗派夷离堇画里、夷离毕常思带领兵马前往阻击。初九，乌古叛军抢掠上京以北榆林峪的百姓，辽穆宗再派群牧都林牙萧干等人前去讨伐。十二日，雅里斯等人与乌古再次交战，又一次失败。

三个月后，十月十一日，常思与乌古叛军交战，取得胜利。此后再经过一年的讨伐，各支叛军全部平定。应历十七年（967年）正月初一，讨伐军各路将领回朝，林牙萧干、郎君耶律贤适等人立有战功，而雅里斯、楚思、霞里等人作战不力。辽穆宗拉着萧干与耶律贤适的手，赐予美酒，还升萧干为北府宰相，耶律贤适为右皮室军详稳。辽穆宗对雅里斯、楚思、霞里三人则赐给薄酒以示侮辱。

乌古部的叛乱平定了，辽穆宗又开始饮酒、睡觉了。应历十八年（968年）五月初五，是端午节，辽穆宗因为喝醉了酒，没有上朝接受朝贺。五月初十，辽穆宗在述古水捕获一只天鹅，非常高兴，就在野外宴饮整整一夜。五月十五日，辽穆宗又与政事令萧排押、南京留守高勋、太师昭古、刘承训等人畅饮，不分昼夜。

应历十九年（969年）正月二十七日，辽穆宗这一天比较清醒，觉得自己总是醉酒，一定误事，于是给太尉化哥下诏，说他喝醉酒时处理事务如有失误，请化哥他们不要曲意听从，等他酒醒之后，要重新向他奏明。尽管如此，从当年立春一直到月底，辽穆宗都在不断地饮酒，没有上朝听政。

辽穆宗不满足醉生梦死，他又开始疯狂地杀人。

六、随意杀人的结果

辽穆宗作为皇帝，位于九五之尊，却不是一个正常的男人，他的心理也随之而产生问题。酗酒、酣睡似乎可以让人暂时忘却烦恼，但这并不是灵丹妙药，不能治病。辽穆宗在喜爱喝酒、睡觉的同时，也开始随意地杀人，往往还是亲手杀人，手段有时还十分残忍。

需要强调的是，处死那些谋反者，不是我们讲述辽穆宗随意杀人的内容。史书记载辽穆宗第一次杀人，是在应历十年（960年）八月，当是他正在秋捺钵，地点在怀州（今内蒙古巴林右旗境内）。史书没有记载具体原因，就说八月初三这一天，辽穆宗用镇茵石狻猊打死他的一个近侍，名叫古哥。

第二次杀人，已经过了两年半，是在应历十三年（963年）正月二十日，同样没有说原因。辽穆宗这一次杀死兽人海里，也就是一个为他管理野兽的人。从这以后，辽穆宗杀人的记录，每年都有，不绝于书。当年三月初一，辽穆宗杀死鹿人弥里吉，也就是一个为他管理鹿的人，这回讲了杀人的原因，这便是为了警示掌管鹿苑的人，用的方式是砍头，大概是弥里吉没有替他把鹿管理好。六月初三，辽穆宗的一个近侍弄伤了他的野兽獐子，辽穆宗下令用木棍将这个近侍打死。第二天，辽穆宗又将看管獐子的人霞马杀死，可能是惩罚他没有管好獐子。半年后，十二月十二日，辽穆宗又杀死一个叫曷主的人，这个人是为他养猪的。

应历十四年（964年）二月二十一日，管理鹿的人又得罪了辽穆宗，辽穆宗这回非常震怒，竟然以肢解的方式残忍地杀害了管鹿的没答、海里等七人。为了警醒他人，辽穆宗让人在处死这七个人的地方，堆起土丘作为标志。当年十一月，辽穆宗又在宫中杀死一个近侍，名叫小六。

应历十五年（965年）三月初二，近侍东儿由于没有按时呈上勺子、筷子，辽穆宗亲自用刀刺死了他。三月二十二日，由于掌管田猎的人沙剌达去探寻天鹅的行踪超过了期限，被辽穆宗用炮烙、铁梳之刑杀死。十二月初八，因近侍喜哥私自回家，辽穆宗将喜哥的妻子杀死。十二月十一日，辽穆宗又杀死近侍随鲁，不知是什么原因。

应历十六年（966年）正月十九日，辽穆宗杀死近侍白海、家仆衫福和押剌葛，以及枢密使的门吏老古和扈从官失鲁，具体是什么原因，没有说，不过在辽穆宗眼里，他们一定是有罪的。到了六月，半年过去了，辽穆宗弄清楚白海没有罪，但已经被处死，于是给他家赐予银两、绢帛，以示补偿。

九月二十八日，辽穆宗杀死管理狼的人袅里。

应历十七年（967年）四月初十，辽穆宗杀死管鹰的人敌鲁。五月初三，辽穆宗杀死管鹿的人札葛。六月初二，辽穆宗肢解管鸟的寿哥、念古二人，杀死四十四个管鹿的人。十月初十，辽穆宗杀死管酒的人粹你。十一月初七，辽穆宗杀死近侍廷寿。十一月初八，辽穆宗杀死养猪的阿不札、曷鲁、术里者、涅里括四人。十一月十八日，辽穆宗杀死管鹿的唐果、直哥、撒剌三人。十二月十七日，辽穆宗亲手杀死负责他御食的人海里，还把海里碎尸万段。这些人为什么被杀，史书上都懒得记载，可能因某件事让辽穆宗不高兴、不顺眼，至于这些事有多大，在辽穆宗那里就不重要了。

应历十八年（968年）三月二十七日，辽穆宗杀死管鹘的人胡特鲁以及近侍化葛。四月初一，辽穆宗杀死养猪的人抄里只。五月十七日，辽穆宗杀死管鹿的颇德、腊哥、陶瑰、札不哥、苏古涅、雏保、弥古特、敌答等八人。六月初四，辽穆宗杀死养猪的人屯奴。九月初八，辽穆宗杀死详稳八剌、壮士痕笃等四人。十二月二十九日，辽穆宗杀死管酒的人搭烈葛。

应历十九年（969年）二月十六日，辽穆宗杀死两个负责出行前导的人，把他们的尸体铡碎，丢弃在荒野中。这两个人一个叫末，一个叫益剌，不知因何事得罪了辽穆宗，让辽穆宗下如此狠手。

辽穆宗在他当皇帝的最后七八年中，每年都杀人，杀的人也很多。然而史书上说辽穆宗杀人，"上不及大臣，下不及百姓"，也就是他杀的人不是大臣，也不是百姓。辽穆宗杀的人主要有两类，一类是给他养猪、管鹿、管狼、看鸟、管獐子的人，其中管鹿的人杀得最多。还有一类就是辽穆宗身边的近侍，这些人是服侍他的人，有的管饮食，有的管酒，有的还伺候他睡觉与出行。

有史家认为，辽穆宗杀的这些人，多为"著帐户"。何为著帐户？就是家中有人谋反或犯有重罪，全家受到株连，被罚到宫中服贱役，也就是干那些粗活、重活。辽穆宗是把对谋反者以及犯重罪者的仇恨发泄到这些人身上。这个说法有一定的道理，毕竟辽穆宗杀人虽然多而残忍，但针对性还是非常明显的。然而，一个心理正常的人也不会这样随便迁怒他人，毕竟谋反、犯重罪不是这些人，而且这些人已经受到牵连正在接受处罚。

辽穆宗如此滥杀，必然会有恶果。他没有明白一个理，千杀万杀不能杀身边服侍你的人，甚至都不能随便更换他们，以免这些人对你感到恐惧。近侍真的不能随便杀，要知道，你辽穆宗总会醉酒吧，总会睡觉吧，而这些人又离你最近，你的身家性命掌握在他们手中呢。

就在辽穆宗杀掉两个负责出行前导的人后，有人就密谋对他动手了。二月二十二日，辽穆宗出宫打猎，来到怀州，正是他第一次杀人的地方。当天捕猎到一头熊，辽穆宗很高兴，照例畅饮直到大醉。辽穆宗骑着马，在侍从们的护卫下回到行宫，倒头便睡。这个时候，辽穆宗身边的近侍小哥，负责盥洗的人花哥以及御厨辛古等六人密谋对辽穆宗动手。这些人之所以要杀辽穆宗，倒不是为那些被杀的人报仇，也不是想自己当皇帝或推举别的什么人当皇帝，他们就是担心哪一天也会被辽穆宗杀害。这些人想对辽穆宗动手，成功率是相当高的，所以那天夜里，三十九岁的辽穆宗在醉梦中再也没有醒过来。

第五章　景宗中兴

一、耶律贤继位

辽穆宗没有子嗣，也没有册立皇太子、皇太弟，突然被杀后，没有明确的继承人。那么由谁来继续当辽国的皇帝呢？当然是辽太祖耶律阿保机的嫡系子孙最有资格。耶律阿保机的三位嫡子耶律倍、耶律德光、耶律李胡都已经不在人世。下一代当中，耶律倍的嫡子辽世宗耶律阮早已经被杀害，四位庶子中的耶律娄国谋反被杀，耶律稍、耶律隆先、耶律道隐都在。辽太宗耶律德光的嫡子辽穆宗耶律璟也已经被杀害，嫡次子太平王耶律罨撒葛还在，三位庶子中的耶律天德因谋反被杀，耶律敌烈、耶律必摄都在。耶律李胡的两个儿子耶律喜隐、耶律宛都在。再下一代主要看辽世宗、辽穆宗的儿子们，因为辽世宗、辽穆宗当过皇帝，儿子也有资格当皇帝。辽穆宗没有子嗣，辽世宗有两个儿子，一个是耶律贤，一个是耶律只没，这两个都是嫡子，因为他们的母亲都是皇后。

辽世宗被杀害时，耶律贤才四岁，而耶律只没还要小一点。辽穆宗当了皇帝，对耶律贤、耶律只没兄弟二人很是照顾，把他们养在宫中。特别是耶律贤，辽穆宗一直把他当儿子抚养。耶律贤长大后，开始关注时事，看到辽穆宗总是酗酒，有一次与大臣韩匡嗣谈论此事。另一位大臣耶律贤适得知后，好心地劝说耶律贤要低调，耶律贤马上明白，从此不再议论朝政。辽穆宗没有疑心过耶律贤，有一回还说我儿已经长大成人，可以把朝政事务交给他了。

耶律只没却不一样，他得罪了辽穆宗，原因是他与辽穆宗的一个宫女私通。要知道，辽穆宗身为皇帝，却不是一个正常的男人，他不能容忍一个正常男人与他的宫女私通。辽穆宗一怒之下，命人打了耶律只没几百下，就这个已经够要耶律只没小命的了，辽穆宗又刺瞎耶律只没一只眼睛。辽穆宗还不解气，又让人对耶律只没采取了宫刑，让耶律只没从此也变成一个不正常的男人。辽穆宗做了这些，还没有放过耶律只没，把他关进监狱，准备押赴街市处斩。没想到还没有实施，辽穆宗自己就被身边的人杀害了，耶律只没一条小命留下来了。

耶律贤得知辽穆宗被杀害的消息，立即带领一千名骑兵奔赴怀州（今内蒙古巴林右旗境内）行宫。他还有三位支持者，分别是侍中萧思温、飞龙使女里，以及汉族官员、南院枢密使高勋。

萧思温是萧敌鲁的堂兄弟萧忽没里的儿子，萧敌鲁就是被辽太祖耶律阿保机比喻为手的功臣。萧思温讲究衣着、仪表，精通经史典籍，曾经担任群牧都林牙。萧思温也曾在军中任职，但不是将帅之才。后周世宗柴荣北征辽国的时候，萧思温正担任南京留守，镇守在辽国的南京（今北京市）。萧思温听说瀛、莫二州被柴荣夺取，一时不知所措。将士们请求出战，萧思温竟然不敢答应。后来萧思温也象征性地向南打了一阵，幸亏柴荣生病南撤，要不然萧思温更不知该如何应对。当然，萧思温的妻子是辽穆宗的姐姐，辽穆宗不会太为难他。不仅如此，萧思温的大女儿萧胡辇还嫁给了辽穆宗的亲弟弟太平王耶律罨撒葛，虽然外甥女嫁给舅舅辈分有些乱，但有如此皇亲国戚，萧思温仗没打好，也没什么关系。

辽穆宗被杀害前，萧思温正在辽穆宗身边，陪辽穆宗喝酒。辽穆宗喝醉了，回行宫休息了，萧思温没有那么醉，大概酒量还行，或者是喝得不算多，他也回庐帐休息了。不多时，辽穆宗被杀害的消息就传来了，萧思温是比较早就知道这一消息的人。他此时必须考虑拥立一位皇帝，只有这样自己的地位才不会失去。当然，别的有实力的大臣也可以拥立一个，就看哪个动作快，哪个实力强。萧思温当然不会放过这个好机会。

那么拥立谁才对自己更有利呢？一个很直接的人选就是辽穆宗的亲弟

弟耶律罨撒葛，他不仅是太宗皇帝的嫡子，还是他的大女婿，而且还是他的小舅子。关系虽然乱，千丝万缕，但确实是亲上加亲。然而萧思温并不看好耶律罨撒葛。辽穆宗还在位时，耶律罨撒葛曾被谋反的耶律宛牵连，不过这个或许不是萧思温关心的，谋反不就是想当皇帝嘛，他萧思温现在就是要找一个人当皇帝。萧思温一定是对耶律罨撒葛有了更多的了解，所以才不打算拥立他上位。萧思温看中了耶律贤，大概是耶律贤有他的过人之处。其实耶律贤就是有什么过人之处，在当时也很难展现出来，因为他一直保持着低调。这就要看萧思温是不是有识人的本领了。从之后的历史来看，不得不说，萧思温打仗不行，看人还可以。

女里姓什么，出自哪个家族，编写《辽史》的人也不知道。女里在朝廷当一个管理马匹的官，叫飞龙使。女里对马很在行，可以说是当时的伯乐。有一回女里在野外行走，看到几匹马的脚印，指着其中一个说，这匹马是骏马，提出用自己的马与人家交换，果然是一匹好马。女里也有一个缺点，那就是贪财。耶律贤对女里很好，女里也倾心结交耶律贤。辽穆宗被杀的那天晚上，女里去见耶律贤，还带了五百名禁兵作为护卫。

高勋是原后晋的官员，在后晋灭亡后，投降辽国为官。辽世宗在位时，高勋担任南院枢密使，总管汉军事务。辽穆宗在位时，高勋被封为赵王，曾担任上京留守，后转任南京。高勋后来又因战功被辽穆宗任命为南院枢密使。高勋担任的南院枢密使是南面官中最有实权的官，而且这一官职又是辽世宗首次设立，高勋是首次担任。高勋应当对辽世宗比较感激，这也许是他拥立辽世宗儿子耶律贤的一个原因吧。

辽穆宗是夜里被杀的，黎明时分，耶律贤在萧思温、女里、高勋以及一千名骑兵的护卫下，来到行宫。耶律贤虽然控制了局面，但杀害辽穆宗的那几个人都逃走了。耶律贤面对被杀害的辽穆宗，放声大哭。萧思温等大臣则劝耶律贤赶紧登基即位，国不可一日无主。于是耶律贤就在辽穆宗的灵柩前即位，称天赞皇帝，改元保宁，这一年他才二十二岁。耶律贤在位期间，臣民们都称他为天赞皇帝，而史家往往用他的庙号，称辽景宗。

第五章 景宗中兴

辽景宗刚即位，就下诏大赦天下，尽管如此，有两个人没有得到赦免，一个是殿前都点检耶律夷腊，一个是右皮室详稳萧乌里只，罪名是没有保护好辽穆宗。辽景宗处理了这两个人，实际上也是削弱了潜在对手的实力，巩固自己刚刚得到的皇位。对于杀害辽穆宗的近侍小哥、花哥、辛古等人，辽景宗也没有放过，不过直到四年后才将他们逮捕、处斩。

保宁元年（公元969年）三月初九，辽景宗与各位大臣回到辽国的都城上京（今内蒙古巴林左旗）。辽景宗要给拥立他当上皇帝的功臣们加官，首先要加官的就是萧思温。辽景宗给萧思温的官职是北院枢密使，让萧思温当辽国权力最大的官。

才过了八天，辽景宗又让萧思温兼任北府宰相，权力就更大了。高勋的官职没有变，但辽景宗晋封他为秦王，爵位上有些提升。女里原来是管理马匹的，辽景宗给他加官为政事令、契丹行宫都部署，赏赐很优厚，不久又加官为守太尉。

萧思温拥立辽景宗当了皇帝，他的大女婿耶律罨撒葛很害怕，在辽景宗到达上京的时候，他逃到沙陀族去躲避。夷离毕粘木衮因为暗中投附耶律罨撒葛，被处死了。过了几天，耶律罨撒葛还是回来了，赶紧去朝见新皇帝辽景宗，辽景宗没有怪罪他。半个月后，辽景宗将耶律罨撒葛由太平王晋封为齐王。

辽景宗同时改封赵王耶律喜隐为宋王，晋封耶律喜隐的弟弟耶律宛为卫王。辽景宗还晋封三位亲叔父耶律隆先为平王、耶律稍为吴王、耶律道隐为蜀王，两位堂叔父耶律必摄为越王、耶律敌烈为冀王。辽景宗想到自己的异母弟弟耶律只没还在狱中待斩，立即下诏释放了他，还把与他私通的宫女赏赐给他，再封他为宁王。

辽景宗登基没几天，就把萧思温的三女儿萧燕燕选入宫中，封为贵妃。从辈分来看，萧思温的大女儿萧胡辇嫁的耶律罨撒葛，比三女儿萧燕燕嫁的辽景宗高一个辈分，不过在契丹人那里，没有人会在意这些。又过了一个月，辽景宗册封萧燕燕为皇后。就在当年，辽景宗又晋封皇后萧燕燕的父亲萧思温为魏王，而且北府宰相从此就在萧思温的家族中选任。

就在辽穆宗被杀之际，北宋的开国皇帝赵匡胤正在亲自攻打北汉，刚当上皇帝的辽景宗会如何应对呢？

二、增援北汉

后周世宗柴荣病逝的半年后，殿前都点检赵匡胤制造了辽国南侵的谎言，使得朝廷派他率领兵马北上御敌。然而，赵匡胤只到了都城开封城北数十里外的陈桥驿，就发动兵变，黄袍加身，当了皇帝，北宋从此建立。这一年是辽国应历十年（960年），正是辽穆宗在位时期。赵匡胤采用柴荣一开始的统一策略，也就是"先易后难、先南后北"，继续柴荣的统一大业。

应历十三年（北宋乾德元年，963年）正月，赵匡胤出兵湖南，借道荆南。二月，赵匡胤收复荆南，共得三个州，合计十七个县。三月，赵匡胤平定湖南，共得十四州、一监，合计六十六个县。应历十四年（北宋乾德二年，964年）十一月，赵匡胤水陆两路攻打后蜀，用时六十六天消灭后蜀，共得到四十六个州，合计二百四十个县。北宋一时难以"消化"后蜀，当地叛乱不止，赵匡胤用时两年才将蜀地叛乱平息。

这个时候，南方尚未统一的地方还有南唐、吴越、南汉三国，以及割据泉、漳二州的一处势力，然而赵匡胤想调整策略，先向北边的北汉用兵。赵匡胤为什么会有这个想法呢？一个可能的原因就是在赵匡胤南征之时，北汉收复被北宋占领的辽州（今山西省左权县）。赵匡胤担心，他继续在南方用兵，北汉甚至辽国会动作不断。赵匡胤的这个想法，与当年的柴荣差不多。

然而，当赵匡胤把攻打北汉这个想法说出来的时候，他的第一谋臣赵普就不赞同。赵普认为北汉的存在，替宋朝挡住了西部、北部的边患，如果将北汉攻下，宋朝就要独自抵挡。赵普建议留着北汉，等到削平南方诸国，北汉这个弹丸之地，自然也就唾手可得了。

赵匡胤虽然同意赵普的看法，但仍然心有不甘，他派人责问北汉的睿宗刘承钧，如果你刘承钧也想入主中原，为何不南下太行，决一胜负？刘承钧让人回复赵匡胤，说北汉的土地、兵马，不到中原的十分之一，之所以要守着这块弹丸之地，就是怕祖宗的神庙不能祭祀。赵匡胤听了这话，很是同情，又让人传话，说给刘承钧一条生路，让他活下去。赵匡胤承诺只要刘承钧在，宋朝就不向北汉用兵。

应历十八年（北宋开宝元年，968年）七月，刘承钧病逝了，赵匡胤想抓住刘承钧大丧的机会，一举消灭北汉。八月十七日，赵匡胤任命昭义军节度使、同平章事李继勋为河东行营前军都部署，侍卫步军都指挥使党进为副都部署，宣徽南院使曹彬为都监；棣州防御使何继筠为先锋部署，怀州防御使康延沼为都监；建雄军节度使赵赞为汾州路部署，绛州防御使司超为副部署，隰州刺史李谦溥为都监。

九月，主将李继勋率领大军在洞过河（今山西省晋中市境内）击败北汉大将刘继业。刘继业率部撤退，李继勋乘胜夺取汾河桥。李继勋带领大军渡过汾河，很快到达北汉的都城太原城下。李继勋命人放火焚烧延夏门，打算从延夏门攻入城中。北汉新皇帝刘继元再派殿直都知郭守斌率兵出战。郭守斌也不敌李继勋大军，还被流箭射中，退入城中。

宋朝大军兵临太原城下，赵匡胤想软硬兼施。十月，赵匡胤派人带着诏书前往太原，送给北汉皇帝刘继元，希望刘继元投降。刘继元不答应，他正在等待辽国的救兵，因为他已经派人向辽国求救了。

辽穆宗当时正处在随意杀人的阶段，但当他听说北汉被北宋攻打时，立即派南院大王耶律挞烈统兵去增援北汉。十一月，宋将李继勋等人一直不能攻克太原城，又听说辽国援兵已经到达雁门关，决定撤退。

宋朝大军第一次攻打北汉没有成功，赵匡胤准备御驾亲征。

应历十九年（北宋开宝二年，969年）二月初八以及十二日，赵匡胤两次调兵前往太原。二月十七日，赵匡胤亲自带兵前往太原。三月二十一日，赵匡胤到达太原城下，各路大军也已到达等候。赵匡胤先在城南进行一次阅兵，展示强大的兵力，以图威慑城中兵民。北汉皇帝刘继元没有被赵匡胤的阵势吓倒，决心坚守待援。

这个时候，辽穆宗已经被杀害，辽景宗刚刚登基当了皇帝。辽景宗同样决定要增援北汉。当年三月，南院大王耶律挞烈致仕，北院枢密使兼北府宰相萧思温建议辽景宗任命耶律斜轸为南院大王，接替耶律挞烈。耶律斜轸是辽太祖耶律阿保机第一功臣耶律曷鲁的孙子，萧思温说他有治国才能，故而向辽景宗推荐。辽景宗认为耶律斜轸游手好闲，不好管。萧思温说耶律斜轸只是外表如此，内心不是这样。于是，辽景宗把耶律斜轸找来，与他谈论国家大事，耶律斜轸果然对答如流，辽景宗这才对他刮目相看，还把皇后萧燕燕的侄女嫁给他。辽景宗让耶律斜轸节制西南面各军，负责增援北汉。

在耶律斜轸的统一指挥下，辽国几路兵马前来增援北汉。四月，一路辽兵从石岭关（今山西省阳曲县东北）方向前来增援北汉。赵匡胤派驻防在阳曲（今山西省阳曲县）的棣州防御使何继筠前往阻截这支辽兵。第二天，就有捷报传来，何继筠战胜辽兵，擒获辽国刺史王彦符，杀死一千多名辽兵。五月，一支辽兵从定州（今河北省定州市）方向攻打北宋，幸亏赵匡胤早有准备，他任命的北面都部署韩重赟将这支辽兵击败，并将捷报奏报给赵匡胤。

虽然宋军击败两处辽兵，但赵匡胤攻打太原并不顺利，一直没有取得战果。到当年闰五月，赵匡胤用了水攻、火攻仍然没有攻破太原城。让赵匡胤没有料到的是，辽景宗又派北院大王耶律屋质率兵来援。耶律屋质带领大军到达白马岭（今山西省盂县北）时，派一支精锐骑兵抄小道很快到达太原城西，立即擂起战鼓，点起火把。城中的北汉士兵看到辽国援兵到来，坚定了守城的信心。而宋军将士以为辽国大军来了，他们对攻城失去了信心，不少将领都劝赵匡胤退兵。赵匡胤又问赵普的看法，赵普也赞同撤兵。赵匡胤只好放弃攻打北汉，继续他之前的"先易后难、先南后北"的统一方略。

耶律屋质因为此次增援北汉的功劳,被辽景宗加官为于越,这已是辽国最尊贵的官职了,耶律屋质也成为辽国历史上最有名的三位于越之一。第一个是辽太祖耶律阿保机的第一功臣耶律曷鲁,第二个便是耶律屋质,第三个是耶律仁先,当时还没有出生。

辽景宗即位之初,成功帮助北汉渡过难关,迫使赵匡胤放弃对北汉的攻打,继续先去攻打南边那些弱小的国家。辽景宗也只是给北汉提供保护而已,并没有想南下中原与北宋一争高下。这个时候的辽国,经过辽穆宗的十多年,国力有所下降,辽景宗想先把辽国治理好,他要当一个中兴之主。

三、中兴之主

辽太祖耶律阿保机的长子人皇王耶律倍虽然没有能够当上皇帝,但他的儿子耶律阮当了四年多时间的皇帝,这便是辽世宗。辽世宗被杀后,辽穆宗继位,皇位又回到了辽太宗耶律德光一系。随着辽景宗继位,皇位再次回到人皇王耶律倍这一系,而且以后再也没有离开过这一系,这不能不说辽景宗起了重要作用。

太祖、太宗都是有作为的皇帝,建立国家,扩大疆域。世宗与他父亲耶律倍一样,崇尚汉文化,积极推行中原王朝的国家制度,也想把辽国拓展到中原,实现南北一统,胡汉一家,只是才能差了一些,识人不准,在位时间不长就死于非命,没有什么大的作为。辽穆宗虽然在位时间不算短,但他不是一个好皇帝,对辽国的发展没有什么贡献。

辽景宗与他的祖父耶律倍以及父亲辽世宗一样,仰慕汉文化。他尊孔崇儒,也重用汉族官员,取法中原,积极推行国家制度的改革,为辽国走向全盛奠定了基础。史家认为,辽国在辽景宗时,基本完成了封建化的转变。中原国家的嫡长子继承制,从辽景宗开始就完全建立了。辽景宗在即位的两年后,还仿照中原朝廷的做法,在朝堂外设置登闻鼓,让普通民众可以击鼓申冤。

辽景宗宽仁治国，对政敌没有大肆杀戮，缓和了内部的矛盾。

辽景宗在当上皇帝的一个多月后，晋封太平王耶律罨撒葛为齐王，改封赵王耶律喜隐为宋王，耶律喜隐的弟弟耶律宛为卫王。辽景宗还晋封三位亲叔父耶律隆先为平王、耶律稍为吴王、耶律道隐为蜀王，两位堂叔父耶律必摄为越王、耶律敌烈为冀王。这些人既有辽景宗祖父耶律倍一系的，如耶律隆先、耶律稍、耶律道隐，也有辽太宗耶律德光一系的，如耶律罨撒葛、耶律必摄、耶律敌烈，更有没当上皇帝的耶律李胡那一系的，如耶律喜隐、耶律宛。

保宁四年（972年）闰二月，齐王耶律罨撒葛患病去世，年仅三十七岁。这个时候的辽景宗也不过才当了三年的皇帝。次月，辽景宗追封耶律罨撒葛为皇太叔，耶律罨撒葛的妃子萧胡辇，也就是皇后萧燕燕的大姐，便成了皇太妃。

耶律喜隐并不像他的名字那样，喜爱隐居，而是喜爱谋反。

辽穆宗还在位时，耶律喜隐就曾谋反，辽穆宗看他是皇族中人，就赦免了他。然而耶律喜隐并不领情，没过多久，又一次谋反。辽穆宗这回没有赦免他，但也没有从重处罚，而是将他关进狱中。后来辽穆宗被杀，辽景宗当了皇帝，耶律喜隐以为辽景宗一定会赦免他，竟然自己将刑具取下，去朝见辽景宗。辽景宗见了耶律喜隐，很是生气，说你是有罪之人，怎么能擅自离开监狱？然而辽景宗也没有因此而再处罚耶律喜隐，而是将监狱中负责看管耶律喜隐的人处死，同时将耶律喜隐再关进监狱中。没几天，辽景宗不仅赦免了耶律喜隐，还把皇后萧燕燕的二姐萧夷懒嫁给他，让他与辽景宗成了连襟，尽管他与辽景宗原本是堂叔侄的关系。

耶律喜隐是一个轻浮的人，稍一得志，就会很张狂。有一回辽景宗召见耶律喜隐，耶律喜隐竟然没有按时到达，不把辽景宗放在眼里。辽景宗很生气，就让人用鞭子抽打耶律喜隐。耶律喜隐非常怨恨，谋反的老毛病又犯了。这回辽景宗没有赦免耶律喜隐，于保宁六年（公元974年）四月废黜他的宋王爵位。不过，三年后，保宁九年（977年）六月，辽景宗又起用了耶律喜隐，任命他为西南面招讨使。

又过了三年，乾亨二年（980年）六月，耶律喜隐又谋反了，这已是他针对辽景宗的第二次谋反，也是他人生中的第四次谋反。辽景宗让人给耶律喜隐戴上手铐脚镣，把他囚禁在祖州（今内蒙古巴林左旗西南），他们耶律家族祖宗诞生的地方。

乾亨三年（981年）五月，上京有二百多名宋朝降兵准备劫持耶律喜隐，拥立耶律喜隐为皇帝，以对抗辽景宗。由于祖州城太高，这些降兵没有进得了城，于是拥立耶律喜隐的儿子耶律留礼寿为皇帝。上京留守除室带领人马击败叛军，擒获留礼寿。七月，留礼寿被斩首。又过了一年，辽景宗决定不再留下耶律喜隐，将耶律喜隐赐死。

辽景宗也善于用人，善于识人。辽景宗之所以能够成功继承皇位，其本人的过人之处暂且不论，萧思温、女里、高勋等人的帮助也极为重要。即位之时，辽景宗不过二十二岁，如果在今天，大学还没有毕业。很显然，如此年轻的辽景宗需要萧思温他们帮助他治理国家。然而，就在保宁二年（970年）五月，萧思温跟随辽景宗在闾山打猎时，遇刺身亡。此时离萧思温当上辽国权力最大的官不过一年时间。辽景宗并未因此而乱了方寸，他立即停止打猎，返回上京。当年六月，辽景宗任命右皮室详稳耶律贤适为北院枢密使。辽景宗把辽国权力最大的官给了耶律贤适，可以看出辽景宗不仅善于用人，还很识人。于越耶律屋质就曾对人评价过耶律贤适，说"是人当国，天下幸甚"。

到底是谁谋害了位高权重的萧思温，而且还是皇后萧燕燕的父亲？辽景宗为此展开了调查。直到当年九月，才把谋杀萧思温的萧海只和萧海里二人抓获，将他们处死，他们的弟弟萧神睹则被流放到黄龙府。第二年四月，辽景宗还是下令将萧神睹诛杀。

如果只是处死了萧海只、萧海里、萧神睹三人，恐怕不能让人信服，因为他们是萧思温的族人，与萧思温不应当有什么深仇大恨。不过这件事暂且就这么放下了，辽景宗总不能为了萧思温，而把辽国搞个底朝天。整整八年后，真正谋害萧思温的凶手才得到了惩罚。

拥立辽景宗上位的三人当中，女里也得到辽景宗的重用，没想到女里竟然私藏了五百副铠甲，这是不臣之举。辽景宗得知后，派人审讯女里，没想到在审讯的时候，从女里的衣袖中搜到一封谋害萧思温的信，是萧海只、萧海里他们写的。原来，女里参与了谋害萧思温。

不仅如此，另一位拥立辽景宗上位的高勋也被供了出来。高勋一开始同样得到辽景宗的重用，然而有一次高勋向辽景宗提议在辽国的南京（今北京市）郊外种植水稻，说那里的空地很多，不能荒着。辽景宗认为有道理，准备同意。林牙耶律昆反对，他认为高勋上这个奏本必有异心。辽景宗不解，耶律昆说如果在南京城四周种了水稻，一旦城中人造反，国家派去讨伐的军队怎么攻城呢？辽景宗也起了疑心，于是拒绝了高勋的奏请。没过多久，高勋给驸马萧啜里赠送礼品暗藏了毒药被发觉，辽景宗将高勋流放到铜州（今辽宁省海城市东南）。女里被查后，才得知高勋也参与了谋害萧思温，辽景宗没有再放过放他们，于保宁十年（978年）五月赐死女里，派人杀掉还在狱中的高勋，将高勋的家产全部赏赐给萧思温家人。

辽景宗也善于纳谏。辽景宗作为辽国的皇帝，很喜爱打猎，这也是契丹人的习性，然而有一位汉族官员却来劝阻他。此人叫郭袭，官至南院枢密使，还兼政事令。郭袭说唐高祖李渊也喜爱打猎，但被大臣苏世长一劝，立即就停止了，史书上一直称颂他的美德。郭袭又说祖宗们创业艰难，宵衣旰食，毫不懈怠，而穆宗不管国家政事，只顾自己的喜好，以致天下人都怨恨。郭袭还说辽景宗继位，臣民盼望出现中兴之治，希望辽景宗修身反省，为长远考虑，为国家和百姓考虑。郭袭怕辽景宗不理解，最后提醒辽景宗，万一出现车轴折断或者被猛兽反咬的事件，后悔都来不及，而且南边有强敌，正在伺机而动。辽景宗欣然采纳郭袭的谏言，还给郭袭赐予协赞功臣称号，让郭袭兼武定军节度使。

辽景宗在四岁的时候，父亲辽世宗被杀，他受到惊吓，落下了毛病。

当了皇帝后,辽景宗的身体一直也不好,有时没有精力处理朝政事务。辽景宗看到皇后萧燕燕很有治国才能,常常把朝政事务交给萧燕燕处理。女人处理朝政,在中原王朝就是后宫干政,而在辽国女性地位比较高,没有人会认为女人不能从政。在辽景宗当上皇帝的第八年,他下诏,不仅他称自己为"朕",皇后萧燕燕也可以称自己为"朕",要求史馆学士也如此记录。

辽景宗虽然继续担任北汉的保护国,但仍然希望与北宋友好相处,并不想与北宋发生战争,他想中兴辽国。辽景宗曾主动让南部与北宋交界的涿州刺史给北宋的一位刺史写信,说辽国与北宋最初并没有矛盾,提出互相派遣使臣,开诚布公往来,让百姓得到休养生息,两国长期成为好邻居。宋太祖赵匡胤当时正在南方用兵,没打算与辽国发生冲突,于是接受辽景宗的好意。

然而,当南方的战事基本结束后,赵匡胤便又一次向北汉用兵了。此时,辽国与北宋的冲突已经不仅仅是增援北汉的问题了,随时都有升级的危险。好在辽景宗当政已快十年,他的辽国已经得到了发展。

第六章　宋辽开战

一、最后一次增援北汉

宋太祖赵匡胤两次攻打北汉都没有取得成功，决定还是用"先易后难、先南后北"的策略来实现他的统一大业。在接下来的五年中，赵匡胤先后消灭南汉、南唐。至此，华夏大地，除了宋朝与辽国外，南方还有吴越国以及割据泉、漳二州的一处势力，而北方还有北汉。不用说，赵匡胤下面应当收复吴越国以及泉、漳二州，然后再北上攻打北汉。然而，吴越国的国王钱弘俶与割据泉、漳二州的陈洪进都奉诏入朝，赵匡胤不好向他们用兵。赵匡胤决定先攻打北汉，群臣也都没有异议，这已是他第三次攻打北汉了。

保宁八年（北宋开宝九年，976年）八月，赵匡胤派党进、潘美等人，兵分五路攻打北汉的都城太原。数日后，赵匡胤又派郭进等人分别进攻北汉的忻、代、汾、沁、辽、石等州。各路进展都很顺利，不仅攻破北汉四十多个营寨，还俘虏三万多北汉兵民。当年九月，党进、潘美率领的主力兵马到达北汉的都城太原，与北汉兵马在太原城外展开激烈地战斗，取得大胜。

就在各路大军与北汉兵马激战之时，赵匡胤突然在十月二十日与世长辞，年仅五十岁。十月二十一日，赵匡胤的弟弟赵光义登基即位，史称宋太宗。赵光义一时没有精力关注这场战事，毕竟赵匡胤刚刚去世，宋朝正有大丧。当然，赵光义还需要巩固他的皇位。所以，赵光义即位不久便下诏，命令征讨北汉的兵马撤回，党进、潘美等将便从前线返回。

第六章 宋辽开战

北汉皇帝刘继元还不知道赵匡胤突然去世，在节节败退之际，已经派使向辽国告急。辽景宗接到刘继元的急报，也准备派兵救援北汉。然而不久，辽景宗便得知赵匡胤已经去世，宋朝也已经退兵，他于是派使来到宋朝的都城开封，吊唁、慰问。四个月后，辽景宗又派鸿胪少卿耶律敵前往北宋，为赵匡胤助葬。辽、宋两国的关系还算不错。

一年半后，保宁十年（北宋太平兴国三年，978年）四月、五月，在京城朝见赵光义的陈洪进、钱弘俶先后纳土归宋，至此，南方各国全部统一。当年十二月，赵光义开始加强士兵操练，为攻打北汉作准备。当时，辽国使者正在北宋的都城开封，奉辽景宗之命来向赵光义祝贺新年。辽国使者回国后，告诉辽景宗，赵光义正在训练士兵，一定会攻打北汉，请辽景宗做一些准备。辽国南京留守、兼南院枢密使韩匡嗣不信，还斥责使者，说哪有这样的事？辽景宗也不相信，便没有做防备。

保宁十一年（北宋太平兴国四年，979年）正月，赵光义与大臣们分析以前攻打北汉没有取得成功的原因，认为主要是辽国派兵增援北汉，还有北汉太原城池确实很坚固。赵光义最后确定的方案是，派一支主力兵马，先扫清太原外围的兵马，再主攻太原城，另外再派两路兵马，负责阻截辽国援兵。

赵光义任命大将潘美为北路都招讨制置使，统领崔彦进、李汉琼、曹翰、刘遇四将攻打太原，再任命将领郭进为太原石岭关都部署，负责阻截辽国兵马从太原北面来援。赵光义还担心辽国会派兵从幽州（今北京市）方向入侵河北，然后从东边前来增援北汉。赵光义决定亲自带领一支兵马，进入河北境内，以防辽兵南下，在击败辽国援兵之后，再前往太原，合力攻城。

大军尚未起程，辽国使者耶律长寿就来到北宋的都城开封，奉辽景宗之命，责问赵光义为何要讨伐北汉？赵光义说北汉违逆王命，理当兴师问罪，如果辽国不出兵援助，就维持两国和约，不然的话，只有一战而已。赵光义当时不仅要攻打北汉，还做好与辽国开战的准备。

二月十五日，赵光义从开封出发。三月初一，赵光义到达河北境内的镇州（今河北省正定县），在镇州一待就是一个半月。在这一个半月中，赵光义一边防范辽国兵马从北边来犯，一边调兵扫清太原外围的州县守军，以防这些地方的北汉兵马增援太原。

赵光义算得没有错，辽国果然派兵前来增援北汉。

辽景宗担心赵光义会主动向幽州一带用兵，于是派北院大王耶律奚底率兵守卫，以防宋军来侵。辽景宗接着连派三支兵马南下增援北汉：第一支以南府宰相耶律沙为都统，冀王耶律敌烈为监军，第二支以南院大王耶律斜轸为统领，枢密副使耶律抹只为监军，第三支由左千牛卫大将军韩侼（音同博）、大同节度使耶律善补率领，从云州（今山西省大同市）方向南下。这已是辽国第六次出兵帮助北汉了。

三月十六日，耶律沙、耶律敌烈、耶律抹只率先到达白马岭（今山西省盂县北），被一条河挡住去路。就在耶律沙等人无法前行之时，宋将郭进率领兵马到了此地。耶律沙与众将打算按兵不动，等待耶律斜轸、韩侼及耶律善补的后续兵马。耶律敌烈、耶律抹只两位监军认为应当立即出击，耶律沙不能阻止。

耶律敌烈带领先锋兵马横渡河水，还没有渡过一半，郭进便带领骑兵奋力攻击。这一战，郭进取得大胜，耶律敌烈和其子耶律涅哥、耶律沙的儿子耶律德里战死。耶律沙也陷入困境，正在绝望之时，耶律斜轸率兵到达。耶律斜轸下令放箭，一时万箭齐发，郭进才传令撤退。耶律沙、耶律抹只终于得以脱险。耶律沙没有再去增援北汉，韩侼与耶律善补听说耶律沙战败，也传令撤退。

北汉皇帝刘继元又派出使者带着蜡丸藏书前往辽国求救，没想到又被郭进的士兵抓获。郭进将北汉使者押到太原城下示众，城中守兵开始动摇。北汉国驸马都尉卢俊从代州快马前往辽国告急。辽景宗听说耶律沙等将战败，也无心再发兵增援。辽景宗此时已经放弃北汉，全力固守燕云地区，特别是在南京，也就是幽州加强兵力，以防不测。

击败辽国援兵的消息传到镇州，赵光义非常高兴。不久，负责扫清太原外围敌人的战果也不断传来。赵光义不再担心辽国，也不再担心太原外围的汉军。赵光义觉得攻打太原城的时机已经到来，于四月十四日离开镇州前往太原。

　　四月二十二日，赵光义到达太原，在汾水东岸安营扎寨。经过一天的准备，赵光义开始下令攻城。虽然没有辽国的兵马来战，攻城也很不容易，因为太原城实在是坚固。十天过去了，到了五月初四，赵光义对众将说，明天是端午节，一定要到城中吃饭。赵光义又起草诏书，派人送给北汉皇帝刘继元，向刘继元劝降。

　　五月初五，赵光义下令各将继续攻城。刘继元仍在坚守，马皇后的父亲马峰前来劝谏。马峰已经致仕，当时正卧病在床，是让人抬着去见刘继元的。马峰流着泪向刘继元讲述国家兴亡的道理，劝刘继元审时度势，向宋朝投降。直到夜晚，刘继元才决定向赵光义奉上表章投降。

　　五月初六黎明，刘继元带着北汉的官员，身着素色衣服，头戴纱帽，来到高台之下，向赵光义请罪、投降。北汉大将刘继业还在与宋军作战。赵光义听说过刘继业的大名，马上让刘继元劝降刘继业。刘继业接受劝降，被赵光义任命为右领军卫大将军。赵光义还让刘继业恢复本来的姓氏，称杨业，也称杨继业。

　　赵光义消灭了北汉，对城坚墙固的太原城很是痛恨，下令将城池摧毁。赵光义撤销太原府建置，将太原府改为平晋县，在榆次县设立并州，平晋县隶属于并州。此时的赵光义有了更大的雄心，他想乘胜攻打辽国占领下的幽州。

二、高梁河之战

　　宋太宗赵光义刚刚消灭北汉，便想北上与辽国作战，一举夺回辽国占领下的幽州（今北京市）等地，以图收复幽云十六州。大部分将领不希望马上就去攻打幽州，他们认为攻打北汉用时三个月，粮草快要用尽，士兵也很疲惫。这个时候，无论是将领还是士兵，都希望能够论功行赏，毕竟消灭北汉是大功一件。而且，如果及时论功行赏，也能提升士气。

赵光义的这个做法，确实让很多人不能接受。然而，大部分将领都不敢提出反对意见，殿前都虞候崔翰更是鼓动赵光义连续作战。崔翰认为，乘着消灭北汉的气势，攻打幽州等地一定非常容易，这是一个不能失去的良机。赵光义也觉得接下来的这一战，一定势如破竹。如果一举收复幽云十六州，必将与消灭北汉一样，是一件载入史册的大事。赵光义于是命令枢密使曹彬调集各军，为进入河北作战做好准备。

太平兴国四年（辽国保宁十一年，979年）五月二十九日，赵光义带领大军到达河北境内的镇州（今河北省正定县）。六月十三日，赵光义从镇州起程北上。赵光义当时的心情很是急迫，希望早日到达幽州，毕竟早一天到达，就多一点取胜的希望。尽管如此，还是出现了一些兵马不能跟上步伐的情况，赵光义非常恼怒，准备军法处置，被马步军都军头赵延溥劝止。

六月十九日，赵光义到达金台顿（今河北省易县东南）。金台顿也称金台驿，虽在宋朝境内，但已是宋辽边境之地，再往前就进入辽国的地界了。二十日，赵光义身穿铠甲，头戴战盔，带领大军到达岐沟关（今河北省涿州市西南）。辽国当时设有东易州，治所就在岐沟关。当赵光义大军突然到来时，辽国东易州刺史刘禹不敢抵抗，立即打开城门投降。赵光义留下一千名士兵守城，大军继续北进。

赵光义带领兵马北攻的消息，很快被辽国的将领们获知。辽国的北院大王耶律奚底、统军使萧讨古和乙室王撒合就赶到沙河迎战宋军，企图阻止宋军继续北进。沙河大概在今天的河北省涿州市境内，离幽州还有一百多里。赵光义当时很想早点到达幽州，结果还是在未到幽州之前，遭遇了辽国兵马，这说明赵光义的行军速度未能达到他的预期，这应当与赵延溥未能让赵光义及时制止军纪松弛一事有一定的关系。

宋军东西班指挥使傅潜、孔守正率部首先到达沙河，与辽军发生交战。宋军后续兵马很快到达，立即投入战斗，大败耶律奚底、萧讨古的兵马，俘虏了五百多人。至此，辽军阻止赵光义大军北进的目标失败。六月二十一日，赵光义到达涿州，辽国涿州判官刘原德打开城门投降。

六月二十三日，赵光义大军到达幽州城南，在宝光寺扎营。

攻城尚未开始，辽国另一支兵马赶来迎战。这支兵马由辽国南院大王耶律斜轸带领，当时在幽州城的北面。耶律斜轸考虑到北院大王耶律奚底刚败，辽国兵马被宋军轻视，于是打着耶律奚底的旗帜，在得胜口（今北京市昌平区西北）驻扎，以图引诱宋军到幽州城的北面作战。

赵光义果然轻视辽军，听说耶律奚底在得胜口出现，马上下令进击，士兵们也奋勇争先。这一战，宋军又取得了胜利，杀死辽军一千多人。耶律斜轸把宋军吸引到得胜口，当然不是坐等宋军来攻的。耶律斜轸这时已经带领一支兵马来到宋军的身后，发起突然袭击。宋军发现身后遭到袭击，也感到担心，开始后撤。耶律斜轸这时在清沙河（今北京市昌平区东南）北岸亮出自己的旗帜，让宋军感到辽国又有兵马前来，造成声援幽州的态势。

得胜口并未攻下，幽州城外还有耶律斜轸声援，赵光义已经不管这些了，他准备对幽州城发起进攻。六月二十五日，赵光义部署攻城事宜。定国军节度使宋渥攻打城南面，河阳节度使崔彦进攻打城北面，彰信军节度使刘遇攻打城东面，定武军节度使孟玄喆攻打城西面。

辽国镇守幽州的官员是南京留守韩匡嗣。韩匡嗣是辽太祖耶律阿保机二十一功臣之一的韩知古的儿子，虽是汉人，但得到辽景宗的重用，被封为燕王。韩匡嗣当时不在南京，由其子韩德让代为镇守。韩德让登上城楼，带领将士拼死坚守。然而，城外宋军在攻城的同时，也在招降，辽国的铁林都指挥使李札卢存就出城投降，这让城中的士兵感到十分恐慌。

关键时刻，辽国御盏郎君耶律学古带领一支兵马赶来增援。面对强大的围城宋军，耶律学古带领士兵挖掘地道进入了幽州城中。韩德让看到有士兵前来一同守城，很是高兴，连忙把这一消息告知城中守军。城中士兵的心终于安定了下来，也增加了斗志，一边坚守城池，一边等待辽景宗派大军来援。

六月三十日，辽景宗才得知幽州被围困，立即派南府宰相耶律沙带领兵马前往救援。辽景宗听说耶律奚底、萧讨古等人与宋军首战就败退，非常生气，派出使者前往责问耶律奚底、萧讨古，说他们没有严密侦察，用兵无方，遇上敌人就败退，还怎么做将领？惕隐耶律休哥主动向辽景宗请求带兵前往救援幽州，辽景宗于是让耶律休哥带领一支兵马向幽州进发，并让他代替耶律奚底。

辽国援军尚未到来，赵光义攻城也没有进展。十天过去了，将士们开始懈怠，没有斗志了。桂州观察使曹翰、洮州观察使米信驻扎在幽州城的东南角，队伍中有士兵挖土挖得一只螃蟹。曹翰对众将领说，蟹是水中之物，却到土中生存，是失去了正常的住所。曹翰还说蟹长着许多只脚，是表明辽国的援兵就要来了，还有，再听听蟹的读音，大概是表明宋军应当班师了。曹翰把螃蟹解读为松懈，让队伍失去作战的信心，在接下来的大战中，失利也就在所难免了。

七月初六，辽将耶律沙带领援兵来了。赵光义听说辽国援兵来了，立即派兵前往迎战，以图围城打援。不多时，宋、辽两军在幽州城外的高梁河（今北京市西直门外）展开激烈地战斗。交战结果，宋军取得胜利，耶律沙开始撤退。

傍晚时分，耶律休哥带领骑兵从小路飞驰而来，每人手中拿着两把火炬，宋军以为辽军数量很多，开始面有惧色。耶律休哥与耶律斜轸合兵一处，分成左右两翼奋勇出击，耶律沙也率部再次投入战斗。于是，宋辽两军在高梁河又一次交战起来，耶律休哥身先士卒，冲入阵中厮杀，身受三处创伤，仍然勇猛作战。

幽州城中的耶律学古得知援兵到来，下令打开城门，摆开战阵，四面击鼓，再让城中百姓大声呼叫，震天动地。耶律休哥趁势进击，宋军大败，赵光义大腿上还中了两箭。赵光义看到情势不妙，什么也顾不得，立即向南逃跑。没有马车，赵光义就坐在一辆驴车上。耶律休哥得知赵光义南逃，立即追击。由于伤势严重，耶律休哥无法骑马，只能坐在轻便的小车上追击。耶律休哥一直追到涿州，没有追上赵光义，但缴获宋军兵器、印符、粮草、钱币，不计其数。

七月中旬，赵光义到达定州（今河北省定州市），命令崔翰、孟玄喆等人留下，驻守定州，彰德节度使李汉琼驻守镇州，河阳节度使崔彦进驻守高阳关南。赵光义认为辽国军队必定会前来侵犯边境，提醒众将设下埋伏夹击，必能取胜。

辽国没有马上派兵向南入侵，而是开始论功行赏。由于韩德让等人能安定人心，保卫城池，辽景宗颁诏给予奖励，任命韩德让为辽兴军节度使，耶律学古为保静军节度使、南京马步军都指挥使。耶律沙等人在高梁河立下战功，赦免他们之前战败的罪责。

宋朝的将领就没有这么幸运，他们消灭北汉的功劳还没有奖赏，现在又在幽州战败，赵光义决定对他们进行处罚。守中书令、西京留守石守信被赵光义贬为崇信节度使，仍兼中书令，彰信军节度使刘遇被贬为宿州观察使。

宋太祖赵匡胤的儿子赵德昭就更惨了。在幽州的一天晚上，军营中出现惊扰，一些将士不知赵光义在哪里，便想拥立随军出征的赵德昭为皇帝。后来又得知赵光义安然无恙，立即停止这个举动。赵光义听说有人想让赵德昭当皇帝来代替他，很不高兴。由于这一件事，赵光义回京后，一直没有颁行消灭北汉的赏赐。赵德昭又主动进宫向赵光义提出应当尽快行赏，赵光义当时还在气头上，对赵德昭说，等你当了皇帝再给他们赏赐也不晚。赵德昭听了这话，十分害怕，回到府中，用水果刀自杀了，年仅二十九岁。

太平兴国四年（979年）六月至七月宋朝与辽国的这场战斗，也称宋辽第一次幽州之战，发生的地点主要在幽州境内。也有史家把这场战斗称为高梁河之战，因为高梁河的那场战斗，起了决定性的作用。

赵光义虽然南撤，辽景宗却不甘心，他想报复。

三、满城之战

辽景宗耶律贤对宋太宗赵光义前来攻打南京（今北京市），很是生气，他想报复一下宋朝。辽景宗把这件事交给了南京留守韩匡嗣以及南府宰相耶律沙、惕隐耶律休哥等人，让他们带领兵马，南进宋朝境内发动袭击。韩匡嗣担任大军都统，耶律沙为监军。保宁十一年（979年）九月三十日，大军起程。

赵光义在南撤时，已经料到辽国会南侵，所以当时就做了一些部署，还对具体作战的策略，做了一些交代。宋朝镇州都钤辖、云州观察使刘廷翰得知辽军南侵，立即带领部众迎战，他在满城（今河北省保定市满城区）北边的徐河布阵，等待辽军到来。驻守关南的河阳节度使崔彦进则带领所部兵马，悄悄从黑芦堤（今河北省保定市徐水区东北）以北出发，沿着燕长城口（今河北省保定市徐水区西北），跟在辽军的后面，士兵们都口中衔枚。不久，驻守镇州的彰德节度使李汉琼、驻守定州的崔翰等将也带领兵马到达满城。满城在当时属于易州（今河北省易县），是宋朝的领地。

十月十八日，辽军向满城的宋军发起进攻。以什么样的战术与辽军作战呢？宋军将领刘廷翰等人开始商讨布阵事宜。当初赵光义南撤时，曾经交代了作战方略，那就是让宋军各将分成八个战阵与辽军作战。刘廷翰他们不敢忘记赵光义的交代，展开地图，布下八个战阵，各阵相隔一百步。

右龙武将军赵延进登上高处，远望已经到来的辽军，从东到西，横亘原野，看不到边际。赵延进觉得皇上赵光义当初设想的八阵法已经不合时宜，因为辽军数量实在太多，如果分开迎战，可能都没有战斗力。不仅赵延进有这个担忧，当时不少将士都对八阵法也产生疑虑，甚至连迎战的勇气都没有。

赵延进赶紧去见主将刘廷翰，对刘廷翰说，皇上让大家防守边疆，目的就是克敌制胜。赵延进的言下之意，只要能取胜，用什么的战术不重要。赵延进认为辽国骑兵众多，而宋军排成八个战阵，如同天星散布，双方力量相差太大，如果辽军一齐压上来，宋军根本不能取胜。赵延进建议，把各支兵马集结在一起，一同与辽军作战，战胜的可能性会很大。赵延进最后说，违背皇上的命令而获得胜利，要比兵败辱国强。

刘廷翰等人还是很担忧，说万一不胜，又没有采用皇上的方案，皇上一定会怪罪下来，这个怎么办？赵延进说，如果因为调整战术而失败，就由他一个人担当罪责。刘廷翰等人仍然对擅自改变赵光义的意图而感到犹豫。镇州监军、六宅使李继隆认为，用兵贵在适应变化，不可能预先决定方案。李继隆请求由他一个人来承担违背皇上旨意的罪名。

赵延进与李继隆为什么敢于承担责任？他们能够承担得了吗？毕竟他们不是主将啊。原来赵延进、李继隆与皇上赵光义关系不同一般。赵延进的妻子是赵光义第一任夫人的妹妹，赵延进与赵光义是连襟。不过，赵光义的第一任夫人在他当上皇帝前就已经去世，但李继隆则不一样。李继隆是宋朝开国元勋李处耘的长子，妹妹是皇上赵光义的妃子，也就是说李继隆是赵光义的大舅子。李继隆说由他来承担罪名，刘廷翰等人这才下定决心，于是把八个战阵，改为两个战阵，既能集中力量对敌，又能互相呼应。

调整了作战方案，两军交战一天，胜负未分。

第二天，即十月十九日，两军再战，刘廷翰又采用诈降法。刘廷翰先派人到辽军主将韩匡嗣那里去诈降，韩匡嗣坚信不疑。耶律休哥不相信，说对方部队齐整而且精锐，不可能不交战就投降，这一定是引诱他们上钩。耶律休哥请韩匡嗣严阵以待。韩匡嗣没有采纳耶律休哥的建议，也没有严加设防。

不久，宋军开始发起进攻，击鼓呼喊，尘土飞扬。韩匡嗣感到十分突然，不知如何应对，只能仓促应战。交战结果，辽军大败，不少士兵逃往西山，途中又遭到崔彦进的伏击，很多人掉进山涧中。宋军一路追击，一直到遂城（今河北省保定市徐水区遂城镇），杀死辽军一万多人，缴获战马一千多匹，活捉辽将三人，俘虏百姓三万户。

辽军大多逃散，韩匡嗣丢弃旗帜、战鼓逃了回来，大量兵器、帐篷被宋军抢走，只有耶律休哥的队伍齐整，不慌不忙地撤回北方。辽景宗听说韩匡嗣带着优势兵力，最终却被宋朝边防守军击败，十分恼怒。辽景宗把怒火全部撒在韩匡嗣的身上，给韩匡嗣列了五条罪状。第一条，脱离各部孤军深入；第二条，队伍纷乱不整齐；第三条，抛下军队如鼠逃窜；第四条，打探军情不准确，丧失战机；第五条，只顾逃命，丢失军旗战鼓。辽景宗说完五大罪状，立即下令将韩匡嗣斩首。

辽景宗本想派大军到宋朝边界去报复一下，没想到结果却让他更加难堪，如果没有得力的人劝阻，韩匡嗣的人头一定是保不住了。然而，韩匡嗣的人头还是保住了，因为辽景宗的皇后萧燕燕亲自来为韩匡嗣说情。萧皇后说了很久，才让辽景宗改变主意，由此可见辽景宗有多么生气。由于萧皇后的成功劝说，韩匡嗣保住了性命，也保住了官爵。辽景宗只是对南面军队的将领进行了调整，由耶律休哥总领南面的卫戍军队，任命耶律休哥为北院大王。辽景宗同时也对耶律休哥等有功将校进行了赏赐。

当满城之战的捷报从镇州奏报到北宋都城开封时，赵光义终于开始决定对有功将士进行褒奖，包括几个月前攻打北汉的将士。十月二十九日，齐王赵廷美晋封为秦王，宰相薛居正加官司空，沈伦加官左仆射，卢多逊兼任兵部尚书，枢密使曹彬兼任侍中，文武百官参加平定北汉的，都有不同升迁。赵光义还为此举行论功行赏庆典。

两个月后，辽景宗还是对韩匡嗣的官职进行了调整。十二月，辽景宗把韩匡嗣由燕王降封为秦王，撤销南京留守一职，遥领晋昌军节度使。辽景宗任命上京留守、蜀王耶律道隐为南京留守，不久又进封耶律道隐为荆王。当年冬天，辽景宗就在南京度过。

河北境内用兵失败，辽景宗准备第二年再在河东境内用兵。

四、雁门关之战

辽景宗在河东地区用兵，目的仍是为了报复宋朝攻打幽州。

第六章 宋辽开战

幽云十六州当中的代表州，除了河北地区的幽州（今北京市），就是河东地区的云州（今山西省大同市）。在云州南边靠着宋朝的四个州，从西到东分别是朔州、寰州、应州与蔚州，这几个州都属于幽云十六州。再向南，便是宋朝所辖的代州（今山西省代县）了。在代州北部有一个重要的关隘，那便是雁门关。辽景宗此次派出的兵马便是从云州一路向南，企图从雁门关突破，攻入代州境内，直到宋朝的其他州县。辽景宗派出的大军主将是辽国的驸马萧啜里（有的史料称萧咄李），还有马步军都指挥使李重海，兵马有好几万人。萧啜里是辽景宗的姐夫，可见辽景宗对此次出兵所寄予的厚望。

那么宋朝是谁驻守在代州呢？是北汉降将杨业。

宋太宗赵光义消灭北汉时，杨业向赵光义投降，得到赵光义的器重。赵光义一开始给杨业任命的官职是右领军卫大将军。这个官职是京城的官职，不是地方将领，更不是边防将领。赵光义刚刚消灭北汉就去河北境内攻打幽州，而杨业有没有跟着一起去，史书上没有看到记载。赵光义兵败幽州南撤时，也就是太平兴国四年（辽国保宁十一年，979年）八月，任命杨业为郑州防御史。这个官职也不是边防官职，而是离京城开封不远的一个地方官职。直到当年十一月，赵光义觉得杨业熟悉边防事务，才把杨业调到河东来。

那么在杨业未到河东之前，又是谁守在河东呢？是潘美。

潘美是宋朝的开国功臣，也是名将，曾经担任主将，也就是都部署，带领兵马消灭了南汉。潘美还曾与曹彬一起消灭了南唐，曹彬是都部署，潘美是都监。赵光义消灭北汉时，潘美也是主将，担任北路都招讨制置使。潘美还跟随赵光义一同北攻幽州，担任知幽州行府事。赵光义兵败幽州南撤时，调潘美负责河东北部的边防，让潘美驻守在河东境内的三交口（今山西省太原市北），担任三交都部署，防备辽国兵马从河东南侵。

杨业比潘美晚三个月到达河东。杨业来到河东后，赵光义给他的官职是知代州，兼三交驻泊兵马部署。大概从这时起，杨业便与潘美一同共事，为宋朝守卫边疆。

从二人的官职来看，杨业只是一个州的负责人，而潘美的官职要高一些。从军中的职务来看，潘美是都部署，而杨业只是部署而已，就是潘美的属下。代州在太原的北面，离太原两百多里远，而雁门关还要在代州城北边一些。潘美作为主将，当时驻守在三交口，也就是在太原附近，而杨业作为代州知州，当时驻守在代州，离雁门关很近，可以说就是在守卫雁门关。

辽国驸马萧啜里大军逼近雁门关时，是在太平兴国五年（辽国乾亨二年，980年）三月。辽军有多少人呢？不同史书有不同的记载。《续资治通鉴长编》是以潘美奏报的口吻记载的，说萧啜里有十万人马。《宋史·潘美传》中说辽军有一万名骑兵。

再看交战过程。《续资治通鉴长编》以潘美的口吻奏报说，潘美得到辽军十万人马来攻雁门的消息，派部将杨业带领几百名骑兵，从西边的山口，沿小路赶到雁门北口，绕到辽军的北面，然后与主将潘美前后夹击，将辽军打败，杀死辽国主将萧啜里，俘虏辽军马步军都指挥使李重海，缴获大量铠甲、战马。

潘美驻屯的地方在三交口，离代州的雁门关比较远，没有杨业离得近。按说，辽军大举来犯的消息，杨业会先得到。除非杨业主动向潘美汇报，请示作战方略，要不然潘美不会得知这个消息并作出部署。《续资治通鉴长编》的记载，不太详细。再看《宋史·潘美传》，说潘美向北巡抚，来到代州，正巧得到消息，说辽国有一万名骑兵来犯，潘美带领将士们奋起迎战，取得大胜。这里没有提到杨业的事。再看《宋史·杨业传》，说辽军攻入雁门关，杨业带领部众几千名骑兵从西边山口，沿小路绕到雁门北口，从辽军后背发起进攻，大胜辽军，这里没有提到潘美。

史书后来也讲到，自从雁门关之战，辽国的将士便开始害怕杨业，见到杨业的旗帜，便带领兵马离开，不敢正面交锋。从这个记载可以看出，杨业在雁门关一战中所起的作用，以及带来的影响。不管史书的记载如何，我们有理由相信，雁门关之战，杨业的功劳很大。当然，也不能说潘美没有功劳。潘美作为河东北部的主将，也是杨业的上司，就是没有直接参与雁门关之战，杨业的功劳，也可以说是潘美的功劳，因为就是向朝廷奏报战功，也是由潘美来上报，而不是由杨业直接上报。再者，这一战也许潘美起到了作用，毕竟杨业兵马的人数不多，就是出奇制胜，从辽军后面偷袭，也未必能取得最终的胜利，与潘美大军前后夹击的可能性不是没有。如果是两相夹击，那潘美就是正面战场，而杨业是敌后战场，各有各的用处。

总之，雁门关一战，杨业的大名是传了出去，辽军害怕，宋朝的一些将领也很嫉妒。几个月后，赵光义又给杨业升官了，任命杨业兼领云州观察使，主持代州事务。云州还在辽国的占领之下，赵光义如此任命，名义上给杨业升了官，实际上是要他去夺取云州。从级别上来看，开国名将潘美仍高于杨业。那些嫉妒杨业的边将暗中向赵光义呈上毁谤的奏书，说杨业的坏话。赵光义当时还是很清醒的，不相信这些诬告，所以还继续用杨业守边。当然，赵光义也没有对杨业完全放心，他让人把这些奏书转交杨业，一来表明他信任杨业，二来也提醒杨业，让杨业如履薄冰。后来的文学作品《杨家将演义》就把潘美写成是诬告杨业的代表。当然，小说是虚构的，不能全信，而且小说的作者也很注意，没有直接用潘美的大名，而是用了一个化名，叫潘仁美。

满城以及雁门关报复战均遭失败，辽景宗决定亲自攻打宋朝。

五、瓦桥关之战

辽景宗耶律贤对宋朝的两次报复都以失败告终，心里很不甘心，他准备在秋天再一次南下用兵，这一次他还准备亲自到前方督战。辽景宗对此次出兵，非常重视，他在乾亨二年（北宋太平兴国五年，980年）十月初一，搞了一个祭祀仪式，祭祀天地和兵神，以图他这一次用兵能够得到天助。十月十一日，辽景宗又搞了一次祭祀，这次专门祭祀军旗战鼓，接着就率兵南下了。

十月十三日，辽景宗到达辽国的南京，也就是宋朝所说的幽州（今北京市）。十月二十日，辽景宗到达涿州的固安县（今河北省固安县）。再往南就到达宋朝的境内了，辽景宗决定在进入宋朝境内作战前，再搞一次祭祀，这一次用青牛白马祭祀天地。祭祀结束后，辽景宗带领大军继续南行，于十月二十九日到达瓦桥关，立即将瓦桥关包围。瓦桥关属于雄州（今河北省雄县），也是雄州的治所，而雄州则是周世宗柴荣收复瓦桥关后，新设置的州，当时属于宋朝。

宋朝驻守在瓦桥关的将领是张师。张师的兵马不多，不敢正面迎战辽军，便坚守瓦桥关等待援兵的到来。十一月初一，宋朝有兵马前来援救张师，在夜间发起偷袭，结果被辽国突吕不部节度使萧干、详稳耶律痕德击退。

十一月初三，辽国北院大王耶律休哥在瓦桥关东边驻屯，防备宋朝援军再次前来。瓦桥关守将张师看到围城辽军有所减少，便带领将士们突围。辽景宗看到张师试图突围，亲自到阵前督战。耶律休哥得到消息，立即赶来，投入战斗。耶律休哥纵马飞奔，上阵厮杀，张师不敌，被耶律休哥杀死。张师的部众不敢再战，全部退入关城之中。

之后的几天，辽景宗的大军始终不能攻破瓦桥关，只得继续围困。

十一月初九，又有宋军赶来，在易水河（瓦桥关所在的雄州，即今天的雄县，南北朝以前称易县，而易州，即今天的易县，从隋朝时才出现此地名。两地均在易水之畔，直线距离一百余里）南岸布下阵势，准备与辽军作战。耶律休哥决定带领精锐骑兵过河作战。辽景宗看到只有耶律休哥的战马与铠甲是黄色的，太显眼，容易被宋军认出，作为主将比较危险。辽景宗于是赐予耶律休哥黑甲、白马。耶律休哥接着便带领骑兵悄悄渡过易水河，与南岸的宋朝援军交战。宋军措手不及，大败，立即向南撤退。耶律休哥下令追击，一直追到莫州（今河北省任丘市）。一路上，宋军士兵被杀很多，横七竖八的尸体躺满原野，有几名宋军将领还被耶律休哥活捉。

第二天，也就是十一月初十，宋军再次反击，又被辽军击败。

至此，前后十天时间，两军战斗四次，都是宋败辽胜。

辽国大军攻打瓦桥关的消息，宋太宗赵光义已经得知，他也准备御驾亲征。就在宋辽两军第四次战斗的这一天（十一月初十），赵光义下诏，宣布他要巡视北部边界。赵光义此次北行的目的是亲征，他却说是为了北巡，也许是一种策略吧，不想太过张扬。

十一月十三日，赵光义从京城开封起程。

十一月十四日，赵光义到达开封府所辖的长垣县（今河南省长垣县）。长垣离京城开封不远，也就一百里路。这时，关南（两年后改置为高阳关，今河北省高阳县东）有战报传来，说河阳节度使崔彦进在关南东南不远处的唐兴口大败辽国一万多兵马，杀死三千多人。赵光义下诏任命崔彦进为关南都部署。

结合相关史料分析认为，十一月十四日宋军与辽军的这次战斗应当是存在的，而且十一月十七日辽景宗才下令班师，结束这次南伐，双方的战斗在时间上也是有条件的。然而宋军取得的战果没有奏报的那么大，有比较大的虚夸成分。总的来看，五次战斗，辽军四胜，辽军战果比较大。特别是第二次战斗宋将瓦桥关主将张师被杀，第三次战斗宋军被"杀伤甚众"，第四次战斗宋军被"击之殆尽"。

赵光义没有停止北进的步伐，于十一月十九日到达河北境内的大名府（今河北省大名县）。赵光义传令在大名府暂且驻扎。十一月二十日，赵光义与文武大臣商议继续北上征讨事宜。刚担任比部郎中不久的窦偁（音同称）表示反对，奏请赵光义南返京城开封，让将士、战马得到休息。窦偁建议一段时日之后，再考虑北征之事。赵光义当时并不想北征，尤其不想亲自率兵与辽兵作战，此次也是硬着头皮前来。所以听了窦偁的话，赵光义马上表示赞赏，决定不再北征，而是南返。回到京城开封后，赵光义将窦偁升为枢密直学士。

赵光义早在当年十月就准备巡视北部边界，也调集百姓修缮从京城到雄州的道路，但由于其本人行动迟缓，以致他带领的大军未能及时到达宋辽边境与辽军作战，这是瓦桥关之战宋军失败的主要原因。然而赵光义并不这么认为，他听说前方取得胜利而他所带领的将士未能派上用场时，还感到一丝遗憾，只不过这个遗憾对赵光义来说是有所欣慰的。所以，赵光义就写了一句诗来表达他当时的心情："一箭未施戎马遁，六军空恨阵云高"。这句诗让人哭笑不得，所以有史家就评价宋朝宣称的这次胜利为"贻笑千年的胜利"。

赵光义在自欺欺人，而辽景宗回到辽国，就开始论功行赏。辽景宗此次南伐取得了比较大的胜利，耶律休哥功不可没。辽景宗在战斗结束后，曾给耶律休哥赏赐御马、金盏，称赞耶律休哥的勇猛超过了他的名声。辽景宗还说如果人人都像耶律休哥，战斗没有不取胜的。十二月初一，辽景宗又任命耶律休哥为于越，隆重地大规模地犒赏军士。于越是辽国最高的官职，虽然是荣誉性的，但却是皇帝对大臣最高的奖励。从辽景宗如此的奖赏可以看出，辽景宗此次南下用兵，确实取得了重大胜利。

又过了一年多，辽景宗决定再次带领兵马南下。

六、辽景宗三路南伐

乾亨三年（981年）正月与九月，在宋辽边境的易州（今河北省易县），宋朝守将与辽国兵马有两次交战，但没有引发两国大的冲突。边境的两次冲突，辽军都没有取胜，这让辽景宗耶律贤感到很不高兴，让他再次萌发了向宋朝大举用兵的想法。

这一次，辽景宗没有等到秋冬之际就调集大军南下了。乾亨四年（982年）四月，辽景宗派出三路兵马，同时向宋朝北部发起袭击。东路是在河北境内，由辽景宗亲自率领。中路在河东境内，西路在更西边的府州（今陕西省府谷县）境内。

辽景宗带领的东路兵马到了满城（今河北省保定市满城区）时，便与宋军发生了交战。这一战，史书上的记载比较简略，连宋军的主将或是将领的名字都没有说清楚。

这一次，辽军作战不利，守太尉奚瓦里被流箭射中而死，统军使耶律善补还中了宋军的埋伏，幸亏有耶律斜轸的救援，耶律善补才得以脱身。辽景宗认为正是由于耶律善补疏于戒备，才有此一败，于是对耶律善补施以杖刑，以示处罚。

辽景宗出师不利，决定停止攻打宋朝，于当年五月回师北上。

在河东境内的这支兵马，照例在雁门关一带与宋军交战，守卫雁门关的仍是杨业；当然，负责河东北部兵马的主将仍是潘美。潘美平时坐镇在太原北边的三交口。为了便于管理，经朝廷同意，潘美已在当年二月，将并州的治所迁到三交寨，赵光义还任命潘美为并州都部署。

雁门关这一战，发生在当年五月，辽景宗已经从河北境内北撤。史书上关于雁门关这场战斗的记载同样很为简略，甚至都没有提及杨业，只是提到了主将潘美。作为主将，潘美向朝廷奏报了此次战斗的结果，这个在史书上有明确的记载。潘美说，他的兵马在雁门击败辽军，还向北追击一番，连破辽国三十六个堡垒。我们推测，在雁门关的战斗前沿，一定有杨业的身影。

据《宋史·李继隆传》记载，李继隆在三年前的满城之战后，被赵光义调到河东北部，与主将潘美一同驻屯三交寨。李继隆当时已经升任营苑使，还领妫州刺史。辽景宗此次三路出兵，其中在河东境内的这场战斗，宋军方面应当还有李继隆的身影。

《宋史·李继隆传》还记载，李继隆在河东镇守期间，曾跟随潘美出征北部边境，一直打到灵丘县（今山西省灵丘县）才返回。李继隆与潘美不仅攻克了灵丘县，还把那里的百姓全部迁到宋朝境内。李继隆在河东镇守没几年，又被赵光义调到河北境内镇守，担任定州驻泊都监。

在府州的战斗，宋朝守将同样取得了胜利。府州在宋朝的行政管理上，归属在河东，而实际上府州在黄河的西岸，但不属于河西地区，而属于河套地区。一个姓折（音同佘）的家族世代镇守在府州，而且一直忠于中原朝廷。当时守卫府州的是府州知州折御卿。折御卿在新泽寨打败辽军，俘虏辽军将校一百多人，并将此事向朝廷作了奏报。

辽景宗此次三路向宋朝用兵，都遭到失败，心情一定不好受。但辽景宗只能北返，因为炎热的夏天就要到了，他得去北方避暑。当然，到了秋天或冬天，他仍然可以再次南下用兵。然而，年龄并不大的辽景宗没有活过这个秋天。

当年九月，辽景宗来到河东北部的云州（今山西省大同市），到祥古山打猎，突然感到身体不适，患起病来。九月二十四日，辽景宗在云州北边的焦山（今内蒙古自治区丰镇市）行宫病逝，年仅三十五岁。

辽景宗在位十三年，为辽国的鼎盛奠定了基础，是辽国的中兴之主。如此有才略又非常年轻的皇帝突然病逝，对辽国来说是一个重大的损失。不仅如此，辽国与北宋已经开战三年，胜负难定，前景不明。皇后萧燕燕当年才三十岁，而她的长子、梁王耶律隆绪年仅十二岁，他们能把辽国管理好吗？

第七章　太后临朝

一、萧太后临朝听政

乾亨四年（982年）九月二十四日，辽景宗耶律贤在行宫病逝，遗诏由嫡长子、梁王耶律隆绪继位，是为辽圣宗。辽圣宗当年只有十二岁，还不能亲政，根据遗诏，由辽景宗的皇后萧燕燕临朝听政。

辽国的前五位皇帝，除了开国皇帝辽太祖耶律阿保机，之后的辽太宗、辽世宗、辽穆宗、辽景宗四位皇帝的皇位，都不是正常继承。虽然第六位皇帝辽圣宗的皇位是正常继承，但萧燕燕还是有所忧虑的。史书记载，萧燕燕在辽景宗病逝时，曾说皇后守寡，儿子幼小，宗族内部不少人势力强大，与宋朝边境的防务也不稳固，这可怎么办？

辽圣宗年龄太小，萧燕燕本人也是年轻的女流之辈，当年不过三十岁，她不能不担心别人有觊觎皇位的野心，毕竟前车之鉴并不久远。尽管辽景宗在位期间，已经把国内的不同势力进行了整合，能够威胁到辽圣宗皇位的人几乎没有了，但是孤儿寡母执政能否服众，也是面临的一个重要问题。这个时候，辽国还要面对南边的强敌，那便是宋朝。辽宋两国已经开战了四年，如果宋朝这时主动来进攻，对辽国来说，是非常危险的。

其实萧燕燕在辽景宗在世时，就已经参与朝政，因为辽景宗身体不好，常常没有精力处理所有的朝政事务。对于朝政，萧燕燕不仅已经得到过锻炼，也确实表现出出色的政治才能。当然，那个时候有辽景宗在，她所能展现的不过是处理事务的能力，而驾驭文臣武将的能力以及独当一面地处理国家大事的能力，还是个未知数。

然而，宋太宗赵光义并没有趁机去攻打辽国。这不是赵光义仁慈或光明磊落，不想乘人之危，而是他没有这个打算。从赵光义消灭北汉随即就北上攻打幽州（今北京市）失败以来，已经有四个年头了，赵光义一直没有主动向辽国发起过进攻，之后无论是满城之战、雁门关之战，还是瓦桥关之战，都是辽国主动向宋朝发起的，宋朝一直处于防守之势。辽景宗在病逝的当年，还三路南伐宋朝，其本人还又一次御驾亲征，宋朝只是防守，并没有发起反攻。如此看来，赵光义已经不打算再向辽国发起攻势了，他也不想收复幽云十六州了。准确地讲，是幽云十四州，因为有两个州在五代时期被周世宗柴荣收复了。即使辽景宗病逝，辽国孤儿寡母当政，赵光义也不想去攻打辽国了。

宋朝没有来进攻，辽国倒是抓住时机，做了不少巩固内政的事。萧燕燕不仅善于用人，也很识人，她所器重的那些文臣、武将确实不负重任，辅佐她把辽景宗突然病逝可能给国家带来的影响，基本消除了。

萧燕燕在刚开始表现出担忧的时候，耶律斜轸与韩德让就给她一个表态，让她感到安心。这二人对萧燕燕说，只要信任他们，就没有什么可以忧虑的。耶律斜轸曾担任南院大王，多次带着六院部（也称南院部）的兵马四处征战，是一位很有能力也很有实力的人。韩德让是南院枢密使，在南面官中是一个重要的官职。韩德让在第一次幽州之战中表现突出，会打仗，在政务管理方面，也很有才能。萧燕燕当然信任他们。萧燕燕让耶律斜轸当北院枢密使，掌管辽国军事大权，成为辽国权力最大的官。而比萧燕燕年长十二岁的汉人韩德让，萧燕燕不仅重用他，还把他当作知心人。萧燕燕与韩德让的关系非同一般，传到宋朝那里，就是情人关系。

此外，还有一位老臣名叫室昉，也是汉人，萧燕燕知道他有能力，不让他告老，继续留用，当政事令。政事令是南面官中仅次于南院枢密使的官职，是宰相当中权力最大的官职。

在防备宋朝的军事部署方面，萧燕燕任命北院大王耶律休哥为南面行军都统，南院大王耶律勃古哲总领山后诸州事，同政事门下平章事萧道宁带领本部兵马驻守在南京，也就是幽州（今北京市）。耶律休哥积极训练军队，大修武备，边境安定。

在西南边境，韩德让的弟弟韩德威是辽国西南招讨使，他击败侵犯边境的多个党项部落，还向朝廷献上党项俘虏。在东北一带，由北院枢密使耶律斜轸担任都统，讨伐女真部族。这次作战，辽军俘虏十万多人，得到战马二十多万匹，势力得到增强。

萧燕燕知人善任，所用之人都很有本领，她本人也注重朝政治理，还多次亲自判决案件，以防出现不公平的情况。萧燕燕对滞留案件尤为关注，多次亲自参与判决。以前，汉人与契丹人在法律面前不平等，比如汉人杀了契丹人要偿命，而契丹人杀了汉人只要出点钱出点物就可以不死，萧燕燕接受韩德让的建议，从此一律平等，杀人都要抵命。

辽国的皇帝都有一个尊号，比如辽世宗叫天授皇帝，辽穆宗叫天顺皇帝，辽景宗叫天赞皇帝，群臣给辽圣宗也上了一个尊号，叫天辅皇帝。辽圣宗和群臣也给萧燕燕上了一个尊号，叫承天太后，由此可见萧燕燕的地位有多么尊崇。辽圣宗即位后，除了年号改为统和外，还把国号由"大辽"改为"大契丹"。由于八十三年后辽道宗耶律洪基又把国号改回"大辽"，所以本书仍然称辽国，以免混乱。

对于辽国政权的巩固和发展，宋朝的一些官员却做出了错误的判断，这个错误的判断还误导了宋太宗赵光义。雄州知州贺令图与父亲岳州刺史贺怀浦，以及文思使薛继昭、军器库使刘文裕、崇仪副使侯莫陈利用（姓侯莫陈，名利用）等人认为，辽国皇帝辽圣宗年幼，母亲萧太后专权，宠幸韩德让，大臣们不服气，不听萧太后的命令。这些人向赵光义提议，趁辽国内部不稳定，发兵北上，夺取幽州等地。

二、雍熙北伐

宋太宗赵光义准备再一次亲征幽州（今北京市）。当赵光义决定亲征时，离辽景宗病逝已经过去了三年，不得不说，赵光义的反应也太迟了。如果真的想趁敌国大丧、朝政不稳而用兵，也应当在辽景宗刚刚病逝之时，而不是三年之后。

所以，参知政事李至就对赵光义此次亲征不看好。李至也不敢说不要收复幽州乃至幽云十六州，但他不赞同赵光义亲临幽州前线作战。李至认为，幽州是辽国的右臂，宋朝去攻打，辽国必定抗拒；攻城大概需要几万人，费用必定巨大，还要大量征集粮草，边境的存粮可能不够用；同时，范阳一带，地势平坦，没有丘陵，离山较远，难以得到用于攻城的石头，而没有足够的石头，就难以攻破坚固的幽州城。基于此，李至提出上、中、下三策，供赵光义选择。上策是，赵光义不离开京城，以此来向敌人显示非常悠闲。中策是赵光义到达河北境内的大名府（今河北省大名县），扬言亲征，来壮大军威。李至认为，赵光义亲自来到幽州边陲，北面有辽军要防范，南面有中原需考虑，这是下策。

刑部尚书宋琪是北方人，对幽州、蓟州（今天津市蓟州区）一带的山川形势和辽国的情况有所了解，他主张出兵。宋琪还对攻打辽国的战略战术提出了建议。宋琪主张首先将主力集结于易州（今河北省易县）一带，然后再沿太行山东麓北进，控制军都山、燕山，阻断辽军从山后来援幽州。其次再把桑乾河水引灌到幽州城外的高梁河，让辽国内地援军难以南进增援幽州。如此一来，宋军可以全力攻打幽州。在战术上，宋琪提出分为前、后两阵对付辽国骑兵，前阵由一万五千名骑兵组成，负责进攻，后阵由八万名步兵组成，保持三五里距离，作为机动。

赵光义不赞同李至的策略，为此还罢免了李至的宰相职务，以身体有病为由，把李至降为礼部侍郎。赵光义大体采纳了宋琪的建议。赵光义同时也采纳了李至的上策，那就是他没有亲征，而是坐镇京城开封，遥控指挥。

雍熙三年（辽国统和四年，986年）正月至二月，赵光义对北伐作了部署，计划兵分三路北进。第一路由宋朝名将、天平军节度使曹彬为幽州道行营前军马步水陆都部署，河阳节度使崔彦进为副都部署，从保州（今河北省保定市)前往涿州(今河北省涿州市);马军都指挥使米信为西北道都部署,沙州观察使杜彦圭为副都部署,从雄州(今河北省雄县)出发,前往涿州新城县(今河北省高碑店市)。第二路由步军都指挥使田重进为定州路都部署,蕲州刺史谭延美为副都部署,从定州(今河北省定州市)北上,前往蔚州飞狐县(今河北省涞源县)。第三路由忠武军节度使潘美为云、应、朔等州都部署,云州观察使杨业为副都部署,从雁门攻向云州(今山西省大同市),然后与田重进部会合,一同东下,从北面配合曹彬等部一起攻打幽州。

赵光义的三路大军分别称为东路、中路和西路,也就是曹彬、崔彦进、米信、杜彦圭为东路,田重进、谭延美为中路,潘美、杨业为西路。赵光义三路大军,虽然主要目标是幽州,实际上是整个幽云十六州,只不过赵光义把幽州作为最后一战,毕竟幽州最重要,也最难打。

赵光义此次北伐,是他的第二次,由于发生在雍熙年间,所以也称雍熙北伐。从三路大军的配备来看,东路军不仅兵多,将领也多,赵光义不仅把攻打幽州的重任交给他们,还希望用他们来吸引辽军主力,让另外两路大军能够先收复以云州为代表的山后各州,然后再与曹彬他们一起收复以幽州为代表的山前各州。

东路军首先与辽军发生交战。三月初五,曹彬的兵马到达辽国的涿州境内,在涿州的固安县(今河北省固安县)城南与辽军发生交战。已经升任环州团练使的李继隆协助先锋薛继昭作战,首战告捷,一举攻克了固安城。主将曹彬带领大军继续向涿州城挺进,于三月十二日,在涿州城东再次与辽军发生交战,再次击败辽军,乘胜进攻涿州北门。第二天,曹彬攻克涿州城。这一战,李继隆左大腿中了一箭,鲜血一直流到脚跟,仍然俘虏一名辽国重要官员。曹彬要为李继隆上报战功,李继隆没有同意。曹彬率部进入涿州城,派出一支轻骑兵,渡过涿河,前往探察辽军军情。

涿州是幽云十六州之一,曹彬这一路,在数日之内即收复一个州,已经完成他的第一阶段作战任务。曹彬接下来的任务就是吸引辽军主力,与辽军对峙，不急于决战，等待中路、西路大军作战。

三月初九，田重进率领中路军到达辽国蔚州（今河北省蔚县）境内，在蔚州的飞狐县北面，与辽军发生激战，同样首战告捷。三月中旬，田重进在飞狐县北与辽国另一支兵马再度交战。这是一支赶来增援的兵马，由辽国冀州防御使大鹏翼、康州刺史马赟、马军指挥使何万通等人率领，无论是兵马数量，还是作战能力，都比较强。田重进派部将荆嗣出战，一天之中，打了很多个回合，终于将辽军击败。辽将大鹏翼等人开始撤退，田重进率部压了过去，活捉大鹏翼、马赟、何万通等人。

田重进接着便开始围攻飞狐城，让大鹏翼到城下劝降。三月二十三日，辽国飞狐守将马步都指挥使吕行德和副都指挥使张继从、马军都指挥使刘知进，献出城池投降。

田重进率部再向西数十里，包围蔚州的灵丘县（今山西省灵丘县）。三月二十八日，灵丘守将、步军都指挥使穆超献城投降。四月十七日，田重进率部到达蔚州。辽国蔚州左右都押牙李存璋、许彦钦等将，杀死辽国蔚州节度使萧啜里（与六年前雁门关之战的驸马萧啜里应当不是同一个人），拘捕监城使耿绍忠，献出城池向田重进投降。

不多日，辽国援兵大量到达，田重进与辽军辗转作战，五批军校战死四批，只有荆嗣还带着兵马奋力作战，最后将辽军击退，刚刚得到的蔚州总算没有丢失。这次战斗，辽国边境百姓中勇敢的人争相前来帮助宋军与辽军作战，有人夜晚进入辽军营垒，砍下辽兵首级前来归附。赵光义听到这个消息，大为称赞，决定制定赏赐的标准，让更多的边境百姓响应宋军作战。赵光义在诏书中说，只要能够前来接应宋军的，就供给粮食，发放兵器；擒获敌人头领的，根据所俘虏者的官职高低授予官职；俘虏一人的，赏钱五千，取得首级的，赏钱三千；俘获上等战马的，赏钱一万，中等战马的七千，下等战马的五千；等到收复幽云、战事结束，愿意留在军队的，从优录用，愿意回乡务农的，免除徭役赋税三年。诏书一下，响应的人很多。

田重进这一路，按赵光义当初的部署，是从河北杀入河东境内，最终与河东境内的潘美、杨业这一路会合，在收复云州等地后，再杀回河北，与曹彬那一路一齐攻打幽州。田重进已经顺利收复蔚州，那么潘美、杨业这一路作战情况又如何呢？

三月上旬，潘美率部从雁门西口出发，很快攻入辽国境内，与辽军发生交战，取得胜利。辽军后撤，潘美带领兵马追击，一直到达辽国的寰州（今山西省朔州市东）城下。三月十二日，辽国寰州刺史赵彦辛献城投降。三月十三日，潘美继续向前挺进，包围辽国的朔州（今山西省朔州市朔城区），副将杨业的儿子杨延昭为先锋，被流箭射中手臂，但他毫无畏惧，越战越勇。最后，辽国朔州守将赵希赞献出城池投降。潘美转向东北，派杨业朝辽国的应州（今山西省应县）攻去。三月十九日，辽国应州守将投降。潘美率部继续北进，于四月初三攻克了辽国占领下的云州。

赵光义接到奏报，得知潘美这一路收复了寰州、朔州、应州以及云州，非常高兴，可以说山后九州，潘美这一路在不到一个月的时间内，就收复了四州。赵光义也很快给这些地方任命了官员。

宋朝三路大军进展顺利，按赵光义的部署都取得了战果。这个时候，辽国也做出了反应，增派援兵。令人没有想到的是，负责将辽军主力引诱到河北的曹彬这一路，出现了意外。

三、岐沟关之战

宋朝三路北伐的消息，辽国君臣在统和四年（北宋雍熙三年，986年）三月中旬就知道了。面对宋朝三路大军，萧太后、辽圣宗派出了两位大将，分别对付宋朝的东路军曹彬与西路军潘美。这两位大将就是南京留守耶律休哥与北院枢密使耶律斜轸。面对宋朝如此浩大的阵势，萧太后决定带着年仅十六岁的辽圣宗奔赴前线，让小皇帝来一次御驾亲征。辽圣宗在出征前，也不忘搞一个仪式，向祖宗陵庙、山川众神进行祭祀，告诉神灵，他要亲自出征。仪式结束后，萧太后便与辽圣宗率军南下，同时催促各部兵马增援幽州（今北京市）。萧太后还担心宋朝会从海上出兵，于是派出一支人马守卫平州（今河北省卢龙县）。

　　萧太后、辽圣宗先在驼罗口（今河北省涿州市东北）驻军。驼罗口已经逼近宋朝东路军曹彬所在的涿州，由此可见，萧太后已把曹彬作为宋朝此次北伐的主力军，显然她没有识破宋太宗赵光义的计策。赵光义当初就是要曹彬这位名将先在河北境内发起攻势，把辽军主力吸引过来，让潘美、田重进先收复山后各州，然后再杀入河北境内，从西北面与曹彬的东路军合攻幽州。曹彬与众将从京城出发时，曾到宫中向赵光义辞行，赵光义对曹彬也作了交代。赵光义让曹彬等将率领十几万大军，扬言说要攻打幽州，但要持重缓行，不要贪图小利，更不要截击敌人。赵光义认为，辽军听说宋朝大军到达，必定将主力集中在幽州，一旦如此，就没有精力顾及在山后作战的潘美与田重进。

　　宋朝三路大军第一阶段的作战，确实是按赵光义的意图在进行。潘美的西路军已经攻下山后四州，田重进的中路军也占领山后一州，这两路已经占领山后许多要害之地。曹彬这一路也攻下涿州，士气大振。

　　辽国大将耶律休哥不久便来到涿州阻截曹彬，然而曹彬的兵马数量巨大，名将众多，耶律休哥不敢正面交锋，只得用计策来对付曹彬。夜晚，耶律休哥派出轻骑兵去袭击宋军中的单兵弱卒，以威胁、骚扰宋军。白天，耶律休哥就用精锐兵马来张大声势，实际上派出一些人马埋伏在山林草莽之中，截断宋军的粮道。

　　曹彬在涿州时日一久，粮草果然不足。曹彬这时做出一个让人意想不到的决定，他下令从涿州南撤，到宋朝境内的雄州（今河北省雄县）去，以图先解决粮草问题。曹彬没有等到赵光义的批准，便带着大军南撤。赵光义得到这一消息，大为惊骇。赵光义说哪有敌人在前面，反而退兵来解决粮草的？这是何等的失策啊！赵光义立即派人前往制止曹彬，命令曹彬不要再南撤，让曹彬带领所部人马沿着白沟河与米信的军队会合，然后按兵不动，养精蓄锐，等潘美的西路军全部收复山后各州之后，会合田重进的中路军，一起奔赴幽州。赵光义交代，只有三路大军合兵与辽国在幽州大战，用全部兵力制服强大的敌人，这才是必胜之道。

从赵光义的部署来看，他还是想维持当初的策略，希望曹彬能够快速调整，以弥补擅自南撤带来的可能影响。赵光义此次没有亲征，他的意图在执行中发生了偏差，调整起来要花费一定的时间，毕竟前线离京城一千多里远。距离或许不是太大的问题，因为曹彬也及时作了调整。然而，曹彬这位宋朝名将在关键时刻又一次"掉了链子"。

曹彬的部将听说潘美和田重进这两路大军屡战屡胜，而他们手握重兵只不过拿下一个涿州而已。现在由于南撤，涿州也被辽军收回，可以说什么功劳都没有了。这些将领纷纷向曹彬提出，继续北上攻城略地，也建一番功业。曹彬知道皇上赵光义让他不要急，要等潘美、田重进他们先攻山后各州，最后再一同合攻幽州等山前各州。然而，曹彬未能拒绝部将们的建议，于是只带五十天军粮，再度北进，攻打刚刚失去的涿州。

这个时候，萧太后、辽圣宗已经带领大军驻屯在涿州以东五十里外。萧太后听说曹彬带领宋军攻了过来，马上派耶律休哥等将，率领轻骑兵前来迎战。宋军人马众多，占据优势，一边交战，一边向前挺进，四天后到达涿州。当时已经进入五月，天气开始炎热，士兵们感到疲惫，粮草也不能正常供应。曹彬于是放弃涿州，命令将领卢斌带领涿州城中百姓沿狼山南下，再次带领大部队向南撤退。南撤途中，曹彬的队伍杂乱，不成队形。耶律休哥则带领骑兵尾随曹彬兵马之后，寻机作战。

五月初三，曹彬带领大军到达涿州城西南的岐沟关，耶律休哥追了上来，两军开始激战。激战结果，数量上占据优势的宋军惨遭失败。曹彬收拾败军，连夜渡过拒马河，在易水南岸安营扎寨。史书记载，宋军在抢渡拒马河时，士兵、战马互相践踏而死的，不计其数。宋军另一部人马向南逃往高阳关（今河北省高阳县东），路上又被耶律休哥追上，被冲杀而死的有几万人，沙河被死尸堵塞而断流，宋军丢弃的兵器、铠甲堆积如山。耶律休哥将宋军死尸堆成"京观"，以炫耀战功。

曹彬在岐沟关不敌耶律休哥，惨遭失败，这是赵光义没有想到的。曹彬是宋朝名将，曾经担任主将消灭南唐，有着很深的资历。曹彬的东路军，无论是将领数量，还是士兵数量，都是三路中最多的。曹彬这一次之所以失败，只能说与他统兵无方有关。曹彬到了易州（今河北省易县）境内后，总算安定下来，但大军已经损失严重，没有了作战能力，不可能再按赵光义当初的设想，去与潘美、田重进两路合攻幽州了。

宫苑使王继恩当时就在前线军中，他可以说是赵光义派在军中的联络员，也是监督员。王继恩赶紧把曹彬东路大军惨败的消息报至朝廷，他骑上一匹快马，飞驰京城开封，一千多里远，用时五六天，还算是快的。赵光义听说曹彬这一路战败的消息，知道他的这次北伐已经不可能成功了，他立即下令，让各路将领分别驻屯，防守边境，命令田重进率所部兵马驻守定州，潘美返回代州，以防中路、西路再遭失败。赵光义同时命令东路军的曹彬、崔彦进、米信、杜彦圭等将入朝。

从赵光义的安排来看，除了中路、西路将领回防原地外，东路的几位重要将领都要回京来见他，显然，他要问责这些人。赵光义知道，东路军战败，与曹彬这几个人有关。赵光义曾对赵普说，他原本让曹彬等人驻屯在雄州、霸州，按兵不动，等一两个月后，平定山后各州，再和潘美、田重进等部会合，直抵幽州城下，一同攻城，收复旧日疆土，无奈将领们不遵守既定方略，各逞己见，带领十万士兵越境战斗，又回师救援后方辎重，往返行军，疲劳困顿，被敌人趁机击败，这是主将的责任。

然而，赵光义也觉得自己在这件事上有过失，他还是善于自我反省的。赵光义为此还作了一首自勉诗，赐给近臣，不过这首诗的内容，史书上没有看到，也是一件遗憾的事。北伐失败后，赵光义召见枢密使王显、副使张齐贤、王沔等人，与他们推心置腹地说了一番话，表示悔过。

赵光义不想从重处罚曹彬等人，毕竟他自己也有过错，然而朝廷内外的官员并不想就此罢休，因为曹彬他们手握重兵却打了败仗，而且损失惨重。不久曹彬他们就到了京城。赵光义让人审讯曹彬等人，审讯结果，依法全部当斩。曹彬等人甘愿受罚，全部身穿白色衣服，等待赵光义最后的裁决，他们已经做好砍头的准备。赵光义最后决定贬曹彬为右骁卫上将军，崔彦进为右武卫上将军，米信为右屯卫上将军，杜彦圭为均州团练使。

赵光义有了这一次的教训，自然不敢再向辽国发起挑衅了，但是赵光义也担心辽国会乘胜南下，入侵边境。赵光义想到了被闲置的老将，认为只有让这些老将坐镇边疆城池，辽军就不敢来犯。赵光义于是任命张永德为沧州知州，宋偓为霸州知州，刘廷让为雄州知州，赵延溥为贝州知州。

赵光义得知东路军虽然战败，部众大乱，但只有李继隆将所部兵马完整带回。李继隆的妹妹已经在两年前由妃子升为皇后。赵光义听说大舅子有功，当时就表彰李继隆，任命李继隆为定州知州。七月，赵光义又任命李继隆为马军都虞候，领武州防御使。不久，赵光义又让李继隆担任沧州都部署，李继隆终于成为一个方面军的总指挥。此次北伐，田重进部没有失败，赵光义表彰田重进，任命田重进为马步军都虞候。

辽国也在论功行赏，还派兵乘胜南进，攻打宋朝。

四、杨业之死

岐沟关之战结束后，萧太后与辽圣宗北返南京，也就是幽州（今北京市）。统和四年（北宋雍熙三年，986年）五月十九日，萧太后与辽圣宗在南京元和殿大摆宴席，犒劳将士，论功行赏。辽圣宗封南京留守耶律休哥为宋国王，将领耶律蒲领等人都有赏赐。耶律休哥向萧太后、辽圣宗提出奏请，希望乘胜南下，攻取宋朝的领土，目标是与宋朝以黄河为界。萧太后不同意耶律休哥的建议。

萧太后虽然不同意耶律休哥去夺取宋朝的领土，但并没有说不收复被宋朝刚刚攻下的几个州，特别是山后的五州，也就是蔚州、应州、寰州、朔州与云州。这几个州是由宋朝的西路军潘美以及中路军田重进攻下的。潘美与田重进已经按照宋太宗赵光义的诏令，离开这些州，开始南撤，但是这些州还有宋朝的官员与守军，辽国得把这些州夺回去。

　　在五月的幽州行赏中，辽国诸路兵马都统耶律斜轸并不在场，因为他正在山后作战，萧太后当初给他的任务就是对付潘美的西路军。就在当年五月，耶律斜轸就派人到南京奏报，他已经收复蔚州，并乘胜攻克了灵丘、飞狐两县。不多日，耶律斜轸又派人奏报，宋军将领潘美等人前来围攻蔚州，已经被他击退。六月，辽圣宗下诏，让南京留守耶律休哥派出炮手，去增援耶律斜轸。不久，耶律斜轸就派人来报，说收复了寰州，还杀死宋朝的守城官吏以及士兵一千多人。

　　赵光义得知辽国正在山后各州用兵，觉得这几个州肯定是保不住了，但又不甘心，想把这几个州的百姓迁到宋朝境内。赵光义于是在七月十五日下诏，要求把山后各州归降的百姓迁到中原的河南府、许州、汝州等地，大概有七万八千多人。山后各州新任命的官员难以完成这个任务，毕竟辽国的大军正在进攻，有的州已经失守。赵光义便让潘美带领大军把这些百姓接应到宋朝境内。

　　潘美于是带领将士，接应并护送云、朔、寰、应四州的百姓向南转移。七月下旬，潘美带领将士到达朔州境内，听说辽军已经攻克了寰州（今山西省朔州市东），兵势很强。寰州离朔州很近，也就几十里之地，副将杨业担心敌人很快就会杀过来，向潘美建议暂且避开辽军的锋芒，不与辽军交战。

　　杨业不想与辽军交战，并非是想逃避，他还有对策。杨业提议大军从代州沿大石路北进，先派人悄悄告诉云州、朔州的守将，等到大军离开代州之日，再命令云州的百姓首先出城；大军接着便进驻应州（今山西省应县），辽军必定全部前来进攻，这时再命令朔州官吏、百姓出城，直接进入朔州城东南的石碣谷。杨业最后说，只要派一千多名强弩射手排列在石碣谷口，用骑兵在中路增援，如此一来，百姓就能保全。

　　杨业的策略应当是可行的，他的本意就是不与强敌正面交锋，而是先拿下应州，把敌人吸引过来，让百姓有机会南进。当百姓转移到石碣谷口时，便不用担心,因为他们可以利用有利地势,阻挡辽军并保护百姓。

主将潘美还没有讲话,军中一个重要人物就开始说话了。这个人名叫王侁(音同申),职务是监军,还兼刚刚占领又丢失的蔚州刺史。我们必须记住这个人的大名,因为后世的演义、小说中忽略了这个人。王侁是五代后周枢密使王朴的儿子。王朴还是比部郎中的时候,曾经给周世宗柴荣上呈《平边策》,提出统一天下的策略。王侁本在朝廷担任西上阁门使,后来到潘美军中担任监军。监军是很重要的官职,虽然不是大军的最高统帅,但往往又代表皇帝来监督大军的主将、副将,有时主将、副将也不敢得罪他们。赵光义没有亲临前线指挥,监军就很为重要。如果监军只是保证大军遵守皇帝的意图,这也无可厚非,因为这是监军的主要职责。然而,王侁作为监军,他想直接干预具体军事行动,而主将潘美又不敢反对,这就一定要出问题。

王侁反对杨业的提议,他认为他们带领几万名精兵不应当如此胆怯。王侁提出的方案是正面出击,只管奔赴雁门北川,击鼓行进,前往朔州东北的马邑县。顺州团练使刘文裕赞同王侁的方案。主将潘美仍然没有表态,杨业则坚持自己的想法,并且说王侁的方案不可行,最终必定失败。

王侁听了这话就不高兴了,竟然带着情绪对杨业说话。王侁说杨业号称"杨无敌",如今遇到敌军竟然躲避不战,是不是有别的什么打算?杨业是北汉降将,而北汉曾与辽国保持非常好的关系,所以杨业的身份很敏感。杨业在雁门关曾立下战功,也曾遭到边将的嫉妒。杨业对这些都很清楚,所以杨业听了王侁的话,十分不好受,他先是为自己的方案作进一步的辩论,说他不是躲避死亡,而是时机不利,不能让士兵白白送死。杨业接着便说,你王侁既然说我怕死,那我就为大家先去战死。杨业于是同意王侁的方案,准备带领所部兵马,从大石路奔赴朔州。

潘美没有反对王侁的方案,也没有阻止杨业出战。杨业临行前,看着与自己一同坚守边疆将近七年的主将潘美,不禁流下眼泪。杨业对潘美说:"此行必然失利。我是太原(北汉)降将,本就不该活着,只是皇上仁慈,没有杀我,还委任我为一方将帅,授予兵权。我不是放纵敌人不攻打,而是想等待有利时机,也打算建立战功来报答国家的恩典。如今诸位责备我躲避敌人,贪生怕死,我应当首先去死。"

虽然杨业想以战死来表明他对宋朝的忠心,但他仍想取胜,他想了一个把敌人引诱到埋伏圈然后歼灭的方案。杨业指着地图上的陈家谷口(今山西省宁武县阳方口镇境内),对众人说:"诸位在这里布置步兵强弩,分成左右两翼来援助我,等我转战到此,诸位立即用步兵两面夹击救援,不然的话,就一个不剩了。"

潘美和王侁接受了杨业的这个作战方案,并立即带领所部人马,前往陈家谷口布阵。与杨业一同前往作战的,除了杨业的儿子,还有岳州刺史贺怀浦和淄州刺史王贵。贺怀浦是皇亲国戚,他的妹妹是宋太祖赵匡胤的发妻,生子赵德昭。虽然贺怀浦的妹妹在赵匡胤称帝前就去世了,但在赵匡胤称帝后,仍然追封她为孝惠皇后。贺怀浦与其子贺令图与宋太宗赵光义的关系也很不错。

辽军都统耶律斜轸得知杨业带领人马向朔州攻来,立即派副部署萧挞凛在道路两旁设下伏兵。杨业到达后,耶律斜轸先带领人马摆好阵势迎战杨业。杨业挥动旗帜,向前进攻,耶律斜轸佯装败走。杨业追击,突然萧挞凛的伏兵杀将出来,耶律斜轸又掉转马头前来交战。杨业不敌耶律斜轸与萧挞凛,且战且走。

潘美与王侁当时守在陈家谷口,从寅时一直到巳时,一共三个时辰。王侁没有看到杨业到来,也没有看到杨业派人前来。王侁当时还派人登上托逻台眺望,看看杨业是不是带着人马撤退而来。杨业一直没有来,王侁认为一定是杨业击败了辽军,不会再来陈家谷口了。王侁此时想到的是战功都被杨业抢走了,于是传令所部人马,离开陈家谷口。

潘美让王侁不要离开,要等杨业到来。王侁没有听潘美的,潘美也没有办法。潘美看到王侁走了,自己也沿着灰河(今恢河)向西南行进。潘美之所以要走,是因为王侁走了,他留在这里,已经失去夹击辽军的作用,况且杨业真的可能不会来了。就在潘美走了二十里远后，得到消息说杨业战败了。潘美没有继续赶回陈家谷口，而是带着所部人马继续撤退，潘美认为他救不了杨业，他要留着部队，执行皇上赵光义交给他的转移百姓的任务。

杨业与耶律斜轸奋力作战，又从中午战到黄昏，最后退到了陈家谷口。杨业一眼望去，陈家谷口一个人影都没有。杨业知道潘美、王侁他们走了，或是根本没有来，于是捶胸痛哭，只得带领士兵们与辽军拼死力战。杨业杀死几十名辽兵，身上负了几十处伤，自己的士兵几乎伤亡殆尽。杨业无力再战，骑着马准备躲到密林之中，然而战马也受了重伤，不能前进。辽军将领耶律奚低发现了杨业，拉弓射箭，杨业落马被擒。

这一战，杨业的儿子杨延玉和岳州刺史贺怀浦、淄州刺史王贵一同战死。王贵时年七十三岁，亲手射死数十人，箭射光了，又赤手空拳杀了几人。杨业被俘后，认为皇上赵光义对他有恩，他已经战败，没有脸面再活着，于是三天不吃饭，绝食而死。

虽然杨业被俘，部众几乎全军覆没，但应当还是有人逃了回去，要不然事情的真相就没有人知道了。杨业的儿子杨延玉战死了，另一个儿子杨延昭应当逃了回去。杨延昭也称杨六郎，当年二十九岁。杨延昭并非排行第六，他是杨业的长子。杨业常说杨延昭像他，每次出征都带着杨延昭。

赵光义得知杨业战死，也弄清了事情的原委，他在痛惜之余，也对潘美、王侁等人进行了惩罚。主将潘美降官三级，贬为检校太保。监军王侁除名，发配金州（今陕西省安康市）。顺州团练使刘文裕除名，发配登州（今山东省蓬莱市）。赵光义还追赠杨业为太尉、大同节度使。

后世的评书、演义以潘美为原型，塑造出潘仁美这个大奸臣。潘美在杨业之死一事上，确实有过，但不能说他想加害杨业，他总不会连贺怀浦也一起加害吧？王侁是杨业之死的主要责任人，因为他是监军，从某种意义上说，权力不低于潘美，所以有史家认为，杨业之死的源头在赵光义，是他不信任武将，在军中大量安插监军，并且授予监军很大的权力，干扰正常军事行动。王侁虽然在赵光义那里得到了应有的惩罚，但没有得到文学作品的声讨，以致民间百姓把这个人给遗忘了，这是评书、演义作者的失误。

耶律斜轸砍下杨业的首级，向萧太后报功。八月，萧太后、辽圣宗对耶律斜轸等人论功行赏，给耶律斜轸加官太保。萧太后当初强调，一定要活捉杨业，而杨业是被耶律奚低射伤才被俘的，所以萧太后认为耶律奚低没有执行她的命令，人人都有功，就耶律奚低没有。为了稳定山后各州百姓，辽圣宗采纳宰相室昉、政事令韩德让的建议，免除山后各州百姓一年的租赋。

两个月后，萧太后、辽圣宗又在河北境内向宋朝发起进攻。

五、君子馆之战

随着陈家谷口一战，杨业牺牲，宋太宗赵光义的雍熙北伐就结束了，前后长达半年之久。辽国大军不仅在东线取得了胜利，夺回了被曹彬大军收复的涿州，也在西线取得了胜利，夺回了被潘美、田重进大军收复的山后五州。

两个月后，统和四年（986年）九月，萧太后与辽圣宗做出大举南攻宋朝的决定。萧太后与辽圣宗的这一做法，与当年辽景宗在第一次幽州之战结束后的做法差不多，这就是南下对宋朝实施报复。萧太后还想从军事上进一步打击和削弱宋朝，让宋朝没有信心和能力再来收复幽云十六州。萧太后与辽圣宗为此作了充分地准备，前后有两个月之久。

十月二十日，萧太后与辽圣宗到达南京（今北京市）。十一月初八，萧太后与辽圣宗对即将南征的将校进行犒劳，为他们壮行，接着便对南征作了具体部署。萧太后与辽圣宗决定兵分东、西两路，从河北、河东两个方向，向宋朝发动进攻。河北的东路军为主攻，由萧太后与辽圣宗负责。河东的西路军为助攻，由北院大王耶律蒲奴宁与节度使蒲打里负责。

河北的东路军是主力部队，由萧太后与辽圣宗指挥，耶律休哥担任先锋都统。东路大军又分两支从南京出发，一支向西南指向满城（今河北省保定市满城区）、望都（今河北省望都县），一支向南指向瀛州（今河北省河间市）。两支人马分别由辽圣宗与萧太后率领。值得注意的是，辽国此次南下用兵，萧太后已经让小皇帝辽圣宗独自带领一支兵马了，明显有锻炼辽圣宗的意思。

十一月十二日，萧太后与辽圣宗从南京出发，到达狭底埚（今北京城西南）辽军营地。二人对临战前的准备又做了一些交代，萧太后还亲自检查了辎重与兵器铠甲。二十七日，二人又命令驸马都尉萧继远、林牙谋鲁姑等人，加强沿边警戒，军中无故不得驰马，还要严防间谍，以防走漏大军即将行动的消息。

战斗就要开始了，宋朝北部的防御部署如何呢？

宋朝在北伐失败后，已经无力再对辽国发动进攻，所以赵光义在沿边只是作了防御部署。在河北，由定州都部署田重进镇守定州，瀛州都部署刘廷让镇守瀛州，高阳关部署杨重进镇守高阳关（今河北省高阳县东），沧州都部署李继隆镇守沧州（今河北省沧州市东南）。在河东，由给事中、代州知州张齐贤与都部署、并州知州潘美共同负责边防。

从这个部署来看，河北方面是防御的重点，兵多将多，但定州的田重进、瀛州的刘廷让以及沧州的李继隆全是都部署，互不统属，没有统一的指挥。赵光义如此部署，不是他有什么失误，而是他不想任命主帅，因为他自己想遥控指挥，当这个最高统帅。

赵光义的军事指挥能力，与他的哥哥赵匡胤相比要差远了，但他偏偏热衷于亲自指挥。赵光义的这个特别做法还有一个名称，那便是"将从中御"，也就是把军事指挥大权集中在皇帝的手中。如果赵光义本人亲临前线指挥，倒也可以理解。然而在通信并不发达的古代，皇帝在深宫中指挥前线将帅，必定是要出问题的。《孙子兵法》中有一句有名的话，"将在外，君命有所不受"，这便是表明在通信不发达的时代，要授予一线将帅指挥大权。不是所有将领都像李继隆那样，是皇帝的大舅哥或是小舅子，敢于不听皇帝的指挥。

战斗首先在宋朝的第一道防线保州（今河北省保定市）一带打响了。十一月二十九日，辽圣宗带领兵马过了沙河，抓获两名宋军探子，辽圣宗赏赐他们衣物，让他们返回保州招降。招降未果，辽将卢补古、都监耶律盼在保州与宋军发生交战。由于卢补古等人临阵脱逃，辽军战败。为稳定部队，辽圣宗立即将卢补古等人的罪责诏告全军，削去卢补古的官爵，都监以下将吏处以杖刑，全军于是肃然如初。

辽军大举来攻，宋朝在定州、瀛州、沧州的各位都部署将会如何应对呢？按照赵光义的防御部署，从定州到瀛州，再到沧州，从西到东正好是一条严密的防线。从地理位置上看，这条线相对保州来说，是第二道防线。如果几位都部署能够很好地协同作战，辽军就很难突破这条防线。然而，几位都部署在赵光义的指挥下，做出主动出击的方案，定州的田重进率先出发，然后再由瀛州的刘廷让会同其他各将一同北上，寻求辽军主力作战。赵光义远在千里之外，知己并不知彼，他的方案一定是要出问题的。

田重进率部从定州北上三百多里，一路无阻，一直挺进到辽国的涿州（今河北省涿州市）境内。十二月初五，田重进到达涿州城西南的岐沟关，与辽国守军发生战斗，杀死一千多人，攻下了岐沟关。田重进未遇辽军主力，他开始南返，但未能与瀛州的刘廷让协同作战。

刘廷让带领几万名主力骑兵，同驻守在益津关（今河北省霸州市）的将领李敬源会合，扬言北上攻打幽州，也就是辽国的南京，以图与辽军主力作战。刘廷让还派人联络驻守沧州的李继隆，把一部分精兵交给李继隆，请李继隆带领所部兵马为他殿后。

辽军先锋耶律休哥得知宋朝各军已经行动，他于十二月初到达望都，先攻打刘廷让大军的先锋贺令图。贺令图的官职是雄州知州，曾经与其父贺怀浦鼓动赵光义趁辽国孤儿寡母当政而北伐。史书上说，贺令图贪图立功，好生是非，轻率浮躁，没有谋略。耶律休哥得知贺令图的底细后，便

第七章 太后临朝

派人对贺令图说,他已经在辽国获罪,一直想投奔宋朝。贺令图果然没有头脑,竟然相信萧太后十分器重的大于越耶律休哥的鬼话。贺令图得意地认为,只要耶律休哥前来投降,他就取得了大功。贺令图一高兴,便派人悄悄给耶律休哥送去十匹上等好锦。耶律休哥让人带话给贺令图,说他希望面见贺令图。贺令图已经上当,还要继续上当,立即带领手下几十名骑兵前往迎接耶律休哥。当贺令图到达耶律休哥大帐外时,耶律休哥坐在胡床上大声骂道,你一向喜好经营边境军事,到今天才来送死啊!耶律休哥说完,命令左右将士将贺令图的随从杀死,并把贺令图反绑。

耶律休哥接着率部向东,直奔瀛州而来,目的是阻止刘廷让北进。这时,萧太后带领大军正好到来,与耶律休哥的先锋兵马合力攻打刘廷让的大军。不久,宋辽两军便在一个叫君子馆(今河北省河间市西北)的地方开始交战了。

宋军不仅有刘廷让的数万人马,还有李敬源与杨重进前来会合的兵马,数量也不少。然而,当时已经进入十二月,正是冬天,北风凛冽,天气异常寒冷,刘廷让、李敬源、杨重进各军准备得并不充分,棉衣单薄,难以抵挡奇寒,士兵们冻得手足麻木,弓弩都没法拉开。辽军习惯于冬季作战,准备充足,未受天气影响。不多时,辽军便将刘廷让大军围了好几重。

两军激烈地交战了几个时辰,御前忠佐神勇指挥使桑赞发现难以取胜,竟然带领所部人马逃走。在此危急时刻,已经从沧州赶来的李继隆竟然也放弃增援,带领所部人马撤退到南边的乐寿县(今河北省献县)。刘廷让继续指挥将士们作战,但不能改变惨败的结局,结果是全军覆没,数万人战死,就连李敬源、杨重进二将也力战而死。刘廷让最后跨上部属的战马,只带领几名骑兵逃了出来。

辽军在君子馆取得大胜后,继续向南推进,攻城略地。十二月下旬,辽军攻克了邢州(今河北省邢台市)、深州(今河北省深州市南)等地。统和五年(公元987年)正月,辽军又攻破了束城(今河北省河间市东北)、文安(今河北省文安县)等地。辽军放纵士兵抢掠一番,于正月初五开始北撤。

当初贺令图和父亲贺怀浦提出北伐，现在父子二人全都战败，有人以此作为反对北伐的口实，从此以后，就没有人再敢提出攻打幽州的事。其实，宋朝经过君子馆一战，兵马损失惨重，从此也没有实力再组织北伐。败军主将刘廷让前往京城请罪，赵光义得知是李继隆的过错，便没有责罚刘廷让。赵光义也不想处罚大舅哥李继隆，但也不能袒护李继隆，于是让中书省的宰相们调查李继隆的罪责，略加处罚后，再予以赦免。

李继隆是参与抗辽次数最多的大将，而且几乎没有败绩，然而君子馆一战，似乎有辱他的声名。一些研究者认为，李继隆当时也是经过认真分析之后，才做出退保乐寿的决定，要不然结果也是损兵折将。李继隆确实不是一位贪生怕死之辈，他之所以撤退，主要还是为了保存实力。两年后在唐河之战时，李继隆也提起这次撤退之事，说他是为了活着而日后报效国家。

辽国东路大军在君子馆取得大胜，西路军作战情况又如何呢？

六、代州之战

统和四年（986年）十二月，辽国西路军在北院大王耶律蒲奴宁的率领下，进攻宋朝的代州（今山西省代县）。原本镇守在代州的是让辽军闻风丧胆的"杨无敌"，那么在无敌老英雄杨业战死后，又是谁守在代州呢？

就在当年七月，杨业尚未战死在陈家谷口时，宋太宗赵光义从朝中派出一位官员，来到代州当知州。这位官员名叫张齐贤，在朝廷中的官职是金署枢密院事。按张齐贤的官职，在枢密院也就是一名助手，然而他奏呈事务，常常与皇帝赵光义的看法不一致。张齐贤没有因此有所改变，但也担心在朝廷中难以长期待下去，便想换个环境。正好赵光义有一次问大臣们抵御辽国的计策，张齐贤干脆请求让自己去北部守边。赵光义没有犹豫，马上任命张齐贤为给事中、代州知州，让他前往河东北部，和都部署潘美

第七章 太后临朝

共同统领沿边兵马。

值得注意的是,原本和潘美一同负责河东北部边境防守的老将军杨业,虽然镇守在代州北部的雁门关,但他的官职是云州观察使。观察使比知州的级别高,但云州(今山西省大同市)当时是辽国的辖区,离代州两百多里远。赵光义给杨业的这个官职,明显是虚职,同时也有激励杨业夺取云州的意图。

张齐贤是进士出身,并不是带兵打仗的将领出身,但却是在负责军事谋划的枢密院供职,也算是军事领域的官员。张齐贤到了代州,便与杨业一样,隶属于都部署潘美的序列。潘美与杨业当时正带领大军护送四州百姓向宋朝境内转移,当月就发生陈家谷口之战,老将军杨业战死。潘美虽然降了三级,但仍然负责河东北部的边防。

当辽国的西路大军攻来之时,陈家谷口之战已经过去了四个月,张齐贤也早已到了代州,当起了知州。代州城中还有一位将领,那就是比潘美低一级的副都部署卢汉赟。城中也有一支兵马,那便是神卫军,也是朝廷禁军的一支。张齐贤与卢汉赟商议,立即派神卫都指挥马正带领所部人马,到代州城南迎战敌人。辽军太多,来势太猛,张齐贤担心不敌,于是再派人前往并州(今山西省太原市)联络都部署潘美,请潘美带领兵马北上,一同来战辽军。

张齐贤部署完毕,一边关注马正与辽军作战的事,一边等待潘美的消息。当辽军前锋到达代州城下时,马正所部因兵员少,难以抵挡。张齐贤请副都部署卢汉赟也带领一部人马出城作战,卢汉赟胆小,而且能带的兵也没有多少,便不肯出城作战。情况十分危急之际,张齐贤挺身而出,亲自从代州的厢军中,挑选两千名士兵,出城投入战斗。这支厢军虽是代州本地兵马,但作战勇敢,斗志旺盛,竟然与马正一起,把辽军前锋给打退了。

辽军前锋虽然被击退,但大军很快就又赶来,张齐贤知道必将还有一战。然而,张齐贤派往并州的信使在返回途中被辽军截获,张齐贤联络潘美作战的消息已经泄露。潘美当时已经率军离开并州,正北上代州,途中接到赵光义的飞驰密诏，说宋军在君子馆遭到失败，命令潘美不要离开并州。潘美奉诏折回，并派人去告知张齐贤。潘美的信使顺利到达代州，张齐贤也就知道了事情的变化。

张齐贤冷静地分析了形势，认为辽军一定知道潘美要来增援，而不知潘美已经南返。张齐贤决定将计就计，封锁潘美已经回师并州的消息，同时做出应对措施：派出两百名士兵，每人带着一面旗帜，背着一捆柴草，乘着夜色，来到代州城西南三十里处，充当疑兵；再在代州城西南一个叫土磴寨的方，布置两千名伏兵，然后对他们如此这般地交代一番。

大量辽军在夜晚时分向代州城杀来，忽然发现前方点燃柴草，火光冲天，布满旗帜，好似有很多宋军到来。辽军以为是潘美带领大军前来援救代州，便不敢迎战，慌忙撤退。辽军不多时便退到了土磴寨，顿时伏兵四起，只得匆忙应战，结果惨遭失败。这一战，宋军活捉辽国北院大王耶律蒲奴宁的一个儿子，同时杀死数百名辽兵，俘虏五百多人，缴获一千多匹战马以及众多兵器。

张齐贤不要战功，把这场战斗的功劳全部归于副都部署卢汉赟。卢汉赟便将捷报送呈朝廷，赵光义下诏褒奖。后来赵光义得知卢汉赟不曾与辽军交战，就将他降为右监门卫大将军。

代州之战，是一次规模不大的战斗，但能够看出张齐贤出色的指挥才能。然而代州之战只是局部性的，辽国西路军本就是为东路军作战助攻而已，虽然战败，损失也不算大。由于君子馆之战的失败，宋军代州之战胜利的意义和影响是相当有限的。

赵光义对北伐的失败，以及辽国南下的报复还是耿耿于怀的，即使过去了三个月，他仍想大量征集兵马，进攻辽国。赵光义打算派出使者，到河南、河北各州，招募壮士组成义军与辽军作战。京东转运使李维清认为，如果再征兵打仗，天下就无人耕作了，三次上呈奏疏劝谏，宰相李昉等人以及赵光义的儿子、开封府尹陈王赵元僖也上奏劝谏，赵光义终于改变了主意。其实赵光义此举并非真的要与辽军交战，他只是做做样子，表明一个姿态。现在这么多人又这么坚决地劝阻，他就顺水推舟，下诏征询安定边疆的策略。殿中侍御史赵孚上奏，建议对内加强战备，对外通好结盟。赵光义十分称赞，采纳了赵孚的建议。从此，宋朝对辽国基本采取守势，再也没有主动发动过攻势。

宋朝已经不想收复幽云十六州了，而辽国休整两年又派兵南下了。

七、辽圣宗夺取涿州、易州

宋朝不想主动与辽国作战，但辽国还想南下与宋朝作战。然而，辽国为了应对宋朝的北伐，以及南下报复宋朝，已经耗费了不少人力物力，也需要休整。直到统和六年（988年），萧太后、辽圣宗才决定再次南下用兵，这一年离君子馆之战结束，已经过去将近两年。

这一年九月，又是一个秋天，已经十八岁的辽圣宗到达辽国的南京（今北京市），也就是宋朝所说的幽州。辽圣宗先在太宗庙祭祀，数日后，再祭祀旌旗战鼓，为南征壮行。史书上没有明确记载，辽圣宗此次南下作战，萧太后有没有一同前来。此次跟随辽圣宗南下作战的，除了两位大将耶律休哥、耶律斜轸之外，还有萧太后身边的大红人韩德让。大概萧太后想继续锻炼辽圣宗，让辽圣宗独自领兵出征。不过，有这些人辅佐辽圣宗，萧太后大概也就放心了。

九月二十六日，辽圣宗带领兵马到达涿州（今河北省涿州市）。涿州属于幽云十六州，本在辽国的占领之下，大概是两年前君子馆之战前夕，被宋将田重进收回。田重进已经入朝去见赵光义，后来被调往别处，而涿州城中仍留有宋朝守军。辽圣宗不想强攻，派人向城中发射帛书，劝说城中守军投降。

一连数天过去了，涿州城中的宋军无人投降，辽圣宗决定攻城。十月初一，攻城开始，四面同时进攻，很快就攻破了涿州城，城中守军这才投降。这一战虽然时间不长，但辽国驸马萧勤德、南院都监萧挞凛二人都被流箭射中。萧勤德伤得重，辽圣宗派人用他坐的车子把萧勤德送回国内养伤。

这时，辽圣宗得到奏报，说南面的宋军不敢前来迎战，开始后退，辽圣宗立即派耶律斜轸前往追击。耶律斜轸追上宋军，发生交战，取得大胜。十月初四，辽圣宗大军又攻破沙堆驿。十月十六日，辽圣宗把投降而来的宋军编成七个指挥，号称归圣军。

十月二十九日，辽圣宗带领大军到达燕长城口（今河北省保定市徐水区西北），宋朝定州守将李兴带领人马前来交战，被耶律休哥所部打败。十一月初一，辽圣宗下令各军准备攻城器具，数日后发起进攻。初七，辽圣宗亲自带领大军攻打燕长城口，仍然是四面一齐推进。宋军将士不敌，纷纷突围，向南逃跑。耶律斜轸想招抚宋军，然而宋军士兵不愿投降。辽圣宗于是和韩德让率领兵马拦截，宋军几乎全部覆没。

辽军一路攻拔城池，到达唐河北岸。唐河南边就是定州（今河北省定州市），而在定州，就驻有宋朝的一支重兵。这支兵马的主帅是李继隆，已经升任侍卫马军都指挥使，并于一个月前被宋太宗赵光义任命为定州都部署。当然，远在京城开封的赵光义对这支大军仍然在遥控指挥，他已经让人送来了诏书。

面对节节胜利的辽军，宋朝的将领们打算按照赵光义诏书的要求，坚壁清野，不同辽军交战。定州监军袁继忠认为敌人就在附近，而城中驻屯重兵却不能将敌人消灭，任由敌人长驱直入，将士们还有什么抵御外侮的作用呢？袁继忠慷慨激昂地说他将身先士卒，准备战死沙场。众将领都被他感动，准备出城与辽军决一死战。中黄门林延寿等五人仍然手持诏书阻止他们出战。

关键时间，都部署李继隆的意见至为重要。李继隆说，国门之外的军事，将帅有权自己做主。李继隆还说此前在瀛州（今河北省河间市）没有马上战死，就是打算日后报效国家。李继隆于是与袁继忠带领兵马出城作战。李继隆是赵光义的大舅哥，看来只有他敢于不听赵光义的诏令。不过这一次，李继隆做对了。

第七章 太后临朝

主将李继隆同意出战,那么他的士兵如何呢?这里一定要介绍一下李继隆手中的一支骑兵。这支骑兵称"静塞骑兵",是李继隆从易州收编而来。这支骑兵虽然只有几千人,但个个骁勇善战,而且战马也最为优良,还一人配备多马,士兵的待遇也非常优厚。作为皇帝赵光义的大舅哥,李继隆奉命组建的这支铁骑,是宋朝当时最有战斗力的骑兵。李继隆就带着他的"静塞骑兵"向北进发,与辽军在唐河交战。交战结果,李继隆取得大胜。辽军向北撤退,李继隆率部追击,一直追到漕河(今河北省保定市徐水区南)才作罢。

赵光义听说李继隆击败辽军,非常高兴,派人带着盖有玺印的诏书前来,对李继隆进行褒奖,赏赐十分丰厚的钱物。李继隆打了胜仗,赵光义一高兴,也就不怪他不执行诏令了。

辽圣宗此次率兵南下,前后作战两个月,虽然在唐河不敌李继隆大军,但还是收复了属于幽云十六州的涿州。辽圣宗已经传令北返,暂且结束此次南征,但他并没有撤得太远,因为他把目光瞄准了另一个州。

辽圣宗只让大军休整了一个多月,便再一次做出南下攻打宋朝的决定。统和七年(989年)正月十一日,辽圣宗命令各军赶赴易州(今河北省易县)。辽圣宗此次仍是亲自率领兵马出战,目标就是夺回易州。易州并不在幽云十六州之内,但在五代时,曾被辽国夺走,后被周世宗柴荣收回。宋朝继承了后周的江山,易州便属于宋朝。

正月二十一日,辽圣宗下令进攻易州城。宋朝在易州的守兵不多,不远处的遂城(今河北省保定市徐水区遂城镇)驻军得到消息,立即前来增援。辽圣宗派铁林军前往打援。铁林军是辽国一支作战能力很强的骑兵,就如同宋朝有静塞军一样。铁林军果然名不虚传,一出场,便将遂城来的宋军击退,还擒获五名指挥使。

正月二十二日,辽圣宗集中兵力,攻打易州城。辽将夏仙寿首先登城,易州城很快就被攻破,宋朝易州刺史刘墀(音同迟)向辽军投降。尽管刺史刘墀投降,但城中的士兵却不想投降,纷纷向南逃跑。辽圣宗亲自带领一支人马前往拦截，宋军没有一个人得以幸免。

占领易州后，辽圣宗任命马质为刺史，赵质为兵马都监，并将易州的百姓迁到幽州。由于夏仙寿的战功，辽圣宗任命他担任高州刺史。正月二十三日，辽圣宗登上易州城中的五花楼，安抚士人、百姓。

得到易州后，辽圣宗便班师北返了。二月，辽圣宗在南京大摆宴席，犒劳将士。这一次，辽圣宗还晋封南院枢密使韩德让为楚国王。

半年后，辽国大将耶律休哥得着机会又对宋朝边防军发起进攻。

八、耶律休哥兵败徐河

辽国大将耶律休哥在辽国得到的礼遇是相当高的。于越这一官职虽是荣誉性的，但已经是辽国最高礼遇。辽国还有一个礼遇，那便是再生礼。按辽国的规定，只有皇帝和太后才能举行再生礼，而在统和七年（989年）三月，辽国为耶律休哥举行了再生礼，可以说耶律休哥已经位极人臣。

耶律休哥还是宋国王，从这个封号就可以看出这个王爵有多高。要知道，当时的天下，与辽国南北对峙的国家，只有南方的宋朝了。在辽国人的称谓中，宋朝就是宋国。宋国王是什么样的含义，可想而知了。

耶律休哥作为负责镇守辽国南部边疆的大将，确实为辽国多次立下战功。当时，在宋朝北部边境的百姓中，一听说"于越来了"就很为害怕。有的百姓甚至用这句话来制止小孩的啼哭。

统和七年七月，耶律休哥得到一个消息，让他萌发了再一次向宋朝北部边境发起进攻的想法，他想为辽国再立一次大功。让人没有想到的是，久经沙场屡立战功的名将耶律休哥这一次栽了跟头。

在宋、辽边境有一个小城叫遂城（今河北省保定市徐水区遂城镇），再往北就是被辽国占领的易州（今河北省易县）与涿州（今河北省涿州市）了。宋朝当时把遂城设置成一个军，叫威虏军。当然，确实有一支兵马驻屯在这里，数量不满一万，可以说是宋朝最北部的一支兵马了。

不久，威虏军粮草不足，守将把情况奏报给京城。宋太宗赵光义照例远程指挥，他命令他的大舅哥、定州都部署李继隆调发镇州（今河北省正定县）、定州（今河北省定州市）的兵马，护送几千车军粮前往威虏军。

耶律休哥得到这个消息，马上带领几万名精锐骑兵前来拦截。耶律休哥不仅要打击这支护送粮草的宋军，还要夺取宋军的几千车粮草。在耶律休哥大军南进途中，他的探马探得前方有一支人马，是宋朝北面缘边都巡检尹继伦的兵马。尹继伦只有一千多名士兵，有步兵，有骑兵。耶律休哥想直接偷袭宋朝的护粮军，不想与尹继伦纠缠，尽管尹继伦的人马不多。耶律休哥于是传令绕道而走。

尹继伦也得知耶律休哥带着大队人马避开他们直接南下了。尹继伦对部下说："耶律休哥根本没有把我们放在眼里，甚至把我们当着砧板上的鱼肉，如果他们南下作战取得胜利而还，就会乘胜攻打我们。如果他们南下不能取胜，北返时也一定拿我们出气，我们人少，根本不堪他们一击。我们应当卷起铠甲、衔枚不语，跟在耶律休哥大军的后面，寻找机会偷袭他们。耶律休哥专心向南行军，一定不会防范我们，所以我们偷袭一定能够成功。就是失败，也不失为忠义之举，总比默默无闻地被他们杀死强。"

士兵们听了尹继伦的话，群情激昂，纷纷表示要与耶律休哥作战。尹继伦于是下令将战马喂饱，等到夜晚，让士兵们手持短兵器，悄悄跟在耶律休哥大军的后面。南行几十里，过了徐河，再往前就是唐河了。尹继伦估算着，北上护送粮草的大军也快要到了。此时天还没有亮，尹继伦决定就在此地，排兵布阵与耶律休哥激战。

天要亮时，耶律休哥的大军正在吃早饭，根本没有想到尹继伦会赶来偷袭，所以没有任何防备。尹继伦抓住时机，带领兵马突然攻向耶律休哥的士兵。由于是出其不意，辽军一员将领被杀，士兵一片慌乱。耶律休哥还没有吃完早饭，十分惊恐，立即扔掉餐具逃跑，但还是被宋军短兵器击中手臂，伤得很重。耶律休哥已经顾不上大军了，骑上一匹快马，向北逃去。辽军看到宋朝大军，不知有多少人，纷纷溃散，自相踩踏而死的不计其数。

这时，李继隆和镇州副都部署范廷召也带着人马赶了过来，得知辽军北逃，立即率部追击。辽军向北过了徐河，李继隆也过了徐河，追了十几里，俘虏很多士兵才作罢。定州副都部署孔守正率部又同辽军在漕河附近交战，杀死辽军将领大盈，还有数百名士兵。

徐河这一战，让辽国士兵见识了尹继伦的厉害。尹继伦脸黑，辽国士兵纷纷说，行军打仗时，千万要避开那个黑面大王。赵光义听说尹继伦击败耶律休哥，决定给予褒奖。七月二十九日，赵光义下诏，任命尹继伦为洛苑使、领长州刺史，原有官职北面缘边都巡检一职照旧。

萧太后、辽圣宗在收复涿州、易州之后，已经不打算再与宋朝交战，想让百姓休养生息，毕竟从赵光义发动的"雍熙北伐"以来，宋、辽两国多次交战，已有三年。耶律休哥本想趁机再与宋军干上一仗，捞点好处，没想到经此惨败，还受了重伤，他也不想再与宋军交战了。

此后数年，辽国没有大举派兵到河北或河东境内攻略，宋朝也没有向辽国用兵，两国边境还算安定。这个时候，宋朝忙于镇压西南地区的王小波、李顺起义，以及讨伐西北地区党项族人李继迁，而辽国也先后在东部、西部地区用兵。

九、东征西讨

辽太祖耶律阿保机当年攻打渤海国，就是为南下中原作战解除后顾之忧。然而在消灭了渤海国之后，辽国便与另一个国家为邻，这个国家是高丽。高丽一直向中原国家称臣，这让一直与宋朝处于战争状态的辽国感到不安。萧太后决定征伐高丽，让高丽臣服辽国。

统和十年（992年），辽国与宋朝的战争息战已经三年。宋朝正在西北地区讨伐叛乱的党项族人李继迁，而辽国休整了几年，准备向东方的高丽国用兵。

这一年十二月，萧太后派东京留守萧恒德与大将萧挞凛率领大军攻打高丽。萧恒德的前锋兵马,在东京统军兵马都监耶律元宁的带领下,很快取得一场胜利。奉高丽成宗王治之命,前来迎战的内史侍郎徐熙,看出萧恒德只是虚张声势,并非要消灭高丽,于是向成宗王治建议与萧恒德谈判。王治接受这个建议,派司宪监察李蒙戬负责和谈。

谈判进展并不顺利,萧恒德再发动一次进攻,结果被高丽兵马击败,南进受阻。双方于是再次展开和谈,徐熙主动请求担任和谈使者,最终与辽国达成和议。和议内容主要为高丽向辽国称臣,辽国将江东六州,也就是鸭绿江以东六个州,赐给高丽。这六州是兴化镇、通州、龟州、郭州、铁州与龙州。

高丽国并不想诚心臣服辽国,在辽国撤兵后,派出使者于统和十二年(994年)六月来到宋朝都城开封,请宋朝出兵帮助高丽攻打辽国。宋太宗赵光义认为宋朝与辽国的战事刚刚平息,不宜再开战端,于是厚待使者,给高丽下诏优待,但对开战一事予以拒绝。高丽成宗王治对宋朝的做法很不满意,从此断绝与宋朝的朝贡关系,并开始强化与辽国的关系,甚至向辽国请求通婚。

辽国刚解决东部高丽的问题,西北地区的阻卜部又发生了叛乱。

前面讲过,辽太祖耶律阿保机在位期间,曾经到漠北地区征讨阻卜各部,虽然没有把阻卜各部纳入辽国的部族进行管理,而是以属国的方式进行管理,但阻卜各部基本向辽国臣服。辽景宗耶律贤在位期间,任命敦睦宫太师耶律速撒为西北路管押阻卜九部都详稳,相当于之后的西北路招讨使。耶律速撒镇守西北期间,曾经几次讨伐叛乱的阻卜部,都取得胜利。耶律速撒在任二十年,很有威望,基本维持了辽国对阻卜各部的控制。

统和九年(991年),耶律速撒去世。没过几年,阻卜再次发生叛乱,不向辽国称臣进贡。萧太后决定再派大将前往西北,一来讨伐叛乱的阻卜部,二来镇守西北地区。那么萧太后会派谁来当此大任呢?自与宋朝开战的十多年来,辽国涌现不少名将,最为有名的当然是耶律休哥、耶律斜轸以及萧挞凛。萧太后没有把耶律休哥、耶律斜轸派往西北,因为还要他们对付宋朝呢，毕竟宋朝是一个劲敌。萧太后想到了萧挞凛，然而萧挞凛与耶律休哥、耶律斜轸他们相比，还不是一位独当一面的大将，萧太后决定再给萧挞凛派一位主帅，让萧挞凛当助手。

让人非常敬佩的是，萧太后此次派出的大军统帅竟然是一位女子，此人便是萧太后的大姐萧胡辇。萧胡辇的丈夫耶律罨撒葛病逝后，被辽景宗追封为皇太叔，所以萧胡辇也称为皇太妃。统和十二年（994年）八月初一，萧太后命令皇太妃统领西北路乌古等部兵马，和永兴宫所辖军队，前往安抚、平定西部边境，萧挞凛负责军事，担任阻卜都详稳。阻卜都详稳一职，就是之后的西北路招讨使。

统和十四年（996年）七月，萧胡辇、萧挞凛将大军驻扎在胪朐河（今克鲁伦河）一带。萧胡辇把军中事务全部交给萧挞凛，萧挞凛带领大军很快平定了阻卜部的叛乱，阻卜部酋长阿鲁敦投降。萧挞凛接受阿鲁敦投降，并引诱阿鲁敦带着他的党羽一同来降。阿鲁敦及其党羽六十人不知是计，于当年十二月来到萧挞凛的军中，萧挞凛一声令下，将他们全部杀掉。

萧挞凛镇守西部，并非只知道用威，也知道用德。当时有一个学识渊博的人叫耶律昭，因受到兄长耶律留国的牵连而流放西北。萧挞凛敬重耶律昭的才学，向朝廷上奏，免除耶律昭的苦役，并向耶律昭请教治理西北的策略。耶律昭给萧挞凛写了一封信，分析了西北地区的情况，提出赈济贫穷减少赋税、训练精兵充实军队两条建议。耶律昭还提议，一定要消灭那些难以制服的部族，其他部族才会自知畏惧，不能放过大的而图谋小的，避开强的而攻打弱的。耶律昭还告诫萧挞凛，自古名将安边立功，在德而不在人多。萧挞凛认为耶律昭说得很对。

统和十五年（997年）五月，敌烈部人杀死本部详稳叛逃到西北边远地区，萧挞凛带领轻骑兵追击，俘虏部族一半人马，乘势讨伐阻卜部中没有臣服的部落。这一战，萧挞凛全部降服阻卜各部，阻卜各部从此进贡不断，与辽国如同一家。辽圣宗得到消息，非常高兴，亲自写诗对萧挞凛表示赞赏。辽圣宗还让耶律昭作赋，记述萧挞凛的功劳。

为更好地杜绝边境之患，萧挞凛还提出在漠北建立三座城池用于镇守，得到辽圣宗的赞同。四年后，萧挞凛被调离西北，重返辽宋战场，皇太妃萧胡辇仍然镇守在西北，她把萧挞凛提议的三座城池建了起来。这三座城池为镇州（今蒙古国中央省境内）、防州（今蒙古国布尔干省境内）与维州（今蒙古国布尔干省境内）。镇州是在回鹘可敦城（今蒙古国中央省和日木登吉古城）的基础上建立的，可敦城便是镇州的治所，也是后来设置的西北路招讨司所在地。

辽国东西两地隐患解决了，这时传来宋太宗赵光义去世的消息。

第八章　澶渊之盟

一、廉良河、遂城之战

统和十五年（北宋至道三年，997年）三月，宋太宗赵光义驾崩，终年五十九岁。赵光义的儿子、皇太子赵恒继承皇位，史称宋真宗。宋真宗这一年三十岁，而辽圣宗耶律隆绪才二十六岁，比宋真宗小四岁，不过他已经当了十五年的皇帝。掌管辽国大政的萧太后这一年四十五岁，正是年富力强的时候。而萧太后最为倚仗的大臣韩德让这一年五十七岁，作为政治人物，这个年龄不算大也不算小。

赵光义去世之际，辽国东部、西部的边患已经消除，辽国君臣再一次萌发了南下攻打宋朝的想法。统和十六年（宋朝咸平元年，998年）五月，萧太后、辽圣宗决定于次年南伐。为此，辽圣宗还到他们契丹族的发祥地木叶山（今内蒙古西拉木伦河与老哈河合流处）祭天。

宋朝当时不再为党项族首领李继迁所困扰，因为在宋真宗登基的九个月后，李继迁派人前来进贡，向宋朝归顺。不得不说，宋真宗还是比较幸运的。宋真宗接受李继迁的归顺，任命李继迁为定难军节度使。宋真宗给李继迁的官职，比他老子宋太宗上一次给李继迁的官职银州观察使高了一级。

宋、辽两国都没有内部战事，两国间的战事就要开始了，而且又是在冲突频繁的河北地区。回看上一次较大规模的冲突，还是发生在十年前的徐河之战。那一次是耶律休哥想偷袭李继隆的运粮军，却被只有少部人马的尹继伦偷袭。此后的十年当中，只有两场规模不大的战斗。先是韩德让的弟弟、西南招讨使韩德威，从河套地区攻入宋朝边境，宋朝府州观察使折御卿带领兵马北上阻击，在子河汊（今内蒙古鄂尔多斯市东胜区南）将韩德威大军击退。消息传到河北境内的雄州（今河北省雄县），知州何承矩将子河汊之战获胜一事张贴于市，告谕百姓。辽国边防军得知后，非常愤恨，出动数千名骑兵夜袭雄州，何承矩带领兵民将辽军击败，还杀死一名铁林大将，此为雄州之战。

就在辽国确定南伐大计那一年的十二月，于越、宋国王耶律休哥去世，辽国为他停朝五天。耶律休哥是辽国非常重要的大将，而且也主要负责镇守南部边境，就是要与宋朝开战，也不能少了耶律休哥。然而，萧太后、辽圣宗并没有因为耶律休哥的去世而放弃南伐，他们制定的计划不变。

统和十七年（999年）九月，萧太后、辽圣宗到达辽国的南京，也就是宋朝所说的幽州（今北京市）。辽圣宗派他的弟弟、梁王耶律隆庆为先锋，带领大军先行出发。辽国北院枢密使、魏王耶律斜轸此次也跟随萧太后、辽圣宗南下作战。耶律斜轸的声名、威望仅次于耶律休哥，现在耶律休哥已经去世，南下作战当然少不了耶律斜轸。然而，让萧太后、辽圣宗没有想到的是，就在九月二十四日，耶律斜轸突然在军中去世。萧太后听到消息，亲自来到耶律斜轸的灵柩前致哀。一年不到的时间内，耶律休哥、耶律斜轸两位大将先后去世，萧太后仍然没有放弃南伐的计划。萧太后最为倚仗的人是韩德让，就在耶律斜轸去世之际，萧太后便任命韩德让兼知北院枢密使事。北枢密院是辽国最有实权的部门，作为一个汉人，韩德让从此担任辽国最有权力的官职。

辽国要南伐的消息，几个月前就传到了宋朝。宋真宗在当年七月，便作了应对部署。宋真宗任命马步军都虞候傅潜为镇州、定州、高阳关行营都部署，富州刺史张昭允为都钤辖。宋真宗的这一任命，表明傅潜成为此次抵御辽军南伐的主帅。

曾在河北境内多次作战的都部署李继隆，在宋真宗继位后，便没有了兵权，只担任镇安节度使。虽然史书上说宋真宗想让这位舅舅过上悠闲的日子，但其实是宋真宗对这位舅舅不太信任，要不然不会罢了他的兵权。李继隆名义上是宋真宗的舅舅，但不是亲舅舅，因为宋真宗的生母是宋太宗赵光义的元德皇后，而李继隆的妹妹是赵光义的明德皇后。李继隆当年在河北，最大的官职也就是沧州都部署，继而担任定州都部署，而傅潜是镇州、定州、高阳关行营都部署，显然权力更大，说明宋真宗十分器重傅潜。

傅潜坐镇定州（今河北省定州市），派先锋田绍斌、石普等人防守北边的保州（今河北省保定市）。田绍斌、石普与保州知州杨嗣商量，准备主动出击。商议的结果是，田绍斌守城，石普与杨嗣出城找辽军作战。到了晚上，石普、杨嗣还没有返回，田绍斌估计他们二人打了败仗，赶紧带着兵马前去救援。石普、杨嗣果然不敌辽军，损失很多士兵，已经退渡廉良河（今河北省保定市境内）。正在危急之时，田绍斌率兵赶到，立即投入战斗，杀死辽军两千多人，缴获战马五百多匹，石普、杨嗣也得以脱险。

十月二十四日，辽军攻打保州北边的遂城（今河北省保定市徐水区遂城镇）。遂城是宋辽边境的一个小城，防备设施不全，守城的士兵很为惊慌。然而，在这个边境小城却有一位重要人物，这个人便是杨家将的第二代代表人物杨延昭。雍熙北伐失败后，杨延昭先在景州担任知州，又因长江、淮河一带受灾歉收，被朝廷任命为江、淮南都巡检使。后来，杨延昭又到了北方，担任保州缘边都巡检使，镇守在遂城。辽军来攻遂城的这一年，杨延昭四十二岁，离其父杨业战死于陈家谷口，已经过去了十三年。

面对强大的辽军来攻，坚守的又是不堪一击的小城，杨延昭自有办法。当时正是冬天，而且比往年更冷一些，杨延昭让士兵们在城内打水，往城墙外面泼洒。第二天早晨，城墙外侧结起了一层厚厚的冰，光滑无法攀爬，辽军根本没有办法攻城。当然，辽军还是试着攻了一阵，最后是无奈地离开了。

镇守在保州境内的杨嗣与杨延昭，被当时的人称为"二杨"。二杨并不是亲兄弟，也不是出自一个家族，但在后来的文学作品中，以杨嗣为原型，塑造出杨七郎的形象。杨七郎在演义中，是杨延昭的弟弟，名为杨延嗣。

杨延昭是杨业的长子，也被称为杨六郎，但并非排行第六。文学作品误以为六郎就是第六个儿子。另据史书记载，杨业有七个儿子，但没有杨延嗣这个名字。

辽军攻不下遂城，便转攻他处。萧太后、辽圣宗派兵越过遂城，继续南下，去攻打狼山寨（今河北省保定市西北）。攻破狼山寨后，辽军继续向南进入宁边军（今河北省蠡县）、祁州（今河北省安国市）、赵州（今河北省赵县）境内，大肆抄掠，一些骑兵一直攻入邢州（今河北省邢台市）、洺州（今河北省邯郸市永年区东）境内，百姓惊恐不安，纷纷往城里逃跑，镇州、定州一带的道路有一个多月都不通畅。

镇守在定州的镇州、定州、高阳关行营都部署傅潜将如何应对呢？

二、裴村之战

镇州、定州、高阳关行营都部署傅潜胆小害怕，只是闭门自守，面对沿边各地城堡的告急文书，就是不出战。有将校向傅潜请战，傅潜就用脏话骂人。朝廷得知此事，也多次派使臣从小路前往定州（今河北省定州市），督促傅潜联合各部，合击辽军，傅潜仍然不听。定州行营都部署范廷召也开始骂人，说傅潜如此胆小，还不如一个老太婆！傅潜这才拨给范廷召八千名骑兵，两千名步兵，命令范廷召前往高阳关阻击辽军，他也答应会北上增援。河北转运使裴庄多次上奏，说傅潜没有将帅才能，一定会贻误军机，然而枢密使王显包庇傅潜，扣下奏疏不回复。

那么皇帝宋真宗有什么反应呢？早在统和十七年（北宋咸平二年，公元999年）九月时，枢密都承旨王继英就请求宋真宗巡视北部边境，实际上是请宋真宗御驾亲征。宋真宗当时就采纳了他的建议，并在九月初七，先派王继英乘着驿马车前往镇州、定州、高阳关，一路视察行宫住处，同时宣慰那一带的将士。然而宋真宗一直没有动身。十月下旬，如京使柳开给宋真宗上书，请宋真宗尽快起驾。柳开特别提醒宋真宗，不能萌生迟疑不定的顾虑，不要理会犹豫不决的谋划，又说周世宗和当朝太祖、太宗亲征的事，都可效法。柳开还说宋真宗已经为宋太宗守丧三年，礼仪上没有违逆，如果再顺势而伐，谁能抵挡？柳开甚至设想，御驾一旦到了河北，辽军就会自动撤退，统一天下就在此一举。

十一月十六日，宋真宗终于下诏，定于下个月巡视河北。宋真宗如此不紧不慢，并不是他胸有成竹，而是顾虑重重，不敢前行。迫于柳开上书的压力，宋真宗才不得不做出这个决定。宋真宗为此又作了一些部署，然后才于十二月初五，从京城开封出发。

十二月十二日，宋真宗在行宫宴请随从官员，委任天平军节度使王超等人为先锋，同时给他们看阵图，让他们记住各部的分布与位置。看来，宋真宗与他父亲赵光义一样，喜爱搞一个阵图，指导各将如何作战。十二月十五日，宋真宗到达大名府（今河北省大名县），身着铠甲坐镇中军，枢密使王显、副使宋湜（音同时）分押后阵，大军绵延数十里长。

十二月二十七日，宋真宗让百官讨论边防事务，这时才听到有人反映傅潜不作为的问题。工部侍郎、集贤院学士钱若水就说傅潜率领数万雄师，闭门不出，坐视辽军俘虏百姓，建议将傅潜斩首示众，提拔像杨延昭、杨嗣这样的将领，提升他们的爵位俸禄。钱若水认为，如果给杨延昭他们兵权，不出半个月，就能肃清边境，皇上也就能够还京了。右司谏梁颢也奏请按照军法，把傅潜斩首。宋真宗没有按照钱若水等人的提议处置傅潜，他甚至找借口替傅潜说话。

宋真宗不处置傅潜，也不调整傅潜，他在等待傅潜兵马作战的消息。统和十八年（北宋咸平三年，1000年）正月初三，辽军前锋兵马攻打宋朝的瀛州（今河北省河间市），定州行营都部署范廷召与辽军遭遇，立即结成方阵迎战。辽国梁王耶律隆庆问众将谁敢抵挡宋军，御前侍卫萧柳说给他一匹好马，他愿意打头阵。耶律隆庆马上给了他一匹中等战马，萧柳跨上马，对众将领说，宋军方阵一有移动，诸位就立即进攻，说完飞驰向前。不多时，宋军方阵稍有移动，耶律隆庆立即指挥进攻，范廷召的军队混乱起来。萧柳非常勇敢，身中流箭，包扎伤口后，又上阵战斗，宋军纷纷溃逃。

当初主将傅潜答应范廷召，他会来增援，然而一直没有来。高阳关都部署康保裔倒是挑选精兵前来助战。正月初四，康保裔到达瀛州西南的裴村。范廷召与康保裔约定第二天早上一起袭击辽军。然而，让人没有想到的是，主动向傅潜请战的范廷召却在当天晚上带着人马悄悄逃走了，康保裔毫不知晓。

第二天黎明，辽军把康保裔围了好几层，部下劝康保裔改换衣服，突围而走，康保裔说遇到危难不能逃跑，今天就是为国献身的日子！康保裔于是大声呼喊，与辽军激战，前后数十回合。刀枪用尽，箭矢射完，士兵们就用弓弩打击敌人，杀伤很多，然而还是不能战胜辽军。康保裔最后与部将宋顺一起被俘。这时，高阳关钤辖张凝、高阳关副部署李重贵率兵赶来，也被辽军包围，奋力拼杀，才冲了出去。

宋真宗听说康保裔被俘，派人查问康保裔下落，最后确认康保裔已经死亡。宋真宗于是下诏，追赠康保裔为侍中，任命他的儿子康继英为六宅使、顺州刺史，其他子孙也都加官晋级，还派人去慰问康保裔的母亲。宋真宗这时必须得处罚主将傅潜了。正月初七，宋真宗把都部署傅潜、都钤辖张昭允等人一起削夺官爵，把傅潜流放到房州，张昭允流放到通州。傅潜的儿子傅从政、傅从范也撤职除名，随父流放，同时抄家。

辽军击败康保裔后，从德州、棣州南渡黄河，在黄河南边的淄州（今山东省淄博市）、齐州（今山东省济南市）抢掠一番，然后离去。宋真宗听说辽军已经撤退，派贝州、冀州行营副部署王荣带领五千名骑兵去追击。王荣胆怯，几天都不敢行动，等辽军北渡黄河才出发。王荣最后也只是巡视了一下黄河南岸，便返回了。

正月十二日，范廷召派人来到大名府，向宋真宗奏报他在莫州（今河北省任丘市）大胜辽军，夺回被辽军抢走的老人与小孩，还有无数马匹、兵器。这个战绩是真是假，或者是否夸大，都还不清楚，然而宋真宗自欺欺人，与他老子赵光义一样，高兴地写了一首《喜捷诗》，群臣也跟着庆贺一番。范廷召还因这一战功而被加封为检校太傅，其他将校也有不同的将赏。高阳关副部署李重贵说，大将（指康保裔）牺牲了，而他们却在这里领赏，这有什么脸面啊？

辽军此次南伐，总体来说，取得了胜利。辽军的特长是骑兵野战，来去如风，但不擅长攻城，所以辽军此次南伐的目的，不是占领城池，而是消灭宋军有生力量，掠夺宋朝的人口与财物。辽圣宗回到南京后，便开始对有功将士进行奖赏，同时也处罚那些不听命令的将士，然后命令各军返回原来驻地。

宋真宗不久也返回京城，他调整了枢密使王显的官职，任命王显为山南东道节度使、定州行营都部署，让王显镇守在定州。当时有谏官认为王显不擅长谋略，适合带兵，所以宋真宗对王显的职务有此调整。

辽圣宗休整了一年，第二年秋天，他又一次南征了。

三、望都之战

统和十九（1001年）九月下旬，辽圣宗耶律隆绪到达辽国的南京（今北京市）。十月初一，辽圣宗正式宣布南下伐宋。十月初四，辽圣宗驻军盐沟（今北京市房山区东北）。十月初九，辽圣宗让他的弟弟、梁王耶律隆庆为先锋，率部先行出发。

十月十六日，耶律隆庆带领辽军进入宋朝境内，在燕长城口（今河北省保定市徐水区西北）与宋朝北面前阵钤辖张斌的兵马遭遇，随即发生了交战。当时本是秋冬之际，但却是阴雨绵绵，辽军所用的弓弦是用皮筋制作的，被雨水淋湿后，变得松弛，没有弹性，箭射不出来。这一战的结果可想而知，张斌带领的宋军取得了胜利。辽军不敢再战，便向北撤退，张斌下令追击。快到宋、辽边界处时，突然辽国一支伏兵杀了出来，张斌不敌，向南撤退，辽军也没有追击。

十一月初，辽军再次南进，在遂城（今河北省保定市徐水区遂城镇）

第八章 澶渊之盟

以西二十余里外的羊山与宋军再次交战。战前,保州团练使杨嗣与已经担任莫州团练使的杨延昭带领骑兵,在羊山设下埋伏,西上阁门使李继宣、入内副都知秦翰各率所部随后跟进。这一战,由于宋军准备充分,辽军再度遭败,而且损失惨重。

辽圣宗此次南下用兵就这样收场了。辽国一般会在秋天或冬天发兵南下,一来秋冬季节天气晴朗,二来草长马肥。辽圣宗没想到这一年的秋冬是阴雨为主的天气,确实不适合以骑兵为主的北方人作战。

然而,辽圣宗并不甘心。第二年,他又一次南下用兵。这一回,辽圣宗没有亲自带兵伐宋,而是派出了继耶律休哥、耶律斜轸之后的另一位大将,这位大将就是萧挞凛。

萧挞凛当时刚被从西北调回,到南京担任统军使。萧挞凛之所以被调回,大概与耶律休哥、耶律斜轸相继去世有关。从此,萧挞凛又回到了辽、宋战场。

统和二十年(1002年)三月,萧太后、辽圣宗派北府宰相萧继先(亦作萧继远)与文班太保达里底、南京统军使萧挞凛率兵南下,攻打宋朝北部地区。辽圣宗本人则前往鸳鸯泊(今河北省张北县西北),进行他的捺钵活动。

四月初一,达里底带领人马在梁门(今河北省保定市徐水区)与宋军交战,取得胜利。四月初九,萧挞凛在保州(《辽史·圣宗本纪》称泰州,泰州是五代后唐时设置,宋朝改置为保州,今河北省保定市)也与宋军发生交战,同样取得胜利。这一次南征,取得一点战果就宣告结束了,大概是对上一次作战没有取得战果作一些弥补吧。各将北返后,都把南征得到的俘虏献给辽圣宗,辽圣宗对他们进行了奖赏,有的升官,有的赏钱赏物。

时隔一年,统和二十一年(1003年)四月,辽圣宗又一次南下用兵。这一次,辽圣宗仍然没有亲征,他派出了南府宰相耶律奴瓜与南京统军使萧挞凛。辽圣宗给二人的作战任务,已经不再是攻打宋朝北部的保州以及保州周边的满城(今河北省保定市满城区)、遂城等小城。辽圣宗让二人不要纠缠于这些地方,而是一路南下,直接攻打保州南边的定州(今河北省定州市),因为在定州,驻屯着宋朝的主力兵马。看来,辽圣宗此次派兵南伐,是以消灭宋朝有生力量为目的。

当时,宋朝镇守在定州的已是定州行营都部署王超。王超得知辽军前来进攻,立即作了部署。他派出一千五百名步兵先行北进,到定州与保州之间的望都县(今河北省望都县),迎战辽军。王超同时也派人联络驻守在镇州(今河北省正定县)的桑赞和驻守在高阳关(今河北省高阳县东)的周莹,请他们带领所部人马前来增援。周莹以没有朝廷的诏令为借口,没有带兵来援,只有桑赞来了。

四月十七日,王超与副部署王继忠以及桑赞带领兵马随后继进,朝望都进发。四月十八日,大军到达望都城南六里处的康村,与辽军相遇。两军开始发生激战,这一战王继忠表现非常不错。

这里要特别说一下王继忠。王继忠与宋真宗关系不错,在宋真宗还没有当皇帝时,王继忠就侍奉宋真宗左右。王继忠历任东西班殿侍、殿前都虞候、云州观察使,副部署只是他临时接受的前线军中职务。由于王继忠深得圣恩,一直想着要报答,所以此次出战,王继忠最为积极。

王继忠带领所部兵马与辽军从午后一直战斗到夜里二更,辽军的攻势才略有减弱。从这一天的战斗可以看出,王继忠确实很英勇,也善于指挥,所以能够战斗很长时间,也击退了辽军的进攻。当然,辽军在应对王继忠的同时,还要应对王超与桑赞,所以投入到王继忠这里的兵力也相对分散一些。

第二天,两军继续战斗。王继忠的阵地偏东,离王超的主力大军有点远,难以响应。辽军发现有机可乘,于是全力攻打王继忠。不仅如此,辽军还派出人马,绕到王继忠兵马的背后,断了王继忠的粮道。

王继忠看到情形不妙,立即带领人马,冲了过去,准备护卫粮道。由于王继忠的服饰与众不同,被辽军认出是主将。辽军数量众多,于是将王继忠及身边人马围了起来,有几十圈。辽军想来一个"擒贼先擒王",但王继忠并不示弱，也毫不畏惧，带着士兵继续奋战。不久，王继忠的士兵遭到了重创，伤亡严重。

尽管面临如此困境，王继忠仍不放弃，带领身边士兵拼死激战。王继忠和士兵们终于杀出了重围，沿着西山往北，边战边走。不多时，王继忠转战到保州南边的白城（今河北省保定市清苑区西南）。这个时候，王继忠的士兵已所剩不多，而且已经精疲力竭，没有了战斗力。辽军冲了过来，击败了王继忠的士兵，并将王继忠擒获。

都部署王超与桑赞听说王继忠已经战败时，他们不仅不去援救，竟然带领所部人马南返。不过，王超还是很走运的，因为辽军擒获王继忠后，就开始北撤，已经结束了这一次南下伐宋的战斗。王超听说辽军已经北撤，便派信使前往京城开封，向朝廷报告说辽军已经出了宋朝边境。王超还向宋真宗奏报说副部署王继忠已经战死。宋真宗听说王继忠英勇牺牲，下诏追赠王继忠为大同军节度使，兼侍中，还把王继忠三个儿子都任命为官。

王继忠没有死，只是被辽军擒获而已，已经被带到了辽国。正在炭山（今河北省沽源县境内）避暑的萧太后、辽圣宗听说耶律奴瓜与萧挞凛他们擒获了宋朝的一员大将，很是高兴。萧太后还特地让人打听一下这位大将王继忠是什么样的人。当听说王继忠还是一位很有才干的人时，萧太后更加高兴，她想重用王继忠，不把王继忠当作俘虏。萧太后、辽圣宗于是让人把王继忠带到炭山来。

王继忠到了炭山，见到了萧太后与辽圣宗。萧太后、辽圣宗与王继忠谈了一席话，发现王继忠确实是个人才，马上任命王继忠为户部使，还给王继忠赏赐了妻室，希望王继忠诚心归降辽国。王继忠被萧太后、辽圣宗这对母子所感动，当即表示要为辽国做事。

然而王继忠也不想背叛宋朝，他有两全齐美的办法吗？

四、澶州之战

王继忠在辽国当了官，为辽国尽心尽职，已经对宋朝不忠，好似与他的名字不相符。然而，他并没有忘记宋朝，他还想继续忠于宋朝，当然，他也想同时忠于辽国。如何才能忠于两个国家呢？王继忠有他的办法。

王继忠在被俘的几个月后，对萧太后进言，说辽国与宋朝成为仇敌，年年交战，对两国都没有好处。王继忠提议萧太后派一名使者前往宋朝，恢复往日的盟约，结为友好邻邦，解除战备状态，让百姓得到休养生息。王继忠所说的往日盟约，应当是宋太宗赵光义消灭北汉国之前，那时宋朝与辽国一直互派使者往来，没有处于战争状态。

萧太后已经五十一岁，史书上说她年事已高，也不想再与宋朝打下去了，所以也赞成王继忠的这个建议。五十一岁在今天或许并不算大，但在古时候，确实也不算小。然而，萧太后不能主动提出来议和，毕竟这些年一直是辽国主动地、不断地向宋朝发起战斗，不能自己突然说不想打了。萧太后的办法就是以战促和，同时还想再得到一些利益。

为此，萧太后作了充分地准备，计划在第二年秋冬之际，再一次向宋朝发起进攻。要想达到以战促和的目的，此次进攻规模就不能太小。萧太后与辽圣宗计划兵分两路，从河北、河东两个方向向宋朝发起进攻，河北境内为主攻，河东境内为牵制。河北境内的作战，由萧太后与辽圣宗亲临前线指挥。

统和二十二年（北宋景德元年，1004 年）九月初八，辽圣宗派人向高丽通报将南征宋朝。九月二十五日，萧太后与辽圣宗到达南京（今北京市）。闰九月初八，萧太后与辽圣宗带领大军南下，任命南京统军使萧挞凛、奚六部大王萧观音奴为先锋。闰九月十六日，萧挞凛与萧观音奴分头攻打保州（今河北省保定市），以及周边的威虏军（今河北省保定市徐水区遂城镇）、北平寨（今河北省顺平县）、顺安军（今河北省高阳县东），战果不佳。

保州是宋朝防御辽军的第一道防线，辽军并没有完全占领第一道防线

第八章 澶渊之盟

上的各处城池，但仍然继续向南挺进。闰九月二十二日，萧挞凛与萧太后、辽圣宗合兵南下，攻打宋朝第二道防线定州（今河北省定州市）。宋朝北面都部署王超当时带着大军驻屯在定州北面的唐河，但他按兵不动，不与辽军接战。辽军越来越多，王超迫于压力，带领大军向东转移，驻扎在阳城淀（今河北省望都县东南）。

这个时候，跟随辽国大军南伐的王继忠又一次向萧太后、辽圣宗提出罢战讲和的建议。萧太后采纳了王继忠的建议，她派出四名小校，手持作为信物的令箭，带着王继忠的密奏前往宋朝莫州部署石普那里，请石普代为转呈。

宋真宗赵恒收到王继忠的密奏时，他正在为是否要亲自北征而犹豫不决。宋真宗赶紧打开密奏，上面写道："臣时常思念当年面辞之际，亲聆圣上教诲，说一切该当以百姓安定、停止战争为目的。北朝听说陛下的圣德，愿意恢复旧日之好，恳切希望圣上能够俯从愚臣之见。"

宋真宗与群臣商议后，决定给王继忠写一份亲笔诏书，仍由石普负责转达。宋真宗在诏书中表示，他也想停息战事，让百姓得到安宁。宋真宗深深嘉许王继忠的一片诚心，请王继忠向辽国秘密转达他的这个想法，如果辽国确实有可靠而且具体的回复，请王继忠立即交给边臣奏报。

从宋真宗的回复来看，他虽然不相信辽国的诚意，但也没有完全拒绝对方。果然，辽国当时的诚意并不明显，毕竟这一次的冲突是辽国先发动的，如果首先由辽国提出讲和或是表达更强烈的和解意愿，不仅在面子上不好看，恐怕这一次南下作战什么好处也得不到。王继忠未能让辽国给予明确的回复，所以王继忠又一次向宋真宗提出，希望由宋朝先派使者前来和谈。宋真宗看不出辽国的诚意，也就没有答应王继忠的要求。

既然谈不拢，战争就得继续。辽国大军继续采用长驱直入的战术，在没有占领以定州为主的第二道防线的情况下，沿葫芦河东下。辽军这是从宋朝第二道防线的东侧南下，这一次的目标是瀛州（今河北省河间市）。

瀛州是幽云十六州当中最南边的一个州，在其北面还有一个莫州（今河北省任丘市），都是在五代后周时被周世宗柴荣收复的，后来一直在宋朝境内。十月初六，萧太后带领大军抵达瀛州城下，立即下令攻城，不分昼夜。宋朝瀛州知州李延渥带领人马坚守城池，向城下投下了大量垒石、巨木，身背木板攀登城墙的辽兵一批一批地摔了下来。辽军连续攻了十天，结果不仅没有攻破瀛州城，反而伤亡很多士兵。年已五十二岁的萧太后不甘心，亲自击鼓，指挥部众加紧进攻，箭矢射到城墙上，就像刺猬一样。史书记载，辽军在这一次攻城中，战死三万多人，伤者更多，但还是没有攻克瀛州城。萧太后没有办法，只好下令撤退。

十月十四日，辽军的先锋萧挞凛、萧观音奴向南推进到祁州（今河北省安国市）。祁州与瀛州在东西一条线上，在定州的东南方向，也就是说萧挞凛与萧观音奴已经深入到定州的后方作战。萧太后没有攻下瀛州，但二萧却攻下了祁州，守城宋军大多投降。消息传到辽圣宗那里，辽圣宗给二萧颁发诏书，表示嘉奖。

这个时候，王继忠又通过石普给宋真宗送来奏表。在奏表中，王继忠说萧太后亲自攻打瀛州，因为关南是他们的旧地，恐怕这些地方难以固守，请宋真宗早日派使前去议和。宋真宗十分担心辽国对关南旧地的诉求，在看了王继忠的奏表后，开始有所改变。宋真宗于是任命主动请缨的殿直曹利用为阁门祗候，代理崇仪副使，让曹利用带着宋真宗的书信出使辽军大营，同时给王继忠带去宋真宗的亲笔诏书，答应王继忠的提议。

议和在进行，战斗也没有停止。十一月初，辽军从瀛州撤退后，准备直接南下攻打贝州、冀州、天雄军等地。这些地方，正是宋朝的第三道防线。尽管第一道防线、第二道防线并没有完全击破，但辽军可以越过这些地方，利用骑兵擅长野战而不擅长攻城的特点，向前深入突击。辽军并不担心被断了后路，所以没有采用步步为营、稳扎稳打的策略。

辽军很快就在宋朝的第三道防线一带发起袭击。十一月十三日，辽国马军都指挥使耶律课里到达洺州（今河北省邯郸市永年区东南），与宋军遭遇，发生激战，耶律课里取得大胜。十一月十四日，辽国东京留守萧排押俘获大名府的官吏田逢吉,并把田逢吉送到辽圣宗行帐,向辽圣宗献俘。

辽军接着攻打藩镇天雄军的治所大名府(今河北省大名县),首攻东门。东门一时攻不下来,辽军没有恋战,直接南进,攻打南边的德清军(今河南省清丰县西北)。天雄军都部署王钦若派出精锐兵马出城追击,让王钦若没有想到的是,辽军已在天雄城南设下伏兵,这支出城作战的天雄军精锐兵马,不仅中了埋伏,也被截断后路。眼看天雄军的这支精锐兵马就要丧失,天雄军都钤辖孙全照带领将士前来救援。孙全照最后把天雄军的这支精锐带了回来,但已不到一半数量。

辽军攻克德清军后,于十一月二十二日到达澶州(今河南省濮阳市)。澶州是沿黄河修建的城池,共有两城,一个在黄河南岸,一个在黄河北岸,分别叫南城、北城。在澶州北城中,有一位抗辽名将正在严阵以待,此人便是李继隆。宋朝在望都之战失利后,李继隆曾多次上表,奏呈边疆事务,并请求到边疆效命,宋真宗没有同意,而是调他到山南东道当节度使。当年三月,李继隆的妹妹明德皇后病重,宋真宗准许李继隆入宫探病。九月,又准许李继隆参加明德皇后的葬礼。适逢辽军入侵,宋真宗准备亲征,李继隆再次奏请出征,宋真宗这才接受,任命李继隆为驾前东西排阵使。李继隆当年已经五十五岁,可以说是临危受命。

李继隆率先到了澶州北城,很快布下强弓劲弩,据守要害之处,等待一路南进的辽军。辽军到了澶州北城,立即将北城三面包围。攻城开始,李继隆与大将石保吉指挥将士抵御,辽军一直不能突破。辽国南京统军使萧挞凛自认为勇武,带着轻骑兵观察地形。宋军威虎军头张瓌(音同瑰)在城头看到萧挞凛等人,便下令用他掌管的床子弩向萧挞凛发射弩箭。床子弩的射程很远,力道也很强,一旦中箭,伤得必定很深。萧挞凛毫无防备,额头中箭,跌下马来,倒在地上。辽兵争相上前,把萧挞凛抬回营寨。萧挞凛伤得很重,当天晚上就死去了。

李继隆把澶州的捷报派人送给正在北上途中的宋真宗,同时对宋真宗说澶州北城城门太小,道路也很狭窄,请宋真宗驻跸南城。李继隆这是不希望宋真宗置于险境之中，所以找了一个借口，让宋真宗只到黄河南岸的南城。

当天，宋真宗就到了南城，把馆驿作为行宫，准备休息。宰相寇准坚决请求宋真宗驾临北城，说如果宋真宗不过黄河，人心就不安定，敌人的锐气就不能慑服，这不是壮大声威决战取胜的办法。寇准又说王超率领精兵驻屯在定州，控制咽喉要道，李继隆、石保吉分领大军把守敌军两侧，四方军镇每天都有援兵赶来，他劝宋真宗不要有什么疑虑。

殿前都指挥使高琼也坚决请求宋真宗到北城去。高琼也不管宋真宗愿不愿意，马上指挥卫士，侍奉宋真宗登上辇车。宋真宗没有办法，只得前往北城。然而，宋真宗的车驾刚到黄河浮桥时，就不再前行了。高琼手举大棒，敲打车夫的后背，说都已经到了这个地方了，还犹豫什么？宋真宗于是命令继续前进。

到达北城后，宋真宗登上城楼，张开黄龙旗，各军将士见到皇帝已经到此，顿时士气大增，高呼万岁，声音传出几十里，气势增加百倍。宋真宗接着去观看营寨、壁垒，又召见李继隆以下各位将领，安抚、慰问，给各军将士赏赐酒食、钱币。

宋真宗移驾北城行营的数日后，辽国的议和使者到了。

五、澶渊之盟

萧太后听说萧挞凛中箭而亡，连忙来到萧挞凛的灵车前，放声痛哭，极为伤心。即使在两国大军交战之际，萧太后也要求停朝五天，以表达对萧挞凛的沉痛哀悼。萧挞凛突然死去，军中的士气大为受挫，也坚定了萧太后议和的决心。

统和二十二年（北宋景德元年，1004年）十一月底，宋朝议和使者曹利用几经周折终于到达辽军大营。曹利用先去觐见萧太后与辽圣宗。曹利用的所见，让宋朝人了解了萧太后与大丞相韩德让的关系。此前，宋朝这边只是传言,说萧太后与韩德让是事实上的夫妻。曹利用在现场看到的情形是,萧太后与韩德让同坐在一辆车子上,辽圣宗以及群臣分别坐在两侧。韩德让与萧太后当时的架势,就如同一位皇帝与一位皇后。曹利用发现辽国人的礼仪也很简单,没有宋朝那么复杂。当曹利用到来的时候,侍者已经用木板横置车辕,上面摆放一些食物器具,让曹利用坐在车下,请他就餐。

曹利用的到来,已经表明宋朝正式派出了使者,但并不意味着议和就能马上完成,毕竟辽国的意图还没有表明,曹利用也不能决定什么,他只是打个头阵而已。辽圣宗派左飞龙使韩杞带着辽国的国书,跟着曹利用一起去见宋真宗,表明辽国也正式派出了使者。此前的王继忠,更多的像是一位中间人,他已经有着两国的身份。

当听说曹利用与韩杞就要到来,正在澶州的宋真宗让澶州知州何承矩前往郊外迎接、慰劳,翰林学士赵安仁负责接待、陪伴辽国使者韩杞。至于觐见宋真宗的一节仪式,也都由赵安仁负责安排。

十二月初一,韩杞在行宫的前殿朝见宋真宗,跪着把辽国的国书交给阁门使,再由阁门使捧着上殿,内侍省副都知阎承翰接下国书,拆封,交给宰相宣读。宰相读完国书后,再让韩杞上殿,向宋真宗朝拜、行礼。

辽国在国书中提出把关南的旧地还给辽国。所谓关南旧地,主要是当年周世宗柴荣收复的莫州与瀛州,也在幽云十六州之列。宋真宗对宰辅大臣们说,他已经想到这一点,今天果然又提出来了,怎么办?大臣们认为,关南属于宋朝已经很久,不可商议,可以每年给辽国金银绢帛,作为军费,以此缔结两国的盟好。大臣们这是想拿钱物换土地。然而,这些大臣们忘了一个前提,这块土地当前已经在宋朝手中,宋朝凭什么还要出一笔钱?

宋真宗说祖宗的留下的土地,他也不敢失去,归还关南的提议,毫无道理,如果一定要坚持这个要求,只有决一死战!然而宋真宗话锋一转,又说战争会对百姓有伤害,如果每年给些金银布帛就能解决,对宋朝来说,也没有什么大碍。宋真宗最后说,不需要用国书答复,就让曹利用与韩杞口头表述就行。

虽然可以用口头表述，但国书还是要写一个的，毕竟辽国送来了国书，宋朝也得有国书回复，只是在这份国书上不说以钱物换土地的事。国书怎么写，很多大臣不知道，只有赵安仁还记得宋太祖赵匡胤在世时，曾经给辽国写过国书，宋真宗于是就让赵安仁撰写这份国书。宋真宗还给辽国使者韩杞赏赐了袭衣、金带、鞍马、器物与钱币。韩杞要入殿告辞，按礼仪，要换上宋真宗赏赐的袭衣。韩杞想穿着辽国的服饰，便以袭衣有点长不合体为理由，想不穿袭衣。赵安仁说上殿接受回复的国书，在皇帝面前，不穿所赐的袭衣，不行。韩杞也好说话，马上换上袭衣进殿。

见过宋真宗并拿到国书后，曹利用便与韩杞离开澶州，前往辽军大营。宋真宗还特别交代曹利用，辽国人要土地，决不能答应，如果要钱物，可以答应。曹利用问宋真宗能够接受的钱物数目。宋真宗说实在不得已的话，每年最多可以给辽国一百万两匹金银绢帛。所谓一百万两匹，就是白银的两数与绢帛的匹数加起来是一百万。

宰相寇准听说宋真宗给出一百万这个数目，觉得太多了。寇准把曹利用叫来，对曹利用说，如果超过三十万，就斩了你！曹利用心中有数了，他一定要为宋朝多争取一些利益。

曹利用与韩杞到达辽军大帐，见到萧太后与辽圣宗。萧太后又提出辽国要得到关南旧地。曹利用马上反驳，无非是把宋真宗与大臣们商议的话再说一遍。曹利用最后说，如果每年给辽国一些金银布帛作为军旅费用，这倒还是可以商议的。

辽国负责接待、陪伴曹利用的政事舍人高正马上说，辽国这次带领大军南下，原本就是为了收回关南之地，如果达不到目的，辽国所受到的耻辱就太多了。曹利用说他受命只身前来，早已做好一死的准备；如果辽国不怕后悔，不讲道理地索求，那结果就是土地得不到，战争永不止。

萧太后与辽圣宗听到这话，也不想再坚持得到关南之地，如果能得到钱物，也算是一种补偿了。萧太后与辽圣宗便问曹利用，宋朝每年能够给多少钱，多少物？曹利用答应每年给辽国赠送白银十万两，绢帛二十万匹。

第八章 澶渊之盟

萧太后与辽圣宗也就接受了，下面便是商议具体细节内容。

其中有一个细节便是两国的关系。一般来讲，国与国的关系有平等的关系、臣属的关系等。辽圣宗派王继忠去与曹利用谈，说南北通和实在是一件美事，辽国的皇帝年少，愿意以兄长的礼仪来对待宋朝的皇帝。辽圣宗的这一提议，表明辽国与宋朝是平等的兄弟关系，宋真宗为兄，辽圣宗为弟。

辽圣宗还让王继忠提出另一个问题，那就是宋朝在边境开挖河道，疏通壕堑，恐怕有别的想法。辽圣宗的这一顾虑，是怕宋朝修缮这些河道，目的是为了向辽国开战，因为河道便于运兵、运粮。曹利用说他给宋真宗上奏，让宋真宗立下盟誓，这些河道不会用于对辽国的战争，并且让亲信使臣把宋真宗的这份誓书送到辽国。

十二月初五，曹利用与辽国的右监门卫大将军姚柬之，带上辽国的国书一同返回澶州，去见宋真宗。宋朝对姚柬之的接待陪伴礼仪，全部与韩杞相同，还是由赵安仁负责接待陪伴。曹利用先去行宫向宋真宗汇报。

宋真宗当时正在吃饭，没有马上召见曹利用，只让内侍向曹利用询问给辽国的钱物数目。曹利用对内侍说这是机密，应该当面奏呈。宋真宗又让内侍去问，说姑且讲个大概数目。曹利用始终不肯说，只用三个手指贴在面颊上。内侍去对宋真宗说，三个指头，那就是三百万了吧？宋真宗一听，失声道，太多了。然而宋真宗马上又说，能够了结此事，三百万也能接受了。行宫的帷帐并不大，曹利用能听到一点宋真宗与内侍的对话，但又没有完全听清楚，只听到宋真宗说太多了。等到宋真宗吃完饭正式召见时，曹利用再三告罪，说他没有把事情办好，给辽国的数目太多了。宋真宗问到底给了多少？曹利用说三十万。宋真宗一听，大喜过望，他要好好地奖励曹利用。

十二月初六，辽国使者姚柬之进入行宫，把国书呈给宋真宗。辽国的国书表明，辽国已经接受了曹利用以钱物换土地的提议。宋朝与辽国的议和到此就基本完成了。宋真宗很是高兴，毕竟战争就要停止了。宋真宗来到行宫的南楼，观赏行宫外的黄河，宴请随从大臣，请辽国使者姚柬之一同参加。

十二月初七，姚柬之再入行宫，向宋真宗辞行。宋真宗命令西京左藏库使李继昌带着誓书与姚柬之一同前往辽军大营。在宋真宗的誓书中，宋真宗称萧太后为叔母，答应曹利用所说的金帛数目。

姚柬之又说，辽国大军北归，沿边的宋军可能会拦截。姚柬之的顾虑不无道理，一来辽军此次深入宋朝境内，并没有消灭一路上所有城池的宋军，这些宋军事实上已经处于辽军的背后。二来，各地的宋军并不知晓两国在议和，就是知晓，未必所有将领都会认真执行，总有一些人会意气用事。比如镇守在北部的杨延昭就给宋真宗上书，提出在辽军北返时袭击，甚至还能趁机收复幽州、易州。宋真宗当然没有答应杨延昭。宋真宗还下诏，命令各路部署以及各州、军，不得随意出兵袭击辽国北返的军队。

宋辽议和之后，杨延昭仍在保州一带镇守，历任保州知州兼缘边都巡检使、保州防御使、高阳关副都部署，十年后去世。杨延昭很想为父报仇，也想为宋朝收复疆土，但议和后的十年，一直无仗可打，可谓壮志难酬，英雄无用武之地。

抗辽第一名将李继隆，参加了宋辽战争的最后一战，可谓有始有终，更有一个圆满的收尾。在议和的两个月后，李继隆病逝，终年五十六岁，从行军打仗角度来说，也算是没有遗憾了，毕竟之后已经无仗可打了。

宋辽议和，曹利用作为使者，功劳很大，用三十万两匹的金银绢帛就把辽国给对付了，宋真宗很是高兴。十二月初八，宋真宗任命曹利用为东上阁门使、忠州刺使，赏赐京城宅第一处。

十二月初九，宋真宗就要南返京城，很高兴地作了一首《北征回銮诗》，还让近臣应和。宋真宗这首诗全文为："锐旅怀忠节，群胡窜北荒。坚冰销巨浪，轻吹集佳祥。继好安边境，和同乐小康。"

萧太后与辽圣宗返回辽国后，给韩德让赐国姓为耶律，晋封为晋王。辽圣宗还擢升这次南下作战有功的将领，任命萧排押为北府宰相，萧观音奴为同知南院事。长达二十五年的宋辽战争结束了，两国从此和平相处，并在边境设置榷场，开展贸易往来。

第九章 圣宗亲政

一、鼎盛时期

辽朝与很多朝代一样,也有一个从建立到发展壮大,再到鼎盛,最后衰退直到灭亡的过程。前面曾经讲过,辽景宗在位最大的贡献就是中兴,也就是将辽国带到一个正常的发展轨道上来,开始朝鼎盛发展。辽圣宗在位期间,就是辽朝的鼎盛时期。

史书对辽圣宗的评价很高,称他为令主,还说他令名无穷。那么这个评价是不是太高了,或者说辽圣宗时期能否用盛世来评价呢?确实,辽圣宗在位五十年,前二十七年是他的母亲萧太后临朝称制,他真正亲政的时间不过二十三年,就是把他在位时期称为盛世,也不能全算是他的功劳。再者,辽圣宗在位这么长时间内,前有辽宋多年的战争,后有辽与高丽以及阻卜多年的战争,而一个有着多年战争的时期能否称为盛世呢?

大多数史家还是认可辽圣宗的治国才能的,无论是萧太后称制的这一阶段,还是后期辽圣宗亲政的二十三年,辽圣宗的表现都很出色。大多数史家也承认,辽圣宗在位时期,就是辽国的鼎盛时期,也就是说战争的存在,并不能否认盛世的存在。不过也有史家认为辽圣宗在位的五十年,不能全算是鼎盛,他亲政后的这段时期就不算,这仍与战争有关。

先说辽国与北宋的战争。这场长达二十五年的战争,是由北宋首先发起的,辽国为了维护自己的利益,不得不与北宋一战。战争的结果,辽国不仅保住了原有利益,还额外得到一笔钱物,可以说获得了更多的利益。史家认为,辽国与北宋的战争,不仅没有削弱辽国,反而让辽国达到了鼎盛。

第九章 圣宗亲政

然而辽圣宗亲政之后的战争，也就是与高丽以及阻卜的战争，情况就不同了。有史家认为这一阶段的战争让辽国走向衰退，比如白寿彝就说"澶渊之盟是辽朝盛极而衰的转折点"。按这个说法，澶渊之盟就是辽国鼎盛的标志。

虽然辽圣宗在位的后期，辽国有与高丽以及阻卜的战争，但辽国社会还是相对稳定的，百姓生活也是安定的。这个可以从犯罪情况来得到印证。史书记载，开泰五年（1016年），辽国各地监狱中已经没有犯人。这时萧太后早已去世，辽圣宗已经亲政近十年。

辽国与北宋战争最终取得了胜利，这不只是战场上军事指挥得当，从一个侧面也能看出辽国的实力。而辽国的实力日渐强盛，正是从辽景宗开始逐步走向正轨，而到了辽圣宗时继续发展壮大的结果。当然，这一阶段辽圣宗还没有亲政，萧太后的作用是最主要的。有人把萧太后、辽圣宗比作北魏时期的冯太后与孝文帝，只不过前两者是母子关系，而后两者是祖孙关系。萧太后与冯太后一样，都是杰出的女政治家，而辽圣宗与孝文帝都是杰出的帝王。

萧太后临朝听政的这一阶段，辽国基本上完成了封建化改革，少量工作由辽圣宗亲政后继续向前推进。一个重要的举措就是，把隶属于宫帐的奴隶户改编为部族，还把处于奴隶地位的旧部族改编为平民性质的新部族。他们还规定，新征服的各族人户不再编为奴隶户。这些举措极大地削弱了辽国社会的奴隶制成分，让辽国走向了封建化。

萧太后、辽圣宗还通过科举，录用汉人为官，同时学习汉文化，推进契丹族的汉化。辽国首次举行科举是在统和六年（988年），这是辽圣宗即位的第七年。这一年科举，辽国虽然只录取一人，但意义重大，因为汉人可以通过这个渠道进入辽国的统治阶层。以后每年录取人数虽然都是几人，但几乎每年都会开科取士。澶渊之盟后，辽国科举录取人数明显增加，不再是每年几人的额度，经常在几十人左右，最多的一次是辽圣宗亲政的时候，达到七十二人。萧太后、辽圣宗时期开设的科举，对辽国的影响非常深远，多年以后，辽国针对契丹族人也开设科举，通过这一渠道选拔官员，可以说契丹族人已经高度汉化了。

萧太后、辽圣宗不仅录用汉人为官，也非常重用汉族官员，比如韩德让、室昉、张俭、邢抱朴、马得臣、王继忠等。韩德让不仅与萧太后的关系不一般，他在辽国当的官也是最大的。韩德让当过政事令这样管理汉人的南面官，也当过北府宰相、北院枢密使这样管理契丹人的北面官。北府宰相这样的官，曾经只有后族才能担任，也就是皇后家族的人才能担任，而韩德让这样的汉人就能担任。而北院枢密使是辽国最有权力的官，掌管辽国军事大权，韩德让也照样能当。韩德让后来还当了一个叫"大丞相"的官，这个官虽然是南面官，但却是辽国之前没有的官名，韩德让已经位极人臣。韩德让不仅有官职，还有爵位，从楚国公、齐国王一直到晋国王。澶渊之盟后，萧太后还给韩德让赐国姓为"耶律"，可以说韩德让已经不只是人臣，而成为事实上的"太上皇"。韩德让在辽国能有这样的地位，不仅是萧太后与他有不一样的关系，从一个侧面也能看出辽国能够接纳汉人，把汉人当作辽国臣民的一部分。萧太后去世后，韩德让一样得到重用，他死后，族人也得到重用，这已经不是萧太后一人的力量能够掌管的事了。

萧太后时期，不仅汉人官员得到重用，汉人的地位也一样得到提升。以前，汉人犯法，判刑比契丹人重。而萧太后掌政后，调整了这一不平等的民族关系，实行法律面前，一律平等。

到了澶渊之盟时，萧太后不仅将辽国治理得很强盛，政坛上也很纯洁，能够危及辽圣宗地位的人几乎没有。此时让萧太后不放心的大概只有她的两个姐姐。萧太后与两个姐姐关系并不好，不完全是私人恩怨，更多的是政治因素。

萧太后的大姐、皇太妃萧胡辇继承了一支兵马，她曾经带着这支兵马到西北作战，有一定的实力。后来萧胡辇准备带着兵马投奔别国，借助别国力量来消灭萧太后，萧太后得到消息，及时采取措施，夺了萧胡辇的兵权。澶渊之盟后，萧太后已经不想留下她的大姐了。统和二十四年（1006年）

第九章　圣宗亲政

五月，萧太后将大姐萧胡辇幽禁在怀州（今内蒙古巴林右旗西北），将她的余党全部活埋。第二年六月，萧太后将萧胡辇赐死于怀州。

萧太后的二姐萧夷懒的丈夫与儿子都因谋反被杀，萧夷懒在心底一直是恨萧太后的。然而萧太后并不想要她二姐的命，所以一直没有对她采取行动。二十余年后，萧太后在囚禁大姐的同时，也把二姐囚禁起来，地点在南京幽都府（今北京市）。萧夷懒大概就在牢狱中度过了一生。

不久，萧太后、辽圣宗决定将统治中心适当南移，开始修建中京。中京的修建也可以看作辽国鼎盛的标志。此前，辽国已经有上京，也就是辽国的皇都所在地，还有东京、南京。统和二十五年（1007年）正月，澶渊之盟已经订立两年，萧太后、辽圣宗下诏修建中京。在什么地方修建中京呢？也就在前一年，即统和二十四年，奚王府五帐院将原奚王牙帐的领地献给了朝廷，萧太后、辽圣宗决定就在这个原本是奚族人居住的地方修建中京。

第二年，也就是统和二十六年（1008年），这年三月，中京修建完成，被命名为大定府（今内蒙古宁城县境内），就如同上京叫临潢府、东京叫辽阳府、南京叫幽都府一样。中京在上京、东京与南京的中间，离上京七百多里远，离东京、南京八百多里远。中京与辽国其他各京不一样，它是辽国的新都，是辽国后来真正意义上的都城，辽国皇帝的常驻地。辽国皇帝有四时捺钵制度，也就是说一年四季在行宫之中处理事务，到了辽圣宗时四时捺钵之地已经基本固定，但中京仍是辽国重要的政治中心，上京反而与东京、南京一样，皇帝去得很少，只有留守官员而已。

中京建成后，萧太后、辽圣宗曾在当年十月初一临幸中京。统和二十七年（1009年）四月，萧太后、辽圣宗再次来到中京，开始营建宫室。八个月后的十二月，萧太后、辽圣宗再次南下，目的地还是中京。岂料就在十二月初五，还在行宫中的萧太后生起病来。十二月初八，辽圣宗下诏，对犯人进行赦免或减刑，以此善举换来萧太后的康复。十二月十一日，萧太后在行宫驾崩，终年五十七岁。第二天，辽圣宗派使者前往北宋、西夏、高丽等国报哀。半个月后，辽圣宗才到达中京。

萧太后去世了，三十八岁的辽圣宗终于可以亲政了。

二、亲征高丽

辽圣宗亲政后做的第一件重要的事，就是讨伐高丽国。

辽圣宗此次讨伐高丽国，已经是他即位后的第二次。第一次讨伐高丽是在十八年前，那时辽圣宗尚未亲政，是他的母亲萧太后做出的决定。那次讨伐高丽，虽然赐予高丽国江东六州，但也得到高丽国的臣服，为之后与北宋的新一轮战斗消除了后顾之忧。

那么辽圣宗亲政不久为何要讨伐高丽国呢？原因既不是高丽背叛辽国而重向北宋称臣，也不是主动发起挑衅，前来入侵。辽圣宗的理由可能有些勉强，所以一些史家对他的这次行动不太赞同。特别是他的征伐没有取得很好的结果，以"成王败寇"论，更是不被人认可。

事情的起因是，统和二十七年（1009年），高丽国的西京留守康肇杀害了高丽穆宗王诵，拥立王诵的堂兄王询为高丽王，史称高丽显宗。康肇虽然掌管高丽国的大权，但他不敢将杀害穆宗王诵的消息奏报宗主国辽国。直到统和二十八年（1010年）五月，与高丽关系不睦的女真人才将这一消息报告了辽国。

辽圣宗当时亲政不过半年时间，得知这个消息时很是生气。要说康肇有罪，当然有罪，因为他杀害君王，又擅自拥立一个新的君王。不过，辽圣宗如果承认这一事实，两国也就不会再次发生战争。但辽圣宗咽不下这口气，他要讨伐康肇，毕竟他刚刚亲政，需要通过这件事来树立自己的威信。辽圣宗于是下诏，命令诸道修缮甲兵，为东征做准备。

准备工作历时三个月。当年八月初五，辽圣宗临幸中京。八月二十日，辽圣宗拜谒显、乾二陵。八月二十一日，辽圣宗派使者将他亲征高丽一事告知北宋，同时派弟弟、楚国王耶律隆佑留守京师，任命北府宰相、驸马

第九章 圣宗亲政

都尉萧排押为东征大军都统,北面林牙僧奴为都监。

除了萧排押与僧奴等将,此次跟随辽圣宗出征的还有大丞相韩德让。就在辽圣宗亲政的四个月后,他以天子也有兄长为由,给韩德让赐名为隆运。这一赐名表示,韩德让与辽圣宗成了兄弟,位在亲王之上。

高丽显宗王询并不知道辽国要讨伐他,还正常派使者到辽国朝贡,辽圣宗则将高丽的这些使者全部扣押起来,不让他们返回高丽。当年九月,辽圣宗还派枢密直学士高正、引进使韩杞到高丽去质问显宗王询。

王询知道辽国要讨伐他,赶紧于当年十月初一作了一些部署,任命康肇为行营都统使,李铉云为副使,让他们率领三十万大军驻屯通州(今朝鲜平安北道宣川郡西北),准备迎战辽军。十月初八,辽国使者高正、韩杞到达高丽,对显宗王询质问一番后,告诉王询,辽圣宗将亲率大军征讨高丽。面对强大的辽国,王询再作一次努力,他派出使者前往辽国,请求辽圣宗放弃东征。辽圣宗没有答应王询,还将王询的使者扣留。这时,高丽北边的女真人向辽圣宗献上一万匹良马,请求随军征伐高丽,辽圣宗马上就答应了。

十一月初一,高丽显宗王询再派使者前往辽国,向辽圣宗祝贺冬至日的到来。这一天,辽国的将领萧凝来到高丽,通报辽国大军已经东征,特别强调由辽圣宗亲自率领。十一月初十,辽圣宗率领的四十万大军,号称"义军天兵",渡过鸭绿江,攻向高丽国。

辽军首先包围了兴化镇(今朝鲜平安北道义州郡境内),高丽西北面都巡检使杨规与兴化镇使郑成、副使李守和等人固守城池。第二天,高丽统军使崔士威从龟州(今朝鲜平安北道龟城市)境内三路出军与辽军作战,均被辽军击败。之后的几天内,辽圣宗不断派人与兴化镇守将联络,告知他东征的原因是为高丽穆宗王诵报仇,声讨逆臣康肇,要求兴化镇守军投降。李守和等人回信,拒绝投降。

辽圣宗不想再在兴化镇纠缠,于是解围,分兵二十万驻屯麟州(今朝鲜平安北道新义州)以南,自己则亲率二十万大军南进攻打康肇所在的通州。十一月二十四日，辽国大军到达通州城外。高丽大军主帅康肇将大军分为三部，一部驻扎在通州城西的三水交汇处，一部驻扎在通州附近靠近山的地方，一部依靠通州城驻扎。康肇部署了一个剑车阵，初战就取得了胜利，于是产生了轻敌的心理。辽军先锋耶律盆奴与详稳耶律敌鲁击破康肇驻屯在三水的兵马，接着攻打康肇带领的兵马，取得大胜，康肇、李铉云等人均被俘虏，高丽军三万人被斩首。康肇有骨气，坚决不降，最后被杀。

辽圣宗率领大军继续南下，于十二月初六攻破郭州（今朝鲜平安北道定州市），高丽郭州防御使赵成裕逃走，其他守将战死。辽圣宗留下六千人镇守郭州，率领大军继续南进。十二月初八，辽军渡过清水江（今朝鲜清川江），因守将逃走，辽军不战而占领安北府（今朝鲜平安南道安州市）。此外，龟州也向辽军投降，辽将萧排押、萧惠还在奴古达北岭大破高丽军。

十二月初九，辽军前锋到达高丽的西京（今朝鲜平壤市）。十二月初十，辽军攻取肃州（今朝鲜平安南道肃川郡），辽圣宗派高丽降官卢颢（音同以）和辽国官员刘经前往西京劝降。西京副留守元宗奭（音同式）等人接受投降，写好降表。就在这时，奉高丽显宗王询之命前来增援西京的中郎将智蔡文和侍御史崔昌率兵赶到，他们杀掉了已经领取降表的卢颢、刘经一行，将降表焚毁。东北面都巡检使卓思政也赶来会合，杀死了前来西京北门打听卢颢、刘经一行下落并劝降的韩杞，及其带领的一百余名辽兵。

王询听说康肇战败而死，上表请求亲自前来朝见辽圣宗。辽圣宗同意王询前来朝见，立即下令大军禁止杀伐、抢掠。辽圣宗派高正带领一千名骑兵在道路上设馆迎接王询。辽圣宗又任命政事舍人马保佑为开城留守，安州团练使王八为副留守，在太子太师乙凛带领的一千名骑兵的护送下，前往高丽的都城开京（今朝鲜开城市）。辽圣宗这是要马保佑他们去接管开京。

正在西京的高丽将领卓思政带领兵马包围了高正，高正率军突围，死伤惨重。卓思政又派中郎将智蔡文带领兵马堵截马保佑、乙凛一行，不让他们南下开京，迫使他们北返。辽圣宗派乙凛率兵攻打西京，卓思政、智

第九章　圣宗亲政

蔡文等人两次出城与辽军作战，均取得胜利。辽军撤退，高丽军追击，途中辽军回击，高丽军遭败，卓思政、智蔡文等人逃走。辽军继续包围西京，但一直未能攻破。十二月十七日，辽圣宗放弃西京，渡大同江，继续南下，派萧排押、耶律盆奴为先锋，直扑开京。

智蔡文等人逃回开京，高丽显宗王询这才知道大军已败，忙与群臣商议对策。群臣大都建议出城投降，而礼部侍郎姜邯赞极力劝说王询南逃。王询采纳姜邯赞的建议，于十二月二十八日夜间，带领后妃、吏部侍郎蔡忠顺等人以及五十名禁军士兵，在智蔡文的护送下南逃。王询后来逃到高丽西南端的罗州（今韩国全罗南道罗州市）。

就在王询逃离开京期间，辽军先锋萧排押、耶律盆奴一路南进，在开京西岭遭遇高丽军。两军发生激战，辽军取得大胜，斩首数千级。萧排押、耶律盆奴率领前锋兵马继续南进，追击王询等人，不久到达开京南面的昌化县（今韩国京畿道杨州市）。这时奉命前来求和的高丽使臣河拱辰也来到这里，河拱辰告诉萧排押他们，高丽国王已经逃到汉江以南几万里的地方。河拱辰的话显然很夸张，但萧排押他们听后，决定不再追击。

统和二十九年（公元1011年）正月初一，辽圣宗进入高丽的都城开京城，这已经是一座空城。辽圣宗一怒之下，下令放火烧城，开京的宗庙、宫阙、民房都被付之一炬。辽圣宗就在当天决定班师，岂料高丽所降的各城又背叛辽国。辽军到达龟州南峻岭谷时，大雨连日不停，马匹骆驼都十分疲乏，甲仗多被遗弃，直到天晴才得以渡河。正月十五日，辽圣宗渡过鸭绿江，十天后到达辽国的东京辽阳府（今辽宁省辽阳市）。

辽圣宗尚未回到辽国上京，大丞相韩德让患病去世，终年七十一岁。辽圣宗下旨停朝，以家人之礼为韩德让服丧，并以亲王的礼仪将韩德让陪葬在乾陵之侧。乾陵是辽景宗耶律贤与皇后萧燕燕合葬的陵墓。辽圣宗还追赠韩德让为尚书令，赐谥号为"文忠"。

辽圣宗亲征高丽虽然取得了几次军事上的胜利，也占领了高丽的都城开京，但在班师时遭受了不小的损失，并没有达到出兵的目的。二月二十三日，高丽显宗王询回到开京，他很想与辽国修好，恢复臣属关系，但辽圣宗以王询没有亲自前来朝见为由，不接受与高丽修好。

三、茶、陀河之战

高丽显宗王询回到都城开京（今朝鲜开城市）后，依据太史占卜的结果，决定与辽国修好，继续向辽国称臣纳贡。统和二十九年（1011年）四月，王询派使前往辽国，感谢辽圣宗班师。此后，王询不断派使到辽国，祝贺冬至日以及辽圣宗的生辰，但一直没有得到辽圣宗的谅解。辽圣宗不接受王询修好的原因就是王询没有履行他的诺言亲自前来朝见。

一年后，统和三十年（1012年）四月，王询派使臣蔡忠顺前往辽国，再一次请求向辽国称臣，辽圣宗仍然要求王询亲自前来朝见。八月二十四日，王询派使臣田拱之前来辽国，上表称他有病不能前来朝见。辽圣宗不相信王询的理由，认为王询故意不肯前来，于是不再提出要王询来朝见，而提出要收回江东六州。

开泰二年（1013年）六月，辽圣宗派中丞耶律资忠出使高丽，索要六州旧地。八月，耶律资忠回国，告诉辽圣宗，高丽不想归还江东六州。十月，辽圣宗召见曾在高丽做官的女真人，了解攻取高丽的策略。辽圣宗已经为再一次出兵高丽做准备。

开泰三年（1014年）夏天，辽圣宗下诏，命令国舅详稳萧敌烈、东京留守耶律团石等人讨伐高丽，让他们先在鸭绿江上修建浮桥，在保州（今朝鲜平安北道新义州市）以及附近的宣义州、定远州等地修筑城池。十月，萧敌烈攻打通州（今朝鲜平安北道宣川郡西北），被高丽兴化镇（今朝鲜平安北道义州郡境内）将军郑神勇、副将周演击退，斩首七百余级。

开泰四年（1015年）正月，高丽兵马攻打辽国在鸭绿江东修筑的城池，没有成功。萧敌烈继续侵扰江东六州中的兴化镇、通州、龙州（今朝鲜平安北道龙川郡）等地，被高丽将领高积余、赵弋等人击退。当年四月，萧敌烈班师回辽。高丽国则在当年四月扣押了再次前来索要江东六州的辽国使者耶律资忠。

五月,辽圣宗任命北府宰相刘晟为都统,枢密使耶律世良为副都统,准备东征高丽。由于刘晟延误出师日期而被撤换,最后由耶律世良、萧屈烈担任正、副都统,负责东征事宜。九月,耶律世良率领辽军攻打通州、宁州(今朝鲜平安北道安州市),高丽将领郑神勇、周演、高积余等人先后战死。尽管如此,辽军并没有能攻克通州、宁州城池。

开泰五年(1016年)正月初五,耶律世良、萧屈烈又与高丽大军在郭州(今朝鲜平安北道定州市)城西交战,取得大胜,斩首数万级,俘获高丽大军的辎重。辽国这一次出兵,战绩辉煌。然而上天不佑辽国,五天后,主将耶律世良在军中逝世,辽军只好班师。这一年,高丽已经停止使用辽国年号,不再向辽国进贡,而继续向北宋称臣,改用北宋年号。

开泰六年(1017年)五月初一,辽圣宗任命北院枢密使萧合卓为都统,汉人行宫都部署王继忠为副都统,殿前都点检萧屈烈为都监,让他们统兵征伐高丽。第二天,辽圣宗赐给萧合卓一柄宝剑,赋予他先斩后奏的权力。九月二十日,萧合卓等人进攻高丽的兴化镇,被兴化镇守将击败。萧合卓等人没有继续战斗,下令班师回国。

从开泰三年到开泰六年,辽国与高丽新一轮的冲突共有三次,辽圣宗没有亲征,而是先后派出萧敌烈、耶律世良、萧合卓为主将出征,目标是江东六州。三次出征的结果,均未能取得收复江东六州的战果。辽圣宗又准备了一年,打算发起更大规模地战斗。

开泰七年(1018年)十月二十七日,辽圣宗任命东平郡王萧排押为都统,殿前都点检萧虚列为副统,东京留守耶律八哥为都监,派他们率领大军东征高丽。辽圣宗同时派人晓谕高丽守臣,告诉他们,能够率众归降的厚赏,而坚壁抗拒的必将追悔莫及。

高丽方面于当年十月任命内史侍郎、平章事姜邯赞为西北面行营都统使,派姜邯赞率领大军严阵以待。高丽国王王询也采用军事与政治两个手段，派礼宾少卿元永前往辽国，请求罢兵，没有得到辽圣宗的同意。

十二月初十，萧排押率领号称十万的辽军渡过鸭绿江。高丽大军主将姜邯赞得到消息，没有坐等辽军来攻，而是带领大军到达兴化镇，挑选一万二千名骑兵在山谷设伏。辽军到来时，伏兵四起，高丽军大胜辽军。此外，姜邯赞麾下两员将领姜民瞻和赵元分别在慈州来口山（今朝鲜平安南道顺川市境内）和马滩击败辽军，杀死辽军一万多人。

高丽大军连胜三场，但都是小胜，并未对辽军主力造成沉重打击，而且辽军也在通州击败高丽军，通州守将庾伯符等一百七十三人阵亡。辽军还一路纵兵俘掠，所获甚多。辽军主将萧排押率领大军继续南下，直扑高丽都城开京（今朝鲜开城市）。

十二月二十六日，开京戒严。然而，当时的开京还没有罗城（外城），难以防守。姜邯赞听说辽军南下，立即派兵马判官金宗铉率领一万人倍道前往保卫开京，东北面的将领崔士威也发兵三千三百人入援开京。

开泰八年（1019年）正月初三，萧排押抵达开京北面的新恩县（今朝鲜黄海北道新溪郡）。高丽国王王询早已坚壁清野，将城外百姓转移至城内。萧排押判断拿不下开京，于是下令撤军。然而辽军撤退时，被高丽军紧追不舍，又在涟州（今朝鲜平安南道价川市）、渭州（今朝鲜平安北道宁边郡）一带遭到姜邯赞的伏击，五百多人被杀。到了熊浦、班岭一带，辽军再次遭到崔士威的打击。

尽管如此，辽军并未遭受严重损失。随后辽军行至龟州（今朝鲜平安北道龟城市）城东郊的茶、陀二河，遭遇姜邯赞部将金宗铉率领的高丽追兵。辽军诸将都准备在高丽军渡过茶、陀二河后再出击，都监耶律八哥却有不同看法，他认为高丽军如果渡过两河，必定殊死战斗，提出在茶、陀二河之间发起袭击。萧排押采纳耶律八哥的建议，在茶、陀二河之间与高丽军决战，一时未分胜负。突然狂风暴雨从南边袭来，军中旌旗纷纷指向北方，天时有利于高丽军。高丽军抓住机会，猛攻辽军，辽军溃败。高丽军从石川（今朝鲜平安北道龟城市前皇华川）追击至盘岭（今朝鲜平安北道龟城市西北八营岭），歼灭辽军大部。这一仗，辽军天云、右皮室二军大量士兵淹死，天云军详稳海里、遥辇帐详稳阿果达、客省使酌古、渤海详稳高清明等官员阵亡，辽军只有数千人生还。

二月初六，姜邯赞率领大军凯旋，高丽国王王询亲自出城迎接。二月二十四日，王询在明福殿犒劳将士，亲自将八枝金花插在姜邯赞的脑袋上。九百八十七年后，韩国为纪念高丽名将姜邯赞，将一艘驱逐舰命名为"姜邯赞"号。

三月十八日，萧排押、耶律八哥等人带领残兵败将回到辽国，辽圣宗虽然数落其罪，但将他们都予以释放，并褒奖有功人员，抚恤阵亡将校家属。

辽圣宗开始与高丽开展和平交涉。五月和八月，辽国东京方面先后派遣文籍院少监乌长公、工部少卿高应寿来到高丽。高丽则于八月十一日派考功员外郎李仁泽前往辽国进贡。十二月二十九日，辽圣宗接纳了高丽的贡品，意味着放弃征讨高丽的计划。

经过一番交涉，辽国方面已不再要求高丽国王王询亲自前来辽国朝见，也不要高丽归还江东六州，而是要求释放耶律资忠。开泰九年（1020年）二月，高丽释放了扣押多年的辽国使者耶律资忠，并派使前往辽国请求继续称臣纳贡。耶律资忠在高丽多年，始终忠贞不屈，当年五月归国后受到辽圣宗的赞赏，被任命为林牙。辽圣宗也赦免了王询的罪责，同意他继续称臣纳贡的请求。此后王询频繁遣使讨好辽国，甚至连册封王子这种家事也要通报辽国。

长达十年的东征高丽之战结束了，另一场战争却长达十八年。

四、讨伐阻卜

萧挞凛与皇太妃萧胡辇镇守西北时，曾提出建立三座城池来强化对阻卜各部的管理与防御。漠北的这三座城池分别为镇州（今蒙古国中央省境内）、防州（今蒙古国布尔干省境内）与维州（今蒙古国布尔干省境内），辽国选取两万多名骑兵驻屯在这里负责镇守，还将犯罪流放的渤海人、女真人以及一些汉人发配到这里居住。镇州是西北路招讨司所在地，治所为可敦城（今蒙古国中央省和日木登吉古城）。

继萧挞凛之后担任西北路招讨使的是驸马都尉萧图玉。统和二十九年（1011年）六月，辽圣宗亲征高丽结束半年之久，已经在西北镇守十年之久的萧图玉给他上了一道奏疏。萧图玉认为阻卜各部已经顺服归化，应当将它们分为多个部族，每个部族派一名节度使，对他们加以管理。辽圣宗采纳了萧图玉的建议。

辽国北面官管理的是除汉族人外的其他族人，包括辽国的主体民族契丹族。辽国对契丹族以及其他族人的管理分为两种形式，一种称部族，一种称属国。契丹八部就是部族，此外还有奚六部、大黄室韦部、小黄室韦部等数十个部族，分别由北宰相府与南宰相府管理。属国按大小分为两种，大的以王国来管理，小的如同部族。女真、阻卜、回鹘、高丽、吐谷浑、辖戛斯等都是属国中的王国。王国一般准许他们设立王府进行管理。辽圣宗对阻卜各部设置节度使，就是把阻卜分为多个部族，对阻卜来说，地位显然是下降了。当然，从辽国的角度来说，阻卜各部与辽国更加紧密了，时间一久，阻卜各部就能融入辽国。然而，阻卜各部会接受吗？

统和三十年（1012年）十一月初一，辽圣宗大赦天下，改元开泰。辽圣宗将用了三十年的"统和"年号改为"开泰"，当然是希望辽国从此开启安宁的局面。然而，就在他改元的十天后，西北路招讨使萧图玉奏报，阻卜七部太师阿里底利用本部民众不满的情绪，杀死本部节度使霸暗及其全家，背叛辽国，向西逃往窝鲁朵城（今蒙古国鄂尔浑河左岸哈喇巴喇哈逊），也就是古时所说的龙庭单于城。虽然阿里底最后被活捉，但沿边阻卜诸部此时都发生了叛乱。阻卜各部将萧图玉包围在镇州的可敦城。萧图玉带领大军击败了阻卜各部兵马，随后又驻扎在窝鲁朵城。

开泰二年（1013年）正月，辽圣宗派北院枢密使耶律化哥前来援救萧图玉。萧图玉派人劝降阻卜各部，各部全部归降。辽圣宗认为此次阻卜各部叛乱,与萧图玉的建议失策有关,但考虑到之后萧图玉能够得到阻卜各部的信赖而归降,就赦免了萧图玉的罪责,让他仍旧统领阻卜各部。

萧图玉请求增加军队人数,辽圣宗下诏对他进行了责备。辽圣宗说叛乱的人已经归服,兵马何必还要增加?况且前次作战,死伤甚多,如果再增加兵马,边境战事何时才能平息?萧图玉于是作罢。后来,萧图玉的妻子,也就是公主,由于杀死家奴,被降为郡主。作为驸马,萧图玉被罢免了使相官职,不再负责西北边境事务。

当年三月,因西北路形势稍稳,耶律化哥留下兵马戍守镇州,自己赶赴辽圣宗的捺钵之地。辽圣宗听说耶律化哥此次出征,取得不错的战果,对耶律化哥进行了表彰,晋封耶律化哥为豳(音同彬)王。

不久,边防官员上奏,说自从耶律化哥回朝,粮草不足,战马羸弱,担心难以防守。五月初一,辽圣宗再派耶律化哥前往西部,让他负责治理西部边境。耶律化哥到了西部,听说阻卜一些部落不听命令,居住在翼只水(今额尔齐斯河)一带,于是与边防将领率领兵马向前深入,准备袭击这些部落,这些部落望风而逃,大量羊马和辎重被耶律化哥缴获。

途经白拔烈(今地不详)时,遇到阿萨兰回鹘,耶律化哥袭击并抢掠了他们。都监袅里赶到,告诉耶律化哥,这些部落是归顺辽国的,不应该袭击他们。耶律化哥于是将俘虏的阿萨兰回鹘人全部放回。尽管如此,回鹘各部从此不再臣服辽国。辽圣宗得知此事,削去耶律化哥的王爵,让他担任侍中,遥领大同军节度使。

此后十余年,西北一带还算安定。然而辽圣宗又换了一个西北路招讨使后,情况就不一样了。这次出任西北路招讨使的是知东京留守事萧惠,辽圣宗还晋封他为魏国公。萧惠与之前的萧图玉以及耶律化哥都不一样,他对阻卜各部不是恩威兼施,而是只相信武力,谁不服就讨伐谁,可谓横征暴敛。

太平六年(1026年)八月,萧惠讨伐回鹘阿萨兰部。萧惠向西北各部征调军队,只有阻卜酋长直刺带领兵马来得晚了。萧惠立即下令将直刺斩首。萧惠接着带领大军前往甘州（今甘肃省张掖市），攻打阿萨兰回鹘。萧惠围攻甘州三天，没有攻克城池，于是撤兵。

直刺的儿子带领士兵前来偷袭萧惠。阻卜部有个叫乌八的人，秘密报告萧惠，萧惠不相信，没有准备。这时，西阻卜各部都已叛变，攻打镇守附近的一支辽军，都监耶律涅鲁古、突举部节度使耶律谐理、耶律阿不吕等人率领三千兵马前来救援，在可敦城遭遇敌人，被西阻卜打败，耶律谐理、耶律阿不吕战死，士兵溃散。

萧惠仓促排兵布阵，西阻卜各部出其不意，攻打辽军大营。辽军将士请求出击，萧惠认为所部兵马疲敝，不能轻率出击。乌八请求夜袭阻卜各部兵营，萧惠也不同意。西阻卜各部撤退时，萧惠设下伏兵拦击，前锋士兵刚刚交战，阻卜各部就逃走了，萧惠未能给西阻卜各部以有力地打击。辽圣宗得知此事，再派惕隐耶律洪古等将率兵前往征讨。

萧惠当了西北路招讨使，治理西北无方，屡次遭到阻卜部的侵扰，士兵、战马都很疲困。当年十一月，西北路招讨司有一个叫扫姑的小校向辽圣宗上诉，指出萧惠的三条罪状。辽圣宗给都监奥骨祯下诏，让奥骨祯调查核实扫姑所反映的事。

对萧惠的调查需要一些时日，萧惠仍然在西北担任招讨使。太平七年（1027年）六月，辽圣宗给萧惠下诏，命令萧惠率领所部兵马再次讨伐阻卜。萧惠此次征讨阻卜战果如何，史书记载不详。不过，辽圣宗已经对萧惠不再看好，认为萧惠镇守西北多年，试图以威制服各部，并未达到效果，反而致使阻卜各部叛乱无常。大概就在此时，对萧惠的调查也有了结果，辽圣宗决定调整萧惠的官职。这一年，辽圣宗下诏，将萧惠降为南京侍卫亲军马步军都指挥使。萧惠从此离开了西北，到南京（今北京市）去镇守。

太平八年（1028年）七月，辽圣宗任命遥辇帐郎君陈哥为西北路巡检。辽圣宗调整人选，也就改变了萧惠之前治理西北各部的做法。辽圣宗的这一调整，确实得到阻卜各部的欢迎。当年九月，阻卜多个部落的酋长都向辽国归降，西北地区一时安定了下来。

西北安定了，东京道境内的渤海人造反了。

五、大延琳起义

辽太祖耶律阿保机消灭渤海国后，在原渤海国基础上建立东丹国，意为东契丹国，都城就在原渤海国都城忽汗城（今黑龙江省宁安市渤海镇），只不过改了个名字，叫天福城。阿保机的长子人皇王耶律倍为首任东丹国国王，阿保机还准许东丹国有自己的年号。阿保机给耶律倍配置了四名宰相，两个是原渤海国人，两个是契丹人，各占一半。

辽太宗耶律德光即位后，将东丹国的东平郡（今辽宁省辽阳市）升为辽国的南京，将天福城那里的渤海人迁到东平郡，天福城从此衰落。两年后，人皇王耶律倍遭到耶律德光的猜忌，逃往后唐，东丹国由人皇王妃摄理国政。辽国得到幽云十六州后，将南京东平郡改为东京辽阳府，而在幽云十六州的幽州（今北京市）设立南京，称南京幽都府。

辽世宗耶律阮即位后，封叔祖父耶律安端为明王，负责管理东丹国。耶律安端去世后，辽国不再为东丹国设置国王，其地收回朝廷，由辽国东京的官员进行管理。

随着渤海国的灭亡，渤海人成了辽国的臣民，原渤海国的王族中人也在东丹国以及之后的东京辽阳府做官，担任左右大相。大延琳就是渤海王族的后人，他在辽圣宗时官至东京舍利军详稳。一开始，东丹国每年还向辽国进贡，迁到辽东地区后，便不再进贡。到辽景宗时，渤海人还享受优抚的待遇，比如赋税征收相对较少，用刑较轻，抚恤鳏寡孤独，举荐有才之人为官等。辽东地区的渤海人一直安居乐业，相安无事，前后将近一百年。

然而，也就在辽圣宗太平年间，东京两任户部使冯延休、韩绍勋相继按照燕地平州（今河北省卢龙县）的法令来收税。这就是把外地征税的做法引进了渤海人聚居区，渤海人非常反感。当时，燕地连年歉收，户部副使王嘉又向辽圣宗献策造船，招募熟悉海运的人，把辽东的粮米运到燕地，赈济那里的灾民。这条海路非常艰险难行，常有海难发生。渤海百姓向官府反映了这一情况，但有关官员并不相信，还拷打驱赶百姓，让他们继续海上运输，导致百姓怨恨思乱。

大延琳作为渤海国王族的后人，看到渤海人被辽国东京的官员压榨，自然站到了渤海人这一边，毕竟他们曾是一个国家的人，也是同一个民族。大延琳一方面想为这些渤海人出头，另一方面也想趁机复国。基于这些考虑，太平九年（1029年）八月，大延琳行动了。大延琳是有条件的，因为他手中有一支兵马。

当然大延琳在东京也不是最大的官，而且有兵马的也不是他一个人，除了舍利军，还有四捷军。大延琳也很清醒地认识到这一点，于是在起事前作了认真的谋划。大延琳还争取了一个帮手，那便是东京副留守王道平。

东京辽阳府最高官员是留守萧孝先，他也是辽国的驸马，他的妻子是南阳公主，是辽圣宗的四女儿。大延琳知道，萧孝先与南阳公主不可能被他争取，所以他找到了王道平。王道平接受了大延琳的计划，表示支持大延琳的行动。二人于是进行了一番谋划。

根据谋划的方案，大延琳首先把萧孝先和南阳公主囚禁了起来。对于户部使韩绍勋以及副使王嘉，大延琳就没有这么客气，而是直接他们把杀掉，让支持他的渤海民众解解气。对于四捷军的都指挥使萧颇得，大延琳也没有手软，毕竟萧颇得手中有兵，而且是契丹人，不可能听命于他。大延琳于是把萧颇得也给杀掉了。

大延琳一不做二不休，立即宣布自己为皇帝，将国号定为兴辽，年号定为天庆。值得注意的是，大延琳作为渤海国的后人，他的国号不是渤海，而是兴辽，大概还有争取辽国臣民的考虑。看来，大延琳不仅仅是想复国，还想得到整个辽国。

大延琳没有守在东京辽阳府这一块地方，他要以东京辽阳府为基地，进一步得到辽国的东部地区，然后再向西占领辽国更多的地方，这也是他与副留守王道平仔细谋划的方案。按照这个方案，大延琳派人去北方的黄

第九章 圣宗亲政

龙府（今吉林省农安县），他想劝黄龙府兵马都部署黄翩与他一起反辽。大延琳还派人前往东方，到鸭绿江以东的保州（今朝鲜平安北道新义州），劝说渤海太保夏行美杀掉统帅耶律蒲古，和他一起造反。黄龙府是辽国镇守东北边境各民族的一个重要城池，这里的兵马十分关键。而如果得到保州夏行美的支持，大延琳便可以与高丽联合，一同对抗辽国，力量必将增强很多。大延琳也派出使者高吉德前往高丽，告诉高丽国，他已经建立兴辽国，希望高丽国能够给予援助。

大延琳与王道平的谋划应当是很好的，然而谋事在人，成事在天。大延琳怎么也没有想到的是，与他谋划的王道平在内心并不想与他一起造反，王道平只是假装与他谋划而已。就在大延琳称帝之际，王道平连夜逃出了东京辽阳城，连家人都不管了。王道平很快追上了大延琳派往黄龙府的使者，和使者一起掉头向西去向辽圣宗报告。辽圣宗当时正在秋捺钵期间，正在黑岭（今内蒙古巴林右旗北）打猎，王道平他们就直接前往黑岭。辽圣宗得知大延琳起兵造反一事后，立即下诏调集各地兵马，前来讨伐大延琳。

黄翩没有接到大延琳的联络信，后来知道大延琳称帝一事，也没有跟着大延琳一起造反，黄翩对辽国还是很忠诚的。渤海太保夏行美倒是接到了大延琳的密信，但他没有响应大延琳去杀掉耶律蒲古，而是把事情如实地向耶律蒲古做了汇报。耶律蒲古作为契丹人，他当然忠心地为辽国效命，他立即下令将部队中的八百名渤海兵杀掉，以防他们知道情况后，响应大延琳。耶律蒲古接着就带领兵马截断大延琳东边的道路，让他无法与东方的女真以及高丽联络。

然而大延琳的使者还是到高丽国，高丽国决定帮助大延琳对付辽国，于是派出兵马去攻打鸭绿江以东的辽军。镇守这里的耶律蒲古带领大军将高丽的兵马击败，高丽兵马只得退回，不再援助大延琳。

大延琳希望得到北方黄龙府以及东方保州的响应，到此全部落空。不久，大延琳还得到消息，辽国国舅详稳萧匹敌的官府离他最近，萧匹敌已经带领本部兵马以及家兵占据要害之地，阻断他西进的道路。

不过，让大延琳有一丝安慰的是，辽阳府南边的海州（今辽宁省海城市）、宁州（今辽宁省瓦房店市西北），以及东边的禄州（今吉林省临江市）等地有人起义响应他。南、北女真也纷纷起兵响应大延琳。

然而远水不解近渴，那些响应大延琳的势力比较分散，也很薄弱。大延琳决定有所行动，他不能坐守辽阳府，毕竟辽国前来讨伐的兵马很快就会到。大延琳准备攻打北边一百多里外的沈州（今辽宁省沈阳市），他想扩大自己的势力。

沈州节度使萧王六到任不久，对沈州的情况不是太熟悉，防守大任就靠节度副使张杰了。面对大延琳的起义大军，张杰悄悄派人出城与大延琳联系，表示愿意归降大延琳，担当内应。大延琳相信张杰，毕竟张杰不是契丹族人，与节度使萧王六不一样，能够争取一个是一个吧。

然而大延琳等了几天，也不见张杰来降。原来张杰采用的是缓兵之计，他利用大延琳没有攻城的这几天，部署了防御设施，也做好了战斗的准备。大延琳发现自己上当了，于是下令攻城。让大延琳更为失望的是，他攻了一番，没有任何进展。大延琳担心自己的根基辽阳府，于是不再恋战，撤兵返回辽阳。

大延琳向外拓展没有成功，于是采取固守辽阳府的策略。然而辽圣宗此时已经调集大军，于当年十月，任命南京留守、燕王萧孝穆为都统，国舅详稳萧匹敌为副都统，奚六部大王萧蒲奴为都监，让他们率领大军讨伐大延琳。辽军与大延琳的义军首先在蒲水（今蒲河）发生交战。义军不敌，退至辽阳城西南方的手山（今首山）。手山之战，大延琳的义军再度失败。大延琳不敢再战，带领义军退入辽阳城中固守。辽军一直追到辽阳城外，将辽阳城包围。

辽阳城不易攻破，辽军都统萧孝穆下令在辽阳城外五里的地方修筑城堡，将辽阳城围困起来。到了太平十年（1030年）三月，详稳萧匹敌离开辽阳，前往辽圣宗处奏报战况。萧匹敌告诉辽圣宗，都统萧孝穆采用长期围困的策略，避免强攻城池而徒增伤亡，毕竟东京辽阳城又高又坚。

时日一长，城中防守就开始松懈，被囚禁的留守萧孝先竟然带着妹妹及他的妻子南阳公主挖地道逃出城。地道挖好后，萧孝先与妹妹走在前面，南阳公主走在后面。守城将士发现后，赶紧来追赶萧孝先等人，最后只把南阳公主捉了回去杀掉了，萧孝先与妹妹逃出了城。

大延琳继续固守城池，严加设防。又过了将近半年，城内的守将就支持不下去了。八月二十五日，大延琳的将领杨详世悄悄与城外辽军联络，表示愿做内应。当天晚上，杨详世打开城门，将辽军放入城中。大延琳措手不及，被进城后的辽军俘虏。大延琳起义前后一年整，以失败告终。

十一月初二，新任东京留守的燕王萧孝穆率领东征将士凯旋，身着戎服觐见辽圣宗。辽圣宗设宴，对将士们大加犒赏。萧蒲奴因功被辽圣宗加官为侍中。辽圣宗亲政后，东征高丽，西讨阻卜，战绩平平，所以史书说他"东有茶陀之败，西有甘州之丧"。只有平定大延琳，辽圣宗或许会感到一些欣慰。

然而，就在平定大延琳的半年后，辽圣宗患起病来，而且很严重。

第十章　盛极而衰

一、母子争权

太平十一年（1031年）三月，辽圣宗耶律隆绪生起病来，病得很重。六月初三，还在捺钵期间的辽圣宗病逝，终年六十一岁，在位四十九年，是辽国在位最长的一位皇帝。辽圣宗病逝当天，他的长子耶律宗真在灵柩前即位，史称辽兴宗。

辽圣宗先后有两任皇后，第二任皇后萧菩萨哥是辽圣宗母亲、承天太后萧燕燕的侄女，被册封为齐天皇后，曾经为辽圣宗生有二子，但都早夭。辽圣宗的元妃萧耨（nòu）斤生有二子，分别为耶律宗真、耶律重元。由于齐天皇后萧菩萨哥无子，便将耶律宗真当儿子抚养长大。耶律宗真三岁时被封为梁王，六岁时被册封为皇太子，十五岁时兼任北南院枢密使事，十六岁登基即位。

辽兴宗年龄太小，还不能亲政，理当由皇后萧菩萨哥临朝听政，岂料元妃萧耨斤依仗自己是辽兴宗的生母，先入为主，自己宣布自己为皇太后，把持了朝政大权。如此一来，皇后萧菩萨哥便当不了皇太后。

按理说，萧菩萨哥是辽圣宗的皇后，掌管着后宫，还是承天太后萧燕燕的侄女，她应当有实力有机会有条件成为太后。据《续资治通鉴长编》记载，辽圣宗在病逝前曾经交代，由萧菩萨哥当皇太后，而由萧耨斤当皇太妃。大概是萧菩萨哥如同她的名字那样，是一个佛系的人，对权力不争，才让萧耨斤有了机会。史书上也曾说齐天皇后萧菩萨哥夏天、秋天行走于山谷间，风姿绰约，人们远远望见，如同神仙。

尽管齐天皇后萧菩萨哥不争权,萧耨斤要想当太后,还得有实力。萧耨斤是有实力的,因为辽圣宗在位期间,她的兄弟们便在朝中任职,也掌管着不小的权力。萧耨斤的兄弟萧孝穆就是南京留守、兵马都总管、燕王,曾经担任都统带领大军平定了大延琳起义,被辽圣宗封为"佐国功臣"。萧耨斤的弟弟萧孝先曾是东京留守,被大延琳囚禁,后来挖地道逃了出来。辽圣宗病重时,萧孝先就总领禁卫事,负责保卫辽圣宗。萧耨斤之所以能够抢得太后这个位置,就是因为有了萧孝先的支持。

萧耨斤当了太后,便有了权力,然而她知道,这个太后是她自封的,并不表示别人一定会服她,所以她要采取行动,铲除异己。护卫耶律冯家奴、耶律喜孙等人迎合萧耨斤,诬告齐天皇后萧菩萨哥的两位弟弟北府宰相萧浞卜、国舅萧匹敌,说他们阴谋造反。萧耨斤派人将萧浞卜、萧匹敌逮捕审讯,审讯结果不仅有罪,还牵连到齐天皇后萧菩萨哥,这当然是萧耨斤预谋好的。萧耨斤根据审讯结果,赐死了萧浞卜、萧匹敌。不久,萧耨斤还将围场都太师著骨里、右祗候郎君详稳萧延留等七人弃尸街头,抄没他们的家产。几个月后,萧耨斤又将萧浞卜的同党弥勒奴、观音奴等人杀掉。

萧耨斤依然不想放过萧菩萨哥,其实早在辽圣宗在世时,她就十分嫉妒萧菩萨哥。辽圣宗病逝后,萧耨斤就开心地说,老东西,你的宠幸到头了。然而,小皇帝辽兴宗听说他的生母要处罚养母萧菩萨哥,就很反对,到底他是萧菩萨哥养大的,很有感情。他说齐天皇后侍奉先帝四十年,也抚养教育了他,本来应该成为太后,现在没有做成太后,反而还要处罚她,不能这样做。萧耨斤说,这个人如果还在的话,恐怕会有后患。辽兴宗又说,皇后没有亲生儿子,而且年龄又大了,就是活着,能有什么作为呢?

辽兴宗说得非常在理,但他的生母萧耨斤根本听不进去。辽兴宗此时说了还不算,因为掌握大权的是萧耨斤。萧耨斤暂时没有杀掉萧菩萨哥,而是将萧菩萨哥软禁在上京。

然而,辽兴宗越是反对,萧耨斤就越是担心,因为她知道辽兴宗一直记着萧菩萨哥的养育之恩。半年后,也就是景福二年(1032年)春天,萧耨斤终于等不及了，她诬陷萧菩萨哥有罪，还派人到上京将萧菩萨哥杀掉。萧菩萨哥对来人说，她没有罪，天下人都知道，她只有一个请求，那就是让她沐浴后再死，使者同意了。百姓们听说五十岁的齐天皇后萧菩萨哥死了，都不愿相信，有人就传说，在木叶山北面见到了皇后萧菩萨哥乘坐一辆青色的盖车，身边的侍从十分严整。

齐天皇后萧菩萨哥的死，表明承天太后萧燕燕的家族已经没有了势力，继之而起的是萧耨斤的家族。萧耨斤还在扩大自己的势力，她追封曾祖父为兰陵郡王，父亲萧谐里为齐国王，五位兄弟也全部为王，还让帮助她的弟弟萧孝先当北院枢密使，掌握实权。史书说，东汉桓帝同一天加封五位宦官为侯，也比不过她。这一年十一月，辽兴宗带领群臣给皇太后萧耨斤上尊号为法天应运仁德章圣皇太后，史称法天太后。群臣也没有忘记给辽兴宗上尊号，这是辽国皇帝在位期间的惯例，辽兴宗的尊号是文武仁圣昭孝皇帝。辽兴宗接着又一次改元，年号为重熙，其实这不过是法天太后的主意，大概是想表明一个新的开始。

法天太后大权在握，又没有了对手，她开始肆意妄为。中书令萧朴上书为齐天皇后萧菩萨哥诉冤，她将萧朴赶出了朝廷。法天太后不仅让兄弟们当了王，还让四十多个奴仆也当上了大官。法天太后的姐姐秦国夫人早年丧夫守寡，寂寞难耐，常干些偷鸡摸狗的勾当。法天太后见长沙王耶律谢家奴长得魁伟俊俏，就杀死他的妃子，把自己的姐姐嫁给了他。法天太后的妹妹晋国夫人看中了一表人才的户部使耿元吉，法天太后就杀死耿元吉的妻子，强迫他娶了自己的妹妹。在不到一年的时间里，法天太后几乎把辽圣宗时期建立的法度全部废弃，辽国开始走向衰退。

法天太后与辽兴宗的关系也越来越紧张。有一次，辽兴宗将上尊酒与银带赐给乐工，法天太后知道后，大怒，鞭打乐工。辽兴宗怀疑是内侍向法天太后告密，暗中让左右杀了一名内侍。法天太后更加生气，要求严查，结果查出是辽兴宗指使的。辽兴宗生气地说，他贵为天子，竟然把他当着囚犯。

第十章 盛极而衰

辽兴宗与辽国历史上的辽太宗、辽圣宗不一样，他不甘心由母后掌权。按理说辽兴宗年龄不大，母后听政也是正常现象，自己只要处处听话就行，但辽兴宗没有这么老实。辽兴宗一开始便保持韬光养晦的"躺平"心态。他饮酒赌博，常常到夜深才结束。他还经常击鞠，也就是踢球。有一些大臣以辽兴宗不理政务为名，向法天太后提出让辽兴宗亲政，法天太后不能接受。

法天太后对辽兴宗感到不放心，认为辽兴宗与她不是一条心，担心辽兴宗亲政后，就没有她好日子过。法天太后竟然想把辽兴宗给废了，而让自己的小儿子耶律重元当皇帝，以便自己更好地控制朝政大权。

重熙三年（1034年）五月，法天太后与他的弟弟、北院枢密使萧孝先商量废立大事，开始对辽兴宗动手了。让法天太后怎么也没有想到的是，她想拥立为新皇帝的小儿子耶律重元并不想当这个皇帝，他竟然把这个消息悄悄告诉他的哥哥辽兴宗。我们很难知道耶律重元这么做的原因，不明白他的真实想法。按理说，耶律重元与他哥哥辽兴宗不一样，他是由母亲法天太后带大的，与母亲应当有感情，他应当支持他的母亲，况且他母亲此举是给了他当皇帝的机会。

辽兴宗已经十九岁，年龄也不算大，在今天不过是高中毕业而已，但辽兴宗准备与他母亲法天太后争夺权力，他不甘心被废。辽兴宗开始谋划行动方案，他要找几个信得过的人。这是非常关键的，因为没有人作为帮手，辽兴宗很难成功，要知道，当时法天太后权势很大，亲信也很多。事实说明，辽兴宗看人是准的，因为他找的人对他很忠心，愿意冒着危险来帮助他。其中两个是殿前都点检耶律喜孙与护卫太保耶律刘三。从职务上看，耶律喜孙与耶律刘三平时应当与辽兴宗靠得近，应当是法天太后安排的人，特别是耶律喜孙，曾经帮助过法天太后。如果这二人愿意帮助辽兴宗，说明辽兴宗会做思想工作，能够把这两个人争取为自己的人。

根据谋划，辽兴宗在夏捺钵活动期间开始行动了，这个时候法天太后的一些亲信都在中京。当然，法天太后最依仗的弟弟萧孝先参加了夏捺钵，不过辽兴宗有对付萧孝先的办法。辽兴宗让人去召见萧孝先，萧孝先没有多想就来了。到了辽兴宗的行宫大帐，辽兴宗对他说准备废了法天太后。萧孝先听了此言，十分震惊，不知如何应对。

辽兴宗没有等萧孝先表态，就派耶律喜孙等人带领五百名卫兵开始行动。萧孝先知道自己已经无能为力，因为他已经来不及调兵，行宫这里的卫兵已经听命于辽兴宗。耶律喜孙带着卫兵冲进法天太后的大帐，杀死法天太后身边的总管以及几十名内侍，控制了法天太后。

辽兴宗夺权成功，收缴了法天太后的玺印，再派人用一辆黄布车，将法天太后送往庆州（今内蒙古巴林右旗境内），让她守庆陵，也就是辽圣宗的陵墓。辽兴宗对外宣称是法天太后还政，主动要求去守庆陵。辽兴宗很感激他的弟弟耶律重元，册封耶律重元为皇太弟，将来继承他的皇位。

法天太后被幽禁，辽兴宗就亲政了，原本掌握大权的萧孝先也由楚王改封为晋王，从此一直不开心。辽兴宗虽然夺了母亲法天太后以及舅舅萧孝先的大权，但并没有削弱母后家族的权力，比如另外几位舅舅萧孝穆、萧孝诚、萧孝友、萧孝惠等人仍然得到重用，他们与萧孝先得势后好坏不分、胡作非为、权倾人主不同，他们尽心辅佐辽兴宗。

群臣请求辽兴宗迎回母亲法天太后，还说了一个理由，这便是辽国与宋朝每年都有一个互祝对方太后的礼仪，不迎回太后，这个事不好做。辽兴宗不想原谅法天太后，不同意群臣的请求。直到五年后的重熙八年（1039年）七月，辽兴宗在做佛事时听到报恩经，才有所感悟。辽兴宗亲自驾车前往庆州，将母亲法天太后迎回奉养。然而法天太后毫无悔意，母子间的积怨越来越深。

又过了两年，辽兴宗听说宋朝被西夏打败，想趁机捞点好处。

二、乘人之危

重熙七年（1038年）十月，党项族人李元昊在兴庆府（今宁夏银川市）

登基称帝，建立西夏国。李元昊在称帝建立西夏国前，曾向辽国称臣，被辽国封为夏国王，还与辽国联姻，娶辽国兴平公主为妻。李元昊同时也向宋朝称臣，被宋朝封为西平王。李元昊的家族以及他所夺取的土地，都是从宋朝而来，他竟然希望宋朝能够承认他的西夏国，宋仁宗赵祯再仁义，也无法接受李元昊这个无理的请求。宋仁宗于是调集大军，讨伐李元昊。重熙九年（1040年）正月，宋朝与西夏国发生三川口之战，宋朝大军失败。重熙十年（1041年）二月，宋朝与西夏国发生好水川之战，宋朝大军再次惨遭失败。

宋朝与西夏国交战，接连遭败，这个消息传到了辽国，二十六岁的辽兴宗觉得宋朝实力不强，可以欺负。辽兴宗想趁机发兵攻打宋朝，把当年一直想收回的关南旧地给夺回来。南院枢密使、齐王萧惠很是赞同，他认为宋朝与西夏国交战这几年，士气已经丧失，百姓也很疲惫，如果辽兴宗亲率大军南下，一定能够获胜。

也有人不赞同。辽兴宗的舅舅北院枢密使、楚王萧孝穆认为，辽国与宋朝战争持续了二十多年，最后还是以议和收场；辽国现在虽然富强，但战功卓著的大臣与久经沙场的老将大多已经去世；另外，宋朝并没有违反当初签订的和议，没有罪过，如果辽国无故开战，过错就在辽国。萧孝穆请辽兴宗好好考虑一下。

辽兴宗听不进萧孝穆的话，决心要南下用兵。重熙十年十二月二十二日，辽兴宗下诏，命令各道调集兵马，会师于南京析津府（今北京市）。大军统帅由萧惠与皇太弟耶律重元担任。萧孝穆阻止不了辽兴宗，便以年老为由，请求退休，辽兴宗不同意。

辽兴宗也开始重新考虑是否要南下用兵，他想再听听老宰相张俭的看法。张俭已经八十岁，德高望重。重熙十一年（1042年）正月的一天，辽兴宗来到张俭家，就在张俭家吃饭。辽兴宗一边吃，一边询问张俭南伐的事。张俭非常全面地给辽兴宗分析了南伐的利与弊，最后说，只要派一名使者去宋朝责问一下就行了，何必劳烦皇上亲征？辽兴宗对张俭的分析很满意，于是放弃了用兵的想法。

就在当月，辽兴宗派南院宣徽使萧特末、翰林学士刘六符出使宋朝，向宋朝索要被占领的原北汉国领地以及瓦桥关（今河北省雄县）以南的十县土地，同时责问宋朝为何兴兵讨伐西夏国，为何在边境疏浚河道、增加兵马？

宋朝北部边境的官员向朝廷奏报，说辽国的使者就要来到。正月二十四日，宋仁宗接到奏报，开始考虑对策，连吃饭都顾不上。宋仁宗要找一位能够出使辽国的人，然而大臣们大都不敢接受这个任务。宰相吕夷简推荐与自己关系不好的右正言富弼。宋仁宗于是召见富弼，他想与富弼先谈一谈。富弼一进殿就说主上忧虑是臣子的耻辱，他不敢爱惜自己的生命。宋仁宗被他的话感动，便让富弼担任这个使者。宋仁宗还让富弼担任接伴使，等辽国使者一入宋境，他就负责迎接，一直接到京城开封住到馆驿为止。

富弼在二月初二就从京城出发，前往雄州（今河北省雄县）等待辽国使者。富弼在雄州等了很久，辽国使者萧特末等人才入境。途中，宋仁宗又派中使前往慰劳。按规矩，辽国使者见到宋朝皇上派来的中使，应当下拜。萧特末说他腿脚有病，不能下拜。富弼说他曾出使辽国，生病躺在车子上，听到使命马上下拜。富弼还严肃地说，中使来了，你不起来下拜，这是什么礼节？萧特末只好爬了起来，让人扶着下拜。

三月二十六日，辽国使臣萧特末、刘六符到达京城开封。宋仁宗命令御史中丞贾昌朝作为馆伴使。所谓馆伴使，就是从萧特末等人入住馆驿开始，到离开京城北返辽国时，都由贾昌朝负责陪伴。至于把辽国使者从京城一直送到边境，这个人叫送伴使。接伴使、馆伴使与送伴使，是宋、辽两国结好后的一套完备的礼节。当然，宋朝使者到辽国，也同样会安排这三种使者。

萧特末把辽兴宗的书信递交宋朝朝廷。辽兴宗在信中说："瓦桥关以南是后晋石敬瑭割让给我国的，到了后周时，柴荣一时发狂，抢走了我国的十县旧土，人神共愤，因此他的宗庙社稷也不长久。至于贵国，开创基业不久，就与我国成为友好的邻邦。到了太宗（赵光义）时，以有名之师征伐平定北汉，又以无名之师攻打幽州。我国召集精锐，进行抵御，使贵国退军，从此导致多年的战争。前前后后的这些情况，你们也都熟知。我私下获悉，贵国专门派遣将帅去攻打夏国李元昊，已经数年，还未分出胜负。李元昊对我国称藩已久，即使他的罪行应当加以诛戮，也应该通报我国。贵国已经进行了残害百姓的征伐，一点也没有投鼠忌器的顾虑。贵国还营筑长堤，堵塞险要道路，开决陂塘，增加边界军队。既然暗中已生猜忌，恐怕很难再亲善和睦。如果打算永结盟好，共同排除疑虑之心，不如把过去已经依附我国的北汉领土，以及原来已经割让的瓦桥关南十县，都还给我国，以使黎民康乐。这样，就可以加深兄弟情义，也是长保子孙安定的大计。遥想您的英明颖悟，一定能深切了解我的诚心与诚意。"

从辽兴宗的书信可以看出，辽国想要的还不止瓦桥关以南的旧地，那只是河北境内的土地，大致就是幽云十六州当中的瀛、莫二州。辽国还想要当年北汉的地盘，这已经是河东境内的土地，与幽云十六州毫不相关。辽兴宗书信的语气也不友好，有指责甚至盛气凌人的姿态。

辽国的做法显然违背了当年的"澶渊之盟"。面对辽国的无理要求，宋朝大臣们认为不能割地，提供了两个选项给辽国选择。第一个是可以答应和亲，也就是把简王赵允宁的女儿嫁给辽国的皇子耶律洪基。第二个是可以增加每年给辽国的钱物数额。富弼不赞同和亲，赞同增加钱物。

从宋朝君臣提出的解决办法来看，显然是保守的做法，不想发生战争，答应人家一些无理的要求，息事宁人。好在宋朝富裕，有钱有物，再增加一些，也无所谓。

三月二十八日，宋仁宗任命富弼为礼部员外郎、枢密直学士。宋仁宗之所以要给富弼加授官职，是因为要派富弼出使辽国，去与辽国谈判。宋仁宗知道，这是一件不好做的事，得给富弼一些好处。富弼坚决推辞，认为国家有难，作为臣子应当唯命是从，也是臣子的职责，不能用官职来"贿赂"他。

宋朝的使者还没有出发，辽兴宗便在四月初一，颁布南征的赏罚条例，想让宋朝的边防官员向朝廷告急。辽兴宗并不想真的发兵，只是给辽国的谈判使者增加一些成功率。

四月初七，宋仁宗下诏，以右正言富弼为回谢国信使，西上阁门使符惟忠为副使。宋仁宗给辽国的回信也比较长，内容大概是："宋真宗与辽圣宗为消弭战祸，讲和结好，互通使者，签署盟约，到我继承皇位后，恭敬地遵循先帝所定的大计，边境百姓安居乐业，已经将近四十年。这次贵国专门派遣使者，特地带来信函，索求瓦桥关以南土地，北汉的故旧封疆，并援引石敬瑭割让城池、柴荣收复疆土等事。这都是异代之事，与本朝无关。当年太宗皇帝讨伐北汉，并不是想占领幽州。贵国立即派出援兵，两国兵马在石岭关交锋，于是才有之后的幽州之战。以道义而言，并非反复不定；就情理来讲，事有前因后果。李元昊接受赐姓，向我朝称藩，奉我朝为正朔，接受我朝俸禄，但他图谋叛逆，狂妄僭号，扰乱边境，我朝先前商议讨伐，曾经告知了贵国，使者杜防、郭稹传达的尤为详备，包括此次西征，怎么能说没有通报呢？原以为应当患难与共，相互扶助，反而遭到投鼠忌器的讥讽。来信还提到我国营筑堤防，开决陂塘，先前由于霖雨积水，泛滥成灾，既然未作疏导，应当对堤防稍加修缮，哪知贵国会因此而产生猜忌，以至损害信任与和睦。至于防卫堵塞险要道路，检阅训练兵卒，是边防官员谨慎守职的常事，也是把乡兵登记在册的旧制。在贵国边境，难道可以撤走戍守的兵士吗？一切都以坦诚相待，双方为何会形成疑阻？只有双方友好结盟，才能保证国运长久，贵国突然提出割让土地的说法，实在不是载在盟书上的约定。推想您的聪慧和通达事理，应当深切地感思。其余的情况，令富弼口头讲述。"

宋仁宗的这封回信，是翰林学士王拱辰起草的。辽兴宗在书信中指责宋太宗赵光义举无名之师攻打幽州，宋朝朝廷一开始不知如何答复。只有王拱辰请求宋仁宗单独召见，对宋仁宗说，攻打北汉本是因为讨伐北汉僭越称帝，而辽国派兵进犯石岭关，暗中帮助北汉，太宗皇帝对辽国的反复感到愤怒，所以才在平定北汉之后，下令北征幽州，不能说师出无名。宋仁宗听到这个说法，非常高兴，对大臣们说，要不是王拱辰对以前的事知道得这么详细，几乎难以回答辽国的责问。宋仁宗于是就让王拱辰起草给辽国的回信。

王拱辰起草的书信虽然说得如此铿锵有力，但宋仁宗还是让富弼带给辽国两个选择，以解决辽国索要土地的问题。这两个选择是和亲与增加岁币。从宋仁宗的这个决定来看，好似宋朝理亏，必须要给辽国一点补偿才能平息事端。而从王拱辰的观点来看，宋朝没有任何过错。

一切准备妥当，富弼、符惟忠便与辽国的使者萧特末等人前往辽国了。途中，符惟忠因病去世，富弼向朝廷上奏，请求就近任命知贝州事、供备库使张茂实为副使。宋仁宗便在五月十一日下了诏书，作了任命。六月，富弼与张茂实到了辽国。

辽兴宗让刘六符担任宋朝使者的馆伴使。刘六符对富弼说，辽兴宗坚持想要割地。富弼说这只是借口，目的是想破坏两国盟好，那宋朝只有横戈相待了。刘六符说南朝执意坚持不割地，事情怎么才能办好？富弼说，北朝无缘无故就提出割地，南朝没有立即发兵，而是派使前来商议，这怎么能说是南朝在坚持呢？

富弼与刘六符说不清楚，只有等见到了辽兴宗再说。

三、重熙增币

富弼见了辽兴宗，直接问道："两朝和好，已经快有四十年，突然提出割让土地，这是什么原因？"

辽兴宗说："南朝违反盟约，关闭雁门关，修筑堤坝增加陂塘之水，营治城壕，征集民兵，这是什么用意？群臣都争着请求出兵，朕以为不如派遣使者索求瓦桥关南的旧地，求而不得，再出兵也不晚。"

富弼说:"北朝与宋朝通好,那么利益就专归人主而臣下无所收获。如果用兵,那么利益就归于臣下而人主承担祸事。所以,劝说用兵的人,都是为其自身利益着想,不是为国家考虑大计。"

辽兴宗吃惊地问:"这话怎么讲?"

富弼说:"晋高祖石敬瑭欺天叛君,求助于北朝,晋末帝石重贵昏庸乱国,人神共弃。当时的南朝,疆域狭小,上下离叛,所以北朝未经苦战,就能大获全胜。俘获的黄金财物充斥于诸位大臣家中,而国家的壮士、健马损失大半,这是由谁来承担祸事呢?如今南朝疆域万里,处处有精兵,数以万计,北朝用兵,能保证必胜吗?"

辽兴宗说:"不能。"

富弼说:"胜负未可知,就算是获胜,所损失的将士、马匹,是由群臣来承担呢?还是由人主来承担呢?如果继续通好,宋朝每年给予的钱物都归于人主,群臣能有什么利益呢?"

辽兴宗听后,恍然大悟,长时间地不停地点头,表示同意。

富弼又说:"关闭雁门关,是为了防备李元昊。修塘蓄水始于何承矩,事情在通好之前。地势低下,流水聚集,势必要增加。城壕都是修复旧的,民兵也是原有旧籍,不过是补允缺失罢了,没有违反当初的盟约。"

辽兴宗说:"不是你来说,我不知道这些详细的情况。然而,朕想得到的,是祖宗的故地。"

富弼说:"晋高祖石敬瑭把卢龙一道贿赂给辽国,周世宗柴荣又攻取瓦桥关南,这都是异代的事情。宋朝兴起已经九十年,如果各自都打算求得异代的故地,难道一定对北朝有利吗?"

辽兴宗无话可说,过了一会儿,又慢慢说:"李元昊向我辽国称藩,又娶辽国公主为妻,南朝进行讨伐,没有事先告诉我,这是为什么?"

富弼说:"北朝先前讨伐高丽,难道曾报知南朝吗?我朝天子让臣给陛下带话:'先前不知李元昊与弟通姻,因为他辜负恩德,扰乱边境,所以加以讨伐,而让弟有气愤之言。如今,讨伐李元昊则伤兄弟之情,不讨伐则不忍坐视吏民的死亡，不知弟将怎样处理此事？'"

辽兴宗听了这话，转头用契丹语与他的大臣说了许久的话。过后，辽兴宗才对富弼说："李元昊是侵略边境的贼寇，怎么能让南朝不讨伐他呢？"

辽兴宗没有再与富弼谈下去，让富弼退出宫殿。

馆伴使刘六符又对富弼说："我主耻于接受金帛，坚持要十县。"

富弼说："南朝皇帝曾经说：'朕为人子孙，怎么能随意将祖宗的土地给予他人？从前在澶渊，两国白刃相向，真宗皇帝还不肯给予关南之地，难道今天就能割地吗？而且北朝想得到十县，不过是谋图租赋的利益罢了。如今以金帛来代替，也足以坐享其成，资补国用。朕念及两国百姓，不想使他们肝脑涂地，所以不吝惜金帛，以满足北朝的欲望。如果北朝一定要得到土地，是决心背弃盟好，朕难道能避得开用兵吗？澶渊之盟，天地神灵，都在看着呢？如今北朝先引发战事的开端，过失不在朕。天地鬼神，难道可欺吗？'"

刘六符听了这话，似有感动，转头对他的副手说："南朝皇帝有如此之心，非常好。我们应当一同上奏，让两国君主的心意相通。"

第二天，辽兴宗与富弼一起打猎。

辽兴宗让富弼的马靠近自己，问富弼："你还有什么要说的吗？"

富弼说："南朝只想保持长久友好而已。"

辽兴宗说："得地则友好可长久。"

富弼说："南朝皇帝让我告诉陛下，北朝想要得到祖宗故地，南朝又怎么肯失去祖宗故地呢？北朝既然以得地为荣耀，南朝就必然以失地为耻辱。兄弟之国，怎么可以一荣一辱呢？南朝皇帝说他也没有忘记幽云十六州这些旧地，但又怎能再提此事呢？只应彼此劝解自己罢了。"

辽兴宗没有多言。打猎结束后，辽兴宗又让刘六符对富弼说："皇帝听到你关于荣辱的说法，心中很受感动而醒悟。然而，皇帝不想要金帛，说只有联姻可以商议。"

富弼说："联姻容易产生矛盾，况且夫妇很难保证感情一直很好，而且人的寿命也长短不定，不如增加金帛更为方便。"

刘六符说："南朝皇帝肯定有女儿。"

富弼说："南朝皇帝的女儿才四岁，成婚必须在十多年以后。如今想要解决眼前的猜疑，怎么可以等待呢？"

富弼分析，辽国选择联姻，目的是想多得一些钱物。富弼于是说："南朝嫁公主的旧例，所送嫁妆不过十万贯而已。"

刘六符把这个话带给辽兴宗，辽兴宗便不再坚持选择联姻。辽兴宗把富弼叫来，让富弼返回宋朝。富弼说："事情还没有解决，怎么敢空手而回？愿意留在这里商定好再走。"

辽兴宗说："等你再来时，会选择一样。最好带着誓书来。"

富弼于是从辽国南返。

富弼回到宋朝，把出使辽国的情况，向朝廷做了汇报。宋仁宗又授予富弼吏部郎中、枢密直学士，以示酬劳，富弼再次推辞不受。

宋仁宗让宰相吕夷简传达他的旨意。吕夷简命令富弼起草给辽国的回书以及誓书内容，共写成国书两份，誓书三份。大致内容是，如果辽国选择联姻，就不再给金帛。如果辽国选择金帛，数目就是每年增加十万；如果辽国能让西夏国再次臣服宋朝，那么每年就增加金帛二十万。富弼上奏，请求在誓书中增加三项内容：一，两国边界的塘淀不得再扩展；二，双方不得无故添驻兵马；三，不得收留各类逃亡的人。

八月二十四日，富弼与张茂实再次到达辽国。

第二天，富弼与张茂实见到辽兴宗。辽兴宗说："联姻会使南朝骨肉分离，而且公主与梁王（耶律洪基）的关系也可能会不融洽，确实不如每年增加金帛，但必须在誓书上加一个'献'字才行。"

辽兴宗这句话，算是接受了富弼一直坚持增加金帛的做法。然而，宋朝这么多年给辽国的岁币都是赠送，尽管是掏了钱，但还是要一个面子。现在，拿钱的一方，辽国也想要一个面子，那就是希望以后宋朝不再用'赠'字，而是用'献'字。

第十章 盛极而衰

富弼不傻,马上进行反驳:"'献'乃是以下奉上的用语,不可用在两个平等的国家之间。南朝皇帝是兄,北朝皇帝是弟,难道有兄长献给弟弟的道理吗?"

辽兴宗说:"南朝把大量金帛送给我,是惧怕我,何必吝惜一个'献'字?"

富弼说:"南朝皇帝爱惜生灵百姓,因此送上金帛以取代干戈,并不是惧怕北朝。如今陛下忽然讲出这句话,正是打算放弃旧日的盟好,用不可能做到的事来相要挟。"

辽兴宗说:"改为'纳'字怎么样?"

富弼说:"也不行。"

辽兴宗说:"盟书在哪里?我要每年增加金帛二十万。"

富弼把誓书交给辽兴宗,辽兴宗又说:"'纳'字从古就有。"

富弼说:"古时候只有唐高祖李渊向突厥借兵,所以向突厥称臣。当时所写的书信中,或者称'献',或者称'纳',也未可知。以后突厥的颉利可汗被唐太宗李世民俘获,还有这样的礼仪吗?"

辽兴宗看到富弼声色俱厉,估计无法让他改变,于是说:"我再派使者去与南朝商议。"

辽兴宗于是留下答应每年增加金帛二十万的誓书。

九月初二,辽兴宗派遣北院枢密副使耶律仁先与汉人行宫副都部署刘六符出使宋朝,专门商议"献""纳"二字。

九月初五,富弼与辽国使者到了雄州,朝廷下诏,就以富弼担任接伴使,如有需要朝廷先知道的问题,可以通过驿站赶紧报告。富弼于是通过驿站上奏说,辽国希望用"献"或"纳"来表述岁币,他拼命抗争,坚决不答应,现在辽国的气势已经被压了下去,不要再答应他们。

九月二十五日,耶律仁先与刘六符来到京城开封,带着誓书,与宋朝大臣谈判。耶律仁先竟然先不提"献"或"纳",而提出用"贡"字,宋朝大臣进行反驳。耶律仁先说:"先前后晋高祖石敬瑭报答本朝的恩德,割地以献，而后周又将土地侵夺占有。是非利害，灼然可见。"双方争论相持不决。

　　宋朝朝廷经过商议，最后采用宰相晏殊的建议，允许用"纳"字。

　　宋仁宗因为富弼出使的功劳，于闰九月初十，再次将他的官职由右正言、知制诰升为吏部郎中、枢密直学士。富弼仍然坚决推辞。十月初六，宋仁宗又任命富弼为翰林学士。富弼对宋仁宗说，增加金帛与辽国达成和议，不是他的本意，只是因为国家正在讨伐李元昊，没有精力与辽国较量，所以他不敢以死抗争，他也没有什么功劳，不敢轻率受赏。富弼还希望宋仁宗增修武备，不忘国耻。

　　富弼一直没有接受宋仁宗给他提升的官职，而辽国的使者又一次升了官。辽国的使者回国后，辽兴宗任命耶律仁先同知南京留守事，刘六符加同中书门下平章事。等到宋朝按约定将当年的金帛送到时，辽兴宗又任命刘六符为三司使，负责接受金帛。

　　增加岁币的谈判，由于发生在宋朝庆历年间，所以史称"庆历增币"。辽国当时的年号是重熙，所以在辽国又称"重熙增币"。就在宋朝与辽国为增加岁币一事而达成协议时，西夏国皇帝李元昊又一次主动向宋朝发起进攻，这就是宋夏开战后的第三战，史称"定川寨之战"。这一战，宋朝同样损失惨重。

　　那么，宋朝给辽国增加了二十万两匹金帛，辽国是不是去调解西夏国与宋朝的关系而让李元昊向宋朝称臣了呢？辽兴宗确实派遣使者前往西夏国调解，不过调解的结果出人意料。

四、一征西夏

　　党项族人李元昊家族之所以能够兴起，与辽国联夏制宋的策略不无关系。李元昊的祖父李继迁叛宋之际，正是辽国与宋朝开战之时。李继迁当时为了对抗宋朝，也主动向辽国称臣，结为姻亲，辽圣宗还封李继迁为夏

第十章 盛极而衰

国王。李元昊的父亲李德明在任时,辽夏之间继续保持这样的联盟关系,辽圣宗封李德明为大夏国王。辽兴宗即位的那一年,将兴平公主嫁给李元昊,封李元昊为夏国公、驸马都尉。第二年,李德明去世,李元昊即位,被辽兴宗封为夏国王。辽兴宗之所以答应宋朝劝和宋夏两国关系,以便多拿一些岁币,就是认为西夏是辽国的盟友,李元昊一定会听他的话。

重熙十二年(1043年)正月初二,辽兴宗派同知析津府事耶律敌烈、枢密院都承旨王惟吉前往西夏国,劝西夏国皇帝李元昊与宋朝讲和。李元昊接受劝和。二月十六日,耶律敌烈等人出使西夏国归来,奏称李元昊已经停止用兵,辽兴宗立即派使者将这一消息告知宋朝。

辽兴宗以为他会成功劝和西夏国与宋朝,其实没有这么简单。夏辽之所以结盟,是为了对付共同的敌人宋朝,其实双方各有目的。早在李继迁时,他就在与辽国结盟的同时,也与宋朝联系,以取得经济利益。李继迁对宋朝时战时和的态度引起辽圣宗的不满,辽圣宗为此还派使者前去警告李继迁。李德明在任时,辽国境内的一些党项部落投奔西夏,辽圣宗要求李德明派兵夹击,李德明置之不理。李元昊即位后,对辽国更是心存戒备,他竟然与辽国嫁给他的兴平公主关系不和。兴平公主嫁给李元昊的第八年就莫名其妙地去世了,辽兴宗得到消息,非常生气,特地派人前往西夏国责问李元昊。

其实李元昊之所以同意停止与宋朝的战争,原本就是想通过战争再走向议和,以便从中获利。李元昊反而对辽国趁他与宋朝开战为机索要岁币而不高兴。李元昊想找辽国的麻烦,想在辽国这边也得到一些好处,所以他必须停止与宋朝的战争。李元昊一边与宋朝议和,一边招降辽国境内的党项人。辽兴宗得知后,派延昌宫使耶律高家奴前去责备李元昊,李元昊没有理睬。

重熙十三年(1044年)四月,辽兴宗接到奏报,说辽国境内的那些党项人已经背叛辽国,归降了西夏国。辽兴宗马上派招讨使萧普达、四捷军详稳张佛奴带领兵马前往讨伐这些党项人。五月初一,辽兴宗接到奏报,辽军与党项人交战失利，萧普达、张佛奴已经战死。让辽兴宗更为生气的是，西夏国皇帝李元昊带领兵马前来援助那些党项人。辽兴宗忍无可忍，于五月初十下诏，命令征发各地兵马会师于西南边境，准备征讨李元昊。

李元昊得知辽国要讨伐他，担心兵力不足，于当年六月派人到阻卜部，请阻卜酋长乌八出兵相助。乌八没有理会李元昊，派他的儿子将李元昊的使者押往辽国。乌八还向辽兴宗提出，他要出兵帮助辽国攻打李元昊，辽兴宗马上就同意了。由于即将讨伐西夏国，辽兴宗还派延昌宫使耶律高家奴出使宋朝，向宋朝通报。宋朝得知辽兴宗要亲自征讨西夏国，马上派人送来礼金，说是为辽兴宗出征送行。

七月、八月，李元昊几次派使者前来辽国，辽兴宗均找借口将他们扣留，以免他们把他讨伐西夏的消息传了出去。辽兴宗找的借口都是李元昊的使者没有如实回答问题。辽兴宗不仅扣留了这些使者，还把其中一个给鞭打了一番。

李元昊不久还是得知辽国要讨伐他，赶紧降低与宋朝的议和条件，以便尽早签订和约，腾出手来对付辽国。辽国大军尚未到达，李元昊已经在当年十月与宋朝完成议和，订好协议。按照盟约，李元昊去掉帝号，向宋朝称臣，宋朝封他为夏国主，宋朝每年给西夏岁币二十五万五千两匹，包括十五万匹绢、七万两银、三万斤茶，以及西夏国主生日时赏银器两千两，细衣着一千匹，杂帛两千匹。

就在李元昊与宋朝达成和议的前一个月，辽兴宗调集十六万七千人马，于当年九月十四日，在九十九泉（今北京市延庆区东北）集结。接着，辽兴宗将大军分为三路，皇太弟耶律重元为马步军大元帅，率领骑兵七千人为南路；北院枢密使、韩国王萧惠率领六万兵马为北路；辽兴宗亲自率领十万大军为中路。辽国三路大军一齐出发，渡过黄河，长驱直入四百里，进入西夏国境内。

李元昊已经在贺兰山北摆好阵势，等待辽国大军。李元昊首先指挥左厢兵马迎战萧惠率领的辽国北路军，没想到几次战斗下来，李元昊接连遭

第十章 盛极而衰

败。李元昊认识到辽军兵马众多，战斗力也很强，硬拼难以成功，必须用计才能取胜。李元昊于是改变策略，采取避敌锋芒，保存实力的方针，寻找机会破敌。十月初九，李元昊派人向辽兴宗认罪、求和，承诺在辽兴宗退兵后，就把从辽国叛逃而来的那些党项部落还给辽国。李元昊的这一做法，是他调整策略的一部分，而辽兴宗没有多想就答应了李元昊。

十月二十三日，李元昊派人向辽兴宗进贡土特产，辽兴宗派北院枢密副使萧革去迎接使者。第二天，萧革奏报辽兴宗，说李元昊亲自带着党项部落的首领来了。辽兴宗让萧革列数李元昊的罪责，说李元昊招纳叛逃之人，还背弃盟誓。李元昊态度很好，拜伏于地，向辽兴宗请罪。辽兴宗接受李元昊认罪，给李元昊赐酒，允许李元昊改过自新，将李元昊放回西夏国。

其实辽兴宗有所不知，就在李元昊低三下四求和的同时，他已经做好备战工作，等待时机反击辽国大军。北院枢密使萧惠没有被李元昊的举动迷惑，他向辽兴宗建议，应当趁李元昊求和之机，一举将他消灭，否则后悔莫及。其他大臣也认为，辽国大军已经到来，李元昊之所以求和就是实力不足，应当趁机向李元昊发起进攻。辽兴宗想想也对，于是又同意攻打李元昊。

李元昊得到了这个消息，他立即下令退兵，一连后撤一百多里，还放火烧光一路上的野草，让辽国大军得不到草料。辽兴宗派兵追击李元昊，不久就出现人马疲惫、粮草不足的情况。辽兴宗没有办法，只得接受与李元昊的议和。李元昊此时却又故意拖延时间，毕竟辽国大军远道而来，耗不起。李元昊看准时机，下令向辽军发起反攻。

李元昊之所以敢向辽军发起反攻，就是觉得辽军已成疲劳之师。然而辽军数量巨大，李元昊的反攻还是有相当大的风险的。果然，两军一交锋，西夏军就被辽军包围，西夏军数千人被杀，李元昊面临险境。然而，老天不佑辽军，突然刮起大风，漫天黄沙，遮住眼睛。辽军一片慌乱，而西夏军应对自如，趁机杀向辽军，辽军被杀以及被践踏而死的不可胜数。这场突然到来的沙尘暴，大概只有李元昊的西夏国人能够适应，辽国人生活在东部草原，大概很少经历这样的场面。辽军本来占绝对优势，但天时不利，最终惨败，驸马萧胡睹和辽兴宗身边近臣数十人都成了西夏人的俘虏，辽兴宗差点儿就逃不出来了。

李元昊知道辽国强大，达到目的就行，最终还是要讲和。十月二十九日，李元昊派人将俘虏送还，同时向辽兴宗求和。辽兴宗接受李元昊求和，下令把之前扣押的西夏国使者也放了回去。

十一月初四，辽兴宗赏赐有功将士财物若干。十一月初七，辽兴宗下令班师，结束此次征讨西夏的军事行动。十一月初十，辽兴宗下诏，将云州（今山西省大同市）升为西京大同府。辽兴宗之所以在云州设置西京，主要是为了防御西夏国。从此，辽国已有五京，也就是上京临潢府，东京辽阳府，南京析津府，中京大定府，以及西京大同府。

辽兴宗对征讨西夏失败而耿耿于怀，发誓要报一箭之仇。

五、二征西夏

重熙十七年（1048年）二月，西夏国开国皇帝李元昊被他的儿子、皇太子李宁令哥杀死，终年四十六岁。李宁令哥又被国相没藏讹庞杀死，李元昊的小儿子李谅祚继承皇位，史称夏毅宗。夏毅宗当时虽然已经虚两岁，但实际还不到一周岁。西夏国的朝政大权就由夏毅宗的母亲没藏太后与舅舅没藏讹庞掌控。西夏国将李元昊去世一事派人告知辽国，辽兴宗也派人前往西夏国祭奠慰问。

此时的辽兴宗已经准备再次攻打西夏国，报上一次战败之仇。不过辽兴宗当年并没有发兵，因为这一年他派兵讨伐女真蒲奴里部，另外他还要为攻打西夏国做一些准备，毕竟西夏国也是一个强劲的对手。

重熙十八年（1049年）正月初一，西夏国使者前来祝贺新年。正月初五，辽兴宗下令把西夏国使者扣留。辽兴宗此举已经表明他要行动了。正月初六，辽兴宗派北院枢密副使萧惟信将再次讨伐西夏国一事通报宋朝。宋朝非常热情，又一次派人送来礼金，为辽兴宗出征送行。

六月，辽兴宗开始部署出征事宜，仍然兵分三路。韩国王萧惠为河南道行军都统，赵王萧孝友、汉王耶律贴不为副都统，率领南路军渡过黄河，向河套地区推进，指向西夏国东境。耶律敌鲁古为北道行军都统，突入西夏右厢地区，南下进攻凉州（今甘肃省武威市）。辽兴宗亲自率领中军主力随后跟进，皇太弟耶律重元、北院大王耶律仁先担任先锋。耶律敌鲁古曾经担任西北路招讨使、封漆水郡王，三年前因受贿被免官。

九月，南路辽军在萧惠带领下，沿黄河前进，战舰粮船，绵亘数百里。萧惠以为人多势众，骄傲轻敌，不加戒备。西夏军突然从高坡冲下，突袭辽军。辽军猝不及防，死伤惨重。

辽兴宗得到南路军战败的消息，传令继续前行，毕竟他带领的中路军是主力。然而北院大王耶律仁先主张撤退。辽兴宗不同意，耶律仁先极力劝谏，辽兴宗这才心有不甘地接受了，下了撤军的命令。

十月，北路军在耶律敌鲁古带领下，到达贺兰山，参加此路大军的还有阻卜部以及乌古敌烈部兵马。北路军在贺兰山歼灭没藏讹庞率领的三千名骑兵。没藏讹庞带领少数人马逃跑，耶律敌鲁古带领辽军一直追到凉州。耶律敌鲁古最后俘虏了李元昊的遗孀没移皇后，以及西夏国多名官僚家属，还俘获大量牲畜。这一战，耶律敌鲁古的北路军也有损失，乌古敌烈部都详稳萧慈氏奴等人就战死了。北路军作战到此，也班师东返。三个月后，辽兴宗因耶律敌鲁古的战功恢复了他的漆水郡王爵位。

辽兴宗此次大举进攻西夏国的军事行动，就这样结束了。辽兴宗感到遗憾的是，他亲自率领的中路军主力没有与敌人交锋，竟然一听到南路军战败的消息就撤退了。辽兴宗对耶律仁先的建议耿耿于怀，所以当听说跟随萧惠出征的将领耶律宜新一部没有损失时，就将耶律仁先的北院大王一职给了耶律宜新。辽兴宗还有些不甘心，于是在重熙十九年（1050年）正月派人前往西夏国，向西夏国问罪。

西夏国拒不认罪，竟然在当年二月，派将领洼普、猥货、乙灵纪等人进攻辽国的金肃城（今内蒙古准格尔旗西北）。辽国南面林牙耶律高家奴等人击败了西夏军，猥货、乙灵纪被杀，洼普负伤逃走，最后也向辽国边将投降。三月，殿前都点检萧迭里得又与西夏兵在三角川激战，取得胜利。

边境的这两次交战，虽然最终是辽国守将获胜，但辽兴宗得到消息后，还是十分生气的。试想一下，辽兴宗大规模攻打西夏国无功而返，正想通过问罪的方式捞回一点面子，反而接连听到边境被袭的消息，辽兴宗还能坐得住吗？所以，就在三月，辽兴宗命令西南招讨使萧蒲奴、北院大王耶律宜新、林牙萧撒抹等人率领部队，再一次讨伐西夏。辽兴宗这回没有亲自率领大军出征，他有些不放心，于是派行宫都部署耶律别古得负责前往督战。

五月初七，萧蒲奴等人率军进入西夏国境内，未与敌军相遇，纵兵大肆抢掠一番，然后班师。六月，宋朝派人来到辽国，向辽兴宗祝贺讨伐西夏国取得胜利。宋朝的这次祝贺，显然是讨好辽国，因为辽国根本没有取得胜利，辽兴宗此次派出的萧蒲奴等人根本没有与西夏国兵马交战。到当年九月十八日，西夏国边军还在侵扰辽国边境，辽国将领耶律敌鲁古派将领海里出战，击退了西夏军。

西夏国虽然两次击败了前来攻打的辽军，但也付出了重大代价，国力也有所下降。当年十月，夏毅宗的母亲没藏太后派使者来到辽国，请求像以前一样称臣。辽兴宗摆了个架子，没有立即答复西夏国的使者，而是让西夏国的使者回去，让西夏国另派使者前来朝见。辽兴宗还表示，对于西夏国的请求，他要再考虑一下。

当年十二月，西夏国再派使者来到辽国，向辽兴宗上表，请求称臣。辽兴宗仍然没有爽快地答应西夏国使者，不过此次他也回派了使者。重熙二十年（1051年）二月，辽兴宗派前北院都监萧友括等人出使西夏国，索要叛降西夏国的党项民户。西夏国答应了辽兴宗的要求。五月，萧友括等人返回辽国，带来西夏国没藏太后的奏表，请求像党项部落一样，向辽国进贡马、骆驼、牛、羊等物。同月，西夏国又派使者来到辽国，请求辽国将唐隆镇（今内蒙古准格尔旗东南）归还给西夏国，同时请求辽国停止在那里修筑城池，辽兴宗用诏书答复了西夏国。

重熙二十一年（1052年）十月十五日，西夏国派使者来到辽国，请求解除边防武备紧急状态，辽兴宗立即派萧友括奉诏前去抚谕西夏国。重熙二十二年（公元1053年）三月，西夏国派使者来到辽国，向辽兴宗致谢，感谢辽兴宗接受西夏国归降。九月，西夏国又派使者来到辽国，向辽兴宗呈上降表。辽兴宗派南面林牙耶律高家奴等人前往西夏国，抚慰晓谕。重熙二十三年（1054年）正月，西夏国派使者来到辽国，向辽兴宗进贡土特产。五月，西夏国再向辽兴宗请求进贡马和骆驼，辽兴宗给西夏国下诏，让西夏国一年一贡。七月，西夏国向辽兴宗请求联姻。十月，西夏国又派人给辽兴宗送来盟誓奏表。

辽兴宗二次征讨西夏后，两国为议和一事，互派使者前后长达四年，终于让两国从此和平相处。辽兴宗两次征讨西夏，虽然战果不佳，但也让西夏国付出代价，从此西夏国在同宋朝的对抗中逐渐失去原先的优势，因而对辽国的依赖也越来越强。

就在西夏国给辽兴宗送来盟誓奏表的第二年，也就是重熙二十四年（公元1055年），这一年七月，辽兴宗正在秋捺钵，突然生起病来。八月初二，辽兴宗病情加重，赶紧把长子耶律洪基叫来，告诉耶律洪基治国之道。八月初三，辽兴宗大赦天下，放飞五坊鹰鹘，焚烧钓鱼用具。辽兴宗此举大概是觉得喜爱鹰鹘、钓鱼不是好事，所以才想通过此举，看看能不能让自己的病情好起来。辽兴宗这一年才四十岁，正是人生壮年，得如此重病确实不好理解，不得不联想到喜爱鹰鹘、钓鱼的事。然而，大赦也没有起到作用，因为第二天，辽兴宗就病逝了。

辽兴宗年纪轻轻就病逝了，他的母亲法天太后还健在，虽然没有什么权力与自由。法天太后听说儿子辽兴宗死了，一点悲伤的表情都没有。辽兴宗的皇后萧挞里非常悲伤，法天太后竟然对这位侄女说，你还年轻，何必如此哀痛？

辽兴宗病逝了，遗诏由耶律洪基继位，皇太弟耶律重元会怎么想呢？

第十一章　昏君道宗

一、耶律重元谋反

当年要不是耶律重元告密，让辽兴宗耶律宗真先下手为强，辽兴宗可能就被他的母亲法天太后给废了。耶律重元这个"坑妈"的娃，连皇位都不想要，就是想要帮助哥哥辽兴宗。辽兴宗没有亏待这个弟弟，在成功夺权后，就册封耶律重元为皇太弟，承诺在他百年之后，由耶律重元继承皇位。辽兴宗在位二十五年，耶律重元一直是皇太弟，耶律重元从未提出不当这个皇太弟，看来他真的希望将来继承辽兴宗的皇位。

其实册封耶律重元为皇太弟，只是辽兴宗出于一时的感激。一段时间之后，辽兴宗冷静了下来，特别是已经稳固地控制了朝政之后，他就想改变这个决定了。辽兴宗开始为他的长子耶律洪基成为继承人而谋划。耶律洪基在六岁时被封为梁王，十一岁时被封为燕国王，总领中丞司事，十二岁时，总理北南院枢密使事，加封尚书令，进封为燕赵国王。耶律洪基这个时候年龄还小，这些官职只是象征性的，不过辽兴宗此时已经安排儒臣萧惟信、姚景行、耶律良等人担任耶律洪基的师傅，培养耶律洪基。耶律洪基二十一岁时，辽兴宗封他为天下兵马大元帅，知惕隐事，参与朝政。明眼人已经看出来了，辽兴宗已经把耶律洪基当作太子了，只是没有册封而已。可以想象，皇太弟耶律重元这个时候的心里一定不好受，因为他发现皇位离他越来越远了。

然而辽兴宗一直没有捅破这层纸，始终没有废除耶律重元皇太弟的身份，也没有册封耶律洪基为皇太子。辽兴宗病逝的时候，耶律洪基已经二十四岁,他按照辽兴宗的遗诏,在辽兴宗的灵柩前登基即位,史称辽道宗。这个时候的耶律重元一定失望极了,因为即使不下诏书,他的皇太弟身份也已经没有了,因为他不是当今皇上辽道宗的弟弟,而是辽道宗的叔叔。辽道宗也考虑到耶律重元的感受,在即位的三天后,册封耶律重元为皇太叔,表明还承认耶律重元继承人的身份。辽道宗还准许耶律重元见到他不用行汉人礼节,上朝时也不用呼耶律重元的大名,给耶律重元特殊礼遇。

耶律重元这个时候还相信辽道宗将来会把皇位交给他吗?单从年龄上看,耶律重元已经三十五岁,虽然也不算大,但总比辽道宗大吧,他怎么能保证死在辽道宗的后头呢?耶律重元已经被他哥哥辽兴宗耍了一回,怎么还甘心被侄儿辽道宗再耍一回呢?耶律重元当时一定想,要不是我向哥哥辽兴宗报告,这个皇位早就是我的了。

辽道宗也担心耶律重元有想法,他还有办法。就在辽道宗即位的第二年,他封耶律重元为天下兵马大元帅,这可是辽兴宗在位期间一直没有做的事。要知道,天下兵马大元帅是辽道宗当皇帝前担任的官职,辽道宗的这个举动是想表明他真心要耶律重元当继承人。其实耶律重元不傻,因为他知道这只不过是辽道宗即位之初安抚他的做法。

辽道宗当时确实想安抚耶律重元,希望他能够接受现实,与他平安相处。到了清宁四年(1058年)时,辽道宗继位已经四年,他又一次安抚这位叔叔。当年闰十二月,辽道宗赐给耶律重元金券,也就是所谓的免死铁券。不仅如此,辽道宗还给耶律重元赐予四顶帽及二色袍,尊崇无比。

耶律重元虽然感到不平,但他并没有采取行动,去与辽道宗争夺皇位。如果耶律重元想这么做,在辽兴宗病逝时就可以,毕竟他是皇太弟,而辽道宗耶律洪基当时还不是皇太子,他可以不承认辽兴宗的遗诏。可见,耶律重元当时只是在心里有想法而已。

然而耶律重元的儿子耶律涅鲁古则不一样,他不仅为父亲没有继承皇位而愤愤不平,还鼓动父亲行动,主动与辽道宗争夺帝位。史书上说耶律涅鲁古生性狠毒,有一次辽兴宗见到他的时候,就曾说这小子眼中有反相。

第十一章 昏君道宗

虽然辽兴宗这样评价耶律涅鲁古,他还是封耶律涅鲁古为安定郡王,不久又封耶律涅鲁古为楚王,还让耶律涅鲁古担任惕隐,掌管皇族内部事务。辽道宗即位后,没有马上就给耶律涅鲁古升官,这或许让耶律涅鲁古感到不高兴。辽道宗继位的第三年,还把耶律涅鲁古调出朝廷,前往奉圣州(今河北省涿鹿县),担任武定军节度使。武定军节度使也是一个很重要的官,管辖的地方也不小,但耶律涅鲁古并不满足,毕竟这是地方官职。当然,辽道宗此举,大概也有把耶律重元、耶律涅鲁古父子分开的考虑,毕竟辽道宗对他们父子不太放心。

如果说耶律重元是一个"坑妈"娃,那耶律涅鲁古就是一个典型的"坑爹"儿。也许没有耶律涅鲁古,耶律重元大概会忍气吞声,就这样过一辈子。耶律涅鲁古不仅劝他父亲造反,还主动为他父亲谋划。清宁七年(1061年)七月,辽道宗将耶律涅鲁古调回朝廷,担任知南院枢密使事。到南枢密院任职,算是对耶律涅鲁古的重用,然而耶律涅鲁古不仅不领情,却利用回到朝廷的机会,继续劝他父亲谋反,并开始行动。耶律涅鲁古让他父亲假装生病,说辽道宗一定会来看望,然后趁机向辽道宗行刺。这的确是一个好办法,因为皇太叔生病,辽道宗不可能不来看望,而在自己的府上行刺,成功率是很高的。由于史书记载不详,不知是什么原因,耶律涅鲁古这个计划最终没有成功。

父子二人又等了两年,又一次谋划杀害辽道宗。清宁九年(1063年)七月,辽道宗到滦河太子山(今内蒙古宁城县西南)秋捺钵,耶律重元、耶律涅鲁古父子二人认为这是一个好机会。

耶律重元父子决定就在七月十九日动手,将辽道宗杀死在行宫。百密一疏,耶律重元父子的谋划被一个人知道了,这个人就是敦睦宫使、兼权知皇太后宫诸局事耶律良。耶律良不敢向辽道宗奏报,他认为辽道宗对同族中人有感情,不会相信他说的话。耶律良于是去见皇太后,也就是辽道宗的母亲。皇太后相信耶律良的话,于是以生病为借口,让人去把辽道宗找来。

辽道宗来到皇太后处，皇太后把耶律良获知的情况告诉辽道宗，还说这是国家存亡的大事，应该早作对策。辽道宗果然不信，他反而怪耶律良在离间他们的骨肉。耶律良向辽道宗保证，如果他说的是假话，甘当死罪。耶律良也提醒辽道宗，如不早作准备，恐怕会中了逆贼的奸计。耶律良还给辽道宗出了一个计策，那就是召见耶律重元的儿子耶律涅鲁古，如果耶律涅鲁古不肯来，就说明他们准备谋反了。辽道宗终于采纳了耶律良的计策，派人去召见耶律涅鲁古。

辽道宗同时也召见南院枢密使耶律仁先，把耶律重元父子要谋反的事告诉耶律仁先。耶律仁先说这些人不是好人，他已经怀疑他们很久了。辽道宗于是命令耶律仁先带领人马去逮捕耶律重元这伙人。

不多时，辽道宗派去召见耶律涅鲁古的使者回来了。使者告诉辽道宗，耶律涅鲁古不仅不肯来见辽道宗，还把他绑了起来，想要杀掉他。这位使者趁人不注意，用佩刀割断了绳子，逃回了辽道宗的行宫。辽道宗这才相信耶律重元父子果然反了。

耶律涅鲁古知道事情泄露了，赶紧召集同党，准备行动。耶律重元父子的同党有四百人，不少人还身居要职，比如同知北院枢密使事萧胡睹、殿前都点检耶律撒刺竹、卫王耶律贴不、统军使萧迭里得、驸马都尉萧参及其弟萧术者等。同党并未到齐，耶律涅鲁古就开始行动了。

辽道宗得到消息，非常惊慌，想要前往北院大王、南院大王那里。耶律仁先不赞同这样做，他认为辽道宗一旦舍弃随从，逆贼必定紧随其后。耶律仁先还认为北院大王、南院大王此时到底站在哪一边，还不清楚，所以不能前往。这时北院宣徽使萧韩家奴纵马飞奔而来，他也得知耶律重元父子谋反了。萧韩家奴拉住辽道宗的马缰，坚决劝阻辽道宗不要前往北、南二院，辽道宗这才接受劝谏。辽道宗于是把讨伐逆贼的事全权交给耶律仁先。

耶律仁先下令，把战车环绕起来作为军营，折断行宫前阻拦人马通行的木栅作为兵器，带领部属、近侍三十多人骑着马在木障外摆好阵势。叛

第十一章 昏君道宗

贼来势很猛，皇太后也亲自前来督率卫士抵御。南府宰相萧德与叛贼搏斗，打败了叛贼的前锋。耶律涅鲁古跃马出战，被辽道宗的近侍详稳阿苏射杀，耶律重元的人马开始后退。

殿前都点检耶律撒剌竹得知耶律重元已经行动，立即赶了过来。耶律撒剌竹得知耶律涅鲁古已经阵亡，担心夜长梦多，部众可能会反水，于是对耶律重元说，只有死战这一条出路，应当趁行宫防备不足再去袭击，如果等到第二天，就来不及了。萧胡睹不赞同，认为天已经黑了，难以行动，就是到了第二天早上，也不算晚。耶律重元听从了萧胡睹的建议，没有立即出战，而是让人在四面巡视警戒。

这天晚上，萧胡睹带领同党拥立耶律重元为皇帝，耶律重元终于从皇太弟、皇太叔到了皇上，当然这只是自封的。萧胡睹当仁不让，自己担任枢密使。

第二天早上，耶律重元与萧胡睹、耶律撒剌竹、统军使萧迭里得、兴圣宫太保古迭等人率领两千名奚族人前往攻打辽道宗的行宫。

也有人前来增援辽道宗，比如北面林牙耶律敌烈等人就带领兵马赶了过来。耶律仁先没有立即下令出战，而是等叛贼的气势消退了才下令进攻。赵王、知北枢密院事耶律乙辛以及萧德、萧韩家奴、萧惟信、耶律良等人奉命分别带领宫中的卫士和援军，背靠着营地列阵，奋力反击，叛贼开始退却。

萧韩家奴又开始做思想工作，他对耶律重元的士兵说，你们为何不悔过自新，转祸为福呢？这些人纷纷放下兵器投降。耶律重元一看情势不妙，赶紧带领几个骑兵逃跑了。耶律仁先等人追杀了二十多里，交战中杀死了耶律撒剌竹，擒获了萧迭里得、古迭，杀了他们。萧胡睹骑马逃到一条河边，投水而死。耶律重元逃往大沙漠，叹息说是儿子耶律涅鲁古让他到了这个地步，接着就自杀了。

辽道宗下令捕杀叛贼同党。由于萧胡睹参与叛乱，出力最多，辽道宗下令杀了他的五个儿子。这还牵连出萧胡睹的父亲、陈王萧孝友，辽道宗没有手软，下令将这位舅公也给杀了。前枢密使萧革因其子是耶律重元的女婿，也参与了叛乱阴谋，辽道宗将他凌迟处死。

七月二十二日，辽道宗论功行赏。辽道宗说平息叛乱，全是耶律仁先的功劳，于是将耶律仁先由许王晋封为宋王，尊为尚父，担任北院枢密使，辽道宗亲自撰写诏书褒奖他，还命人绘制滦河作战图以表彰他的功劳。赵王耶律乙辛晋封为魏王，担任南院枢密使。萧韩家奴为殿前都点检，封荆王。萧惟信为太子太傅。耶律良担任汉人行宫都部署。

熟知武侠小说《天龙八部》的读者一定知道，是萧峰帮助辽道宗耶律洪基平息了皇太叔之乱，萧峰的功劳最大。萧峰是虚构的，一定要找一个历史原型的话，只能是耶律仁先了。小说中说萧峰在遇到耶律洪基时，先遇到女真人完颜阿骨打，其实在皇太叔叛乱时，完颜阿骨打还没有出生。另外，小说中还讲辽道宗一直想消灭宋朝，而萧峰不愿与宋朝为敌，最终命丧雁门关，这与历史上的辽道宗完全不一样。辽道宗没有消灭宋朝统一天下的雄心。不过，辽道宗与他父亲辽兴宗一样，也想在宋朝那里捞一点好处。

二、熙宁划界

宋朝与辽国签订"澶渊之盟"后，原本冲突最为频繁的河北地区，两国的边界线相对清楚。而在河东境内，宋朝与辽国的边界就一直有争议。

宋、辽两国在河东地区的边界，原本是按两国所辖的州来划分，比如在辽国，其在河东境内的边境地区，主要就是四个州，即幽云十六州当中的蔚州（今河北省蔚县）、应州（今山西省应县）、寰州（今山西省朔州市东）与朔州（今山西省朔州市）。而在宋朝，主要是一个州与三个军，分别是代州（今山西省代县）、宁化军（今山西省宁武县西南）、岢岚军（今山西省岢岚县）与火山军（今山西省河曲县）。

州与州或与军之间的分界，原本应当是清楚的，但由于宋朝为了边境一带百姓的安全，已经让边境一带的百姓南移，造成边境一带宋朝人口较少，使得边境一带逐渐形成一块"禁地"。辽国地方官员以及一些百姓便趁此机会，把活动领域向南推进，时常出现越界的情况，地方上不断有边界争议的情况发生。

到了咸雍十年（宋朝熙宁七年，1074年），两国边界的争议，由地方级上升到国家级。辽道宗耶律洪基当年四十三岁，在位已经二十年。辽道宗听说宋朝在河东沿边增修堡垒，兴建驿站，已经侵入辽国的蔚、应、朔三州辖区内，便准备与宋朝交涉此事。

辽道宗所听说的，未必全是真实的。如果说宋朝在边境修筑堡垒，兴建驿站，倒也可能，但说宋朝把这些设施建到辽国的境内，这显然是辽国地方官员夸大其词。辽国在宋朝面前，一直表现出强硬的姿态，到了辽道宗仍然如此。辽道宗也不管所听到的消息是真是假，便派林牙萧禧为使，专门前往宋朝，要求宋朝拆毁那些堡垒、驿站，重新划分界线。

宋朝当时的皇帝是宋神宗赵顼。宋神宗在位已有七年，正在宰相王安石的辅佐下，推行变法，以图改变北宋多年来积贫积弱的局面，史称"熙宁变法"，也称"王安石变法"。王安石变法就是为了富国强兵，必然在边境一带有所动作，这也是让辽国担忧的事情。

宋神宗听说辽国派使前来，担心又一次提出索要河北境内的关南十县，他为如何答复而大伤脑筋。当年三月，辽国使者萧禧到达宋朝的京城开封，把辽道宗的要求转达给宋神宗，宋神宗松了一口气，因为辽国不是索要关南十县。宋神宗觉得辽国此次所提之事，根本就是一件小事，边境一带的官员就可以处理。既然辽国使者来了，宋神宗也非常友好地、诚恳地给予了答复。

宋神宗对萧禧说，蔚、应、朔三州的边界，宋朝将会派官员与辽国的官员一同前去确认。宋神宗还说到增修堡垒与兴建驿站的事，那是在河北境内的雄州与白沟（今河北省高碑店市白沟镇）。宋神宗解释说，雄州的外罗城修筑，已经有十三年，不是新建，也不是最近的事，既然辽国不愿意，宋朝就不再继续修。而白沟的馆驿也会派官员去检查，如果有敌楼之类的军事设施，就一律拆毁，如果有驻屯士兵，也一律撤走。宋神宗不仅口头对萧禧作了这些说明与答复，还在回复辽国的国书中承诺，如果真有逾越界线的事，一定会改正。

宋神宗最后派太常少卿刘忱与秘书丞吕大忠为使，与萧禧一同前往辽国，继续商议此事。出发前，刘忱在便殿向宋神宗奏报，说他在枢密院查阅过有关文献，根本没有见到宋朝侵占辽国尺寸土地的事。刘忱表示，他此次出使辽国，当冒死与他们力争。刘忱出发后，宋神宗想想不妥，又派人给刘忱送去手诏，说辽国理屈就会恼羞成怒，让刘忱做一些让步，姑且答应辽国的要求。对于宋神宗所定的这个调子，刘忱没有听从。

起程不久，吕大忠便接到父亲去世的消息，于是赶回老家为父守丧。宋神宗为让吕大忠尽快前往辽国商议边界划分，便重新任命吕大忠为代州知州，让吕大忠尽快赶往代州，同时处理边界谈判一事。吕大忠只好放弃为父守丧的孝道。

辽国方面则派大臣萧素前往宋辽边境，与刘忱、吕大忠等人商议两国的边界划分问题。四月，两国使者在宋朝的代州相见，萧素不把自己当客，竟然在会场的座次上，占据了主席，以图在气势上压过宋朝的使者。吕大忠态度也很坚决，不接受这样的座次。双方最后商定，把会场移到长城以北，也就是到了辽国的地界再谈。

两国使者经过几轮会议，双方都争执不下。最后，辽国使者萧素稍微做了一些让步，提出两国在蔚、应、朔三州应当以分水岭土陇为边界线。刘忱与萧素他们去了现场，没有看到所谓的土陇。萧素又提出就以山脉的分水岭为边界，不再提土陇一事。所谓山脉的分水岭，就是山脉的脊梁，理论上，山脉都有分水岭。宋朝两位主使不接受以分水岭为界，认为有的山本身就在宋朝境内，还谈什么分水岭？双方相持很久，没有结论。

就在宋、辽两国使者为边界进行激烈谈判之时，宋神宗迫于保守派的压力，把主持改革的王安石罢了相。在边界谈判一事上，宋神宗已经成为

第十一章　昏君道宗

宋朝的主要决策人。然而，代北地区的疆界谈判花了很长时间，都没有结果。当年九月，辽国使者萧禧奉命再次到达宋朝的京城开封，向宋神宗提出两国在河东北部边界划分的问题。宋神宗先让枢密院讨论对策，又在十月初八给韩琦、富弼、文彦博、曾公亮等几位老臣下达诏书，让他们给朝廷也提供一些建议。宋神宗在诏书中说，辽国又把蛮横的使臣萧禧派来了，辽国此次是志在必得。宋神宗也表达了自己的想法，那便是辽国是不会有满足的时候，这一次恐怕也拒绝不了他们的欲求。

韩琦回复的奏书有点长，一开始就把王安石变法做的一些事指责一通，最后提出一些建议："应当派使回复辽国，说边境上的工程，只是平常的整修，没有别的意思。两国的疆界本已固定，应当维持原来模样，不要寻机制造事端，破坏两国历代的友好。"其他几位老臣的意见也差不多，都不主张因划界而与辽国发生冲突。

结合几位老臣的建议，宋神宗最后以保守的方法来处理两国争端。宋神宗把刘忱、吕大忠召来，与执政大臣们一同商议。宋神宗提出准备同意辽国使者萧禧提出的要求。吕大忠说："对方派遣一个使臣来，就给他们五百里土地；如果派魏王耶律乙辛来，要求全部关南土地，我们也给吗？"帮助辽道宗平息皇太叔叛乱的耶律仁先在两年前去世了，耶律乙辛已经成为辽国政坛的红人。宋神宗听了吕大忠的话，默然无语。

执政大臣们想按照宋神宗的意思去处理，但又害怕刘忱与吕大忠反对。执政大臣们于是想了一个对策，那就是免去刘忱现有职务，让他到三司去任职，不再负责边界谈判一事。至于吕大忠，就让他回乡，为父守孝三年。

尽管宋朝做出了让步，接受分水岭的划界方案，但辽道宗还是想多占一些地方。辽道宗再一次派萧禧来到宋朝，提出黄嵬山的归属问题。大康元年（宋朝熙宁八年，公元 1075 年）三月，萧禧到了宋朝京城开封，提出同样以分水岭的方案，划分黄嵬山。黄嵬山原本就在宋朝辖区内，根本不能适用分水岭的方案。宋神宗让天章阁待制韩缜与萧禧讨论此事，双方多次争辩到半夜。萧禧始终坚持分水岭的划界方案，住在馆驿不肯回辽国，说他一定要等到宋朝同意才走。

宋神宗决定再派使者前往辽国谈判。宋神宗此次派出的大臣是知制诰沈括。沈括先到枢密院查阅案卷，发现之前宋、辽两国议论疆界的一些文书，是指定以古长城为分界，而萧禧现在所提出的黄嵬山，在古长城以南，相距有三十多里。沈括把他的发现上奏给宋神宗，宋神宗高兴地说，之前办事的那些大臣太不深究事情的原委，差点误了国家大事。宋神宗让沈括把边界地图拿给萧禧看，萧禧终于说不出话。宋神宗看到沈括办事有成果，马上赏赐沈括一千两白银。

不久，沈括到了辽国，辽国派枢密副使杨遵勖与沈括讨论边界。沈括让随从们把两国过去有关疆界方面的文书背诵下来，每次杨遵勖发问，沈括就看着随从，随从立即把有关文书背诵一遍。过几天，杨遵勖再问，随从们就继续背书。杨遵勖没有办法反驳，态度就开始不友好了。尽管如此，沈括仍然据理力争。双方前后会谈六次，沈括始终没有答应辽国的要求。辽国最后只好放弃黄嵬山，以天池为界，沈括也完成使命回国。

七月，宋神宗派韩缜前往河东，与辽国官员一起划定边界。划界一事，并没有很快就结束，韩缜在宋神宗的直接指挥下，用时长达四年的时间，直到大康三年（宋朝熙宁十年，1077年）才基本完成此事。大康四年（宋朝元丰元年，公元1078年），两国还在划界一事上，进行了一些完善。

从划界的结果来看，由于辽国方面不断地索要，宋朝让出了一些土地才得以平息。到底多划给辽国多少土地，有的史料说七百里，有的史料说五百里。黄庭坚的叔父黄廉甚至认为，以分水岭为界，把中原的险要都丢失了。王安石在大康元年（宋朝熙宁八年，1075年）二月再次出任宰相，再次成为朝廷中掌权的大臣，一些史料便把此次划界失地的责任，推给了王安石。也有史料把失地的责任推给了韩缜。其实，宋神宗应当负主要责任。

三、十香词冤案

在平定皇太叔耶律重元叛乱一事上，许王耶律仁先功劳最大，被辽道宗耶律洪基晋封为宋王，还担任北院枢密使这个辽国最有实权的官职。赵王耶律乙辛功劳次之，被辽道宗晋封为魏王，担任南院枢密使。两年后，也就是咸雍元年（1065年），辽道宗又给耶律仁先加官为于越，改封为辽王。于越是辽国名义上最大的官，辽王是辽国最高的王爵。史书上说，在辽国历史上，有三大于越，声名显赫，分别是耶律曷鲁、耶律屋质、耶律仁先。其实还有一位于越，名气也很响，他就是耶律休哥。不管是三大于越，还是四大于越，耶律仁先在辽国已经位极人臣。

辽道宗如此重用耶律仁先，也没有亏待耶律乙辛，他让耶律乙辛与耶律仁先一起掌管北枢密院这个最有实权的机构。辽道宗给耶律仁先这样的礼遇当然是耶律仁先应该得到的，因为耶律仁先不仅对国家有功，为官也很正派。然而耶律乙辛就不一样了，他依仗辽道宗宠幸他，经常干一些不法之事。耶律仁先对耶律乙辛经常加以阻止，耶律乙辛于是就记恨在心。

耶律仁先是君子，他只是想劝阻耶律乙辛不要干坏事，但不会加害耶律乙辛。然而耶律乙辛是小人，他想尽一切办法要谋害耶律仁先。这个时候，作为辽国的皇帝，辽道宗就显得非常重要，他如果分得清忠奸，那他还算是一位明君，然而辽道宗只相信耶律乙辛，所以，他是一位彻头彻尾的昏君。耶律乙辛不断地在辽道宗面前说耶律仁先的坏话，还找借口让辽道宗把耶律仁先调出朝廷，这样他就能一人掌管辽国朝政大权。辽道宗糊里糊涂，在给耶律仁先加官为于越的当年，就把耶律仁先贬到南京（今北京市）当留守，还把耶律仁先降为晋王。耶律仁先没有怨言，到了南京后，为辽国镇守边防，防御宋朝。史书上说，让宋朝人感到敬畏的，除了于越耶律休哥，就是于越耶律仁先了。

辽道宗将耶律仁先调离了朝廷，马上就给耶律乙辛加官为守太师，下诏赋予耶律乙辛四方有战事可以便宜行动的大权。从此，耶律乙辛权倾朝野，登门贿赂的人络绎不绝，那些曲从迎合耶律乙辛的人就受到荐举提升，而忠信耿直的人就被降官贬斥。七年后，耶律仁先去世，终年六十岁。从此耶律乙辛就更加肆无忌惮了。

耶律乙辛在辽国大权在握，是辽道宗身边第一红人，他的大名不仅响彻辽国，连南边的宋朝也都知晓。辽国与宋朝在河东地区划界一事上争论不下，宋神宗当时就想答应辽道宗的使者萧禧的无理要求，准备前往与辽国谈判的吕大忠说，对方派了一个使臣来，就给他们五百里土地，如果派魏王耶律乙辛来，要求全部关南土地，也要给他们吗？问得宋神宗无言以对。

耶律乙辛在辽国呼风唤雨，不干好事，辽道宗是听之任之。然而终于有一天，耶律乙辛感到他的权力受到了威胁。大康元年（1075年）六月，辽道宗下诏，让十八岁的皇太子耶律浚兼领北南枢密院事，总领朝政。耶律浚是辽道宗的长子，六岁时被封为梁王，八岁时被册封为皇太子。辽道宗给皇太子耶律浚选了一位耿直仁义的老师叫耶律引吉，希望耶律引吉好好地教导太子。辽道宗此时有意培养皇太子，这也算是明智之举。然而，不甘心朝政大权被太子拿走的权臣耶律乙辛想动摇太子的地位，他在辽道宗那里不知说了些什么，辽道宗就把耶律引吉外放，到群牧司当林牙。

太子总领朝政后，法令制度十分健全，耶律乙辛的权力就受到了限制。耶律乙辛为继续控制朝政，他与同党策划了一套方案，首先就把矛头对准了太子耶律浚的生母，就是辽道宗的皇后萧观音。耶律乙辛想先把皇后萧观音除掉，然后再把太子耶律浚扳倒。

耶律乙辛他们找到一个叫单登的婢女，想利用她。单登本是皇太叔耶律重元的家婢，在耶律重元谋反失败后，单登被籍没为宫婢。单登擅长弹奏筝和琵琶，曾与宫中乐师赵惟一争强而失败。辽道宗听说单登会弹奏筝，便召见了她，让她弹奏一曲。皇后萧观音知道后，就劝谏辽道宗，说单登是叛臣家的婢女，婢女中就没有豫让那样的刺客吗？萧观音提醒辽道宗，不能让单登离他太近。豫让是春秋时期的一位有名的刺客，曾为主人报仇

第十一章　昏君道宗

而刺杀赵襄子，辽道宗岂能不知？辽道宗于是将单登派到宫外做事，单登从此怨恨皇后萧观音。

皇后萧观音会写诗作词，也擅长书法，还精通音乐，宫中乐师赵惟一常常侍奉在她的左右。有一回辽道宗秋捺钵，萧观音劝谏辽道宗不要总是打猎，辽道宗听了不高兴，便有些疏远萧观音。萧观音心情不好，作了十首词，名为《回心院》。这十首词非常感人，有希望辽道宗能够回心转意的意思。萧观音想把这十首词谱成曲，以便吟唱，然而精通音乐的萧观音觉得自己可能谱不好，便让赵惟一来谱曲。这十首由萧观音作词赵惟一作曲的歌曲，便在辽国的后宫中传唱了起来。

辽道宗有没有回心转意，史书上没有详细记载，然而皇后萧观音与乐师赵惟一如此合作，让耶律乙辛他们有了主意。耶律乙辛他们准备诬陷皇后萧观音与赵惟一私通。讲到这里，也许有人会认为赵惟一能够在宫中出入，应该会是太监，没有能力与皇后私通，想诬陷也诬陷不了。然而赵惟一不是太监，他是一个正常的男人。

不过就凭萧观音与赵惟一一起填词作曲，恐怕也不能让辽道宗相信二人有奸情。耶律乙辛他们又想了一个办法，他们让人写了一首粗俗、淫秽的《十香词》，让单登设法拿给萧观音，然后对萧观音说这是宋朝皇后写的，请萧观音把这首词书写出来，这便是宋、辽两国皇后的"词、书二绝"了。萧观音的书法也确实不错，她没有多想便把这首词给书写了出来。萧观音写好了《十香词》，又有感而发，作了一首绝句，名为《怀古》。《怀古》一诗为：

宫中只数赵家妆，
败雨残云误汉王。
惟有知情一片月，
曾窥飞燕入昭阳。

单登把萧观音书写好的《十香词》以及《怀古》一诗交给了耶律乙辛。教坊里还有一个人叫朱顶鹤，也是单登妹妹的丈夫，他一直得到耶律乙辛的宠爱。耶律乙辛就让朱顶鹤揭发赵惟一，说赵惟一与皇后有奸情。

有了物证，有了人证，耶律乙辛于是向辽道宗奏报。辽道宗会不会相信这个诬告呢？相信了，因为耶律乙辛告诉他，《十香词》与《怀古》都是皇后萧观音写的，他一点不提宋朝皇后的事。辽道宗先看了《十香词》，马上就气不打一处来，因这首词写得太粗俗了。《十香词》写了女人身上十个部位的香气，这十个部位分别是发、乳、颊、颈、舌、口、手、足、阴部，以及肌肤。词文为：

青丝七尺长，挽作内家妆；不知眠枕上，倍觉绿云香。
红绡一幅强，轻阑白玉光；试开胸探取，尤比颤酥香。
芙蓉失新颜，莲花落故妆；两般总堪比，可似粉腮香。
蠕蛴那足并？长须学凤凰；昨宵欢臂上，应惹颈边香。
和羹好滋味，送语出宫商；安知郎口内，含有暖甘香。
非关兼酒气，不是口脂芳；却疑花解语，风送过来香。
既摘上林蕊，还亲御苑桑；归来便携手，纤纤春笋香。
凤靴抛合缝，罗袜卸轻霜；谁将暖白玉，雕出软钩香。
解带色已颤，触手心愈忙；那识罗裙内，销魂别有香。
咳唾千花酿，肌肤百合装。无非瞰沉水，生得满身香。

就在辽道宗气头上时，耶律乙辛又对辽道宗说，萧皇后的《怀古》一诗中有"赵惟一"三字，暗藏萧皇后对赵惟一的情思。辽道宗这时不能不相信萧皇后与赵惟一有奸情了。辽道宗马上去见萧皇后，用"铁骨朵"击打萧皇后，差点儿把萧皇后打死。

辽道宗接着命令耶律乙辛与北府宰相张孝杰调查此事。二人给赵惟一用了各种酷刑，比如钉子钉、炭火烤等，赵惟一被迫供认，供词还牵连到教坊中一个叫高长命的人。枢密副使萧惟信得知此事，便去对耶律乙辛和张孝杰说，皇后贤明端庄，养育了皇太子，是天下之母，怎么能因叛臣家婢女的一句话就动摇皇后的地位呢？二人不听。

十一月初三，耶律乙辛将调查结果奏呈辽道宗，辽道宗有些犹豫不决，没有下令处罚萧皇后。张孝杰又罗织了一些罪名，以做实萧皇后的罪。辽道宗十分震怒，当天就杀了赵惟一全族，斩了高长命，逼迫萧皇后自尽。太子和公主听说父皇要处死母后，都披头散发、痛哭流涕，请求代替母亲受死，辽道宗没有准许。萧皇后没有哀求，她当场写了一首绝命词，然后自缢而死。太子以身扑地大声呼喊，说杀害他母亲的人，就是耶律乙辛！听到的人无不瞠目结舌。

耶律乙辛下一步就把毒手伸向了皇太子耶律浚。

四、冤杀太子

北院枢密使耶律乙辛谋害了皇后萧观音，辽道宗耶律洪基不明真相，因为他是一个昏君，然而太子耶律浚知道耶律乙辛是个什么样的人。耶律浚还很清楚地知道，他的母亲萧观音就是耶律乙辛害死的，他已经在母亲被逼自尽的时候，大声说了出来。这个时候的耶律乙辛就是当的官再大，也感到害怕，他知道他能迷惑辽道宗，但不能迷惑太子耶律浚。

殿前副点检萧十三也提醒耶律乙辛，说百官和百姓的心，都向着太子，这对耶律乙辛一定不利。萧十三还说，耶律乙辛不是名门世家出身，将来太子一旦登上皇位，他们这些人就没有容身之处了。萧十三提醒耶律乙辛早作打算。耶律乙辛当然知道这个理，他于是赶紧行动，当天晚上就把同知北院宣徽使事萧特里特找来，与他商量如何除掉太子耶律浚。萧十三又给耶律乙辛提供了计策，耶律乙辛也不亏待萧十三，推荐萧十三为殿前都点检，兼同知枢密院事。

在萧皇后被陷害的第三年，也就是大康三年（公元1077年），这一年五月，耶律乙辛指使右护卫太保耶律查剌，告发都宫使耶律撒剌、知北院枢密使事萧速撒、护卫萧忽古等八人图谋废掉辽道宗，准备拥立太子耶律浚为皇帝。耶律乙辛亲自到辽道宗那里奏报，把耶律查剌告发的事讲了一遍。辽道宗说证据不足，不能按谋逆之罪处罚耶律撒剌等人。然而辽道宗也没有完全不相信耶律乙辛的话，他把耶律撒剌、萧速撒、萧忽古等人调出朝廷，到外地为官，而将其他人鞭打一百余下。辽道宗确实害怕有人抢他的皇位，他还特地下了一道诏书，说告发谋反的人要加官重赏，以此来威慑那些试图谋反的人。

耶律乙辛的阴谋没有得逞，他当然不会善罢甘休，况且辽道宗不是说告发谋反有赏嘛，他于是继续让人告发。耶律乙辛等不及了，就在六月初一，指使牌印郎君萧讹都斡自首，说他参与了萧速撒他们的谋划，还把参与者的名字都写了出来。萧讹都斡为让辽道宗相信他，说他之所以自首，是害怕将来真相大白后，自己受到牵连。辽道宗这回真的相信了，确实认为太子耶律濬想取代他当皇帝。辽道宗于是就派耶律乙辛以及北府宰相张孝杰、殿前都点检萧十三等人去审讯太子，并给太子治罪。张孝杰此时已经叫耶律孝杰，他在与耶律乙辛一同谋害了皇后萧观音后，被赐国姓，大概是辽道宗认为张孝杰在审讯皇后与乐师赵惟一私通一事上，立有功劳。

让耶律乙辛与他的同党去调查太子耶律濬谋反一案，其结果可想而知，那就是耶律濬真的谋反了，尽管耶律濬对他们说，他已经是太子了，将来一定会当皇帝，何必要去谋反呢？然而辽道宗对耶律乙辛他们审讯的结果坚信不疑，他下令杖责耶律濬，把耶律濬囚禁在宫中。辽道宗还下令把跟随耶律濬的一些官员，包括被耶律乙辛他们诬陷要拥立耶律濬当皇帝的萧速撒等人，全部处死。其实这些人不过是耶律乙辛的对手，耶律乙辛想趁机把他们一网打尽而已。

只是囚禁了耶律濬，还没有达到耶律乙辛他们的目的，他们还要继续运作。没过多久，就在当月，辽道宗就又一次下旨，将耶律濬废为庶民，囚禁在上京。耶律濬即将离开皇宫，叹息说，我有什么罪，落到这步田地？耶律乙辛的同党萧十三已经真的把耶律濬当着庶人，马上大声呵斥，要耶律濬赶紧上囚车，让人把耶律濬押往上京。

太子耶律濬被废，是不是耶律乙辛他们就满意了呢？还没有，他们还想要耶律濬的命，因为他们担心哪一天辽道宗清醒过来，他同样可以再次

第十一章 昏君道宗

恢复耶律浚的太子之位。然而辽道宗也不想杀掉自己的儿子，尽管耶律乙辛他们不断地在辽道宗面前说耶律浚的坏话。

不管怎样，耶律浚离开了朝廷，耶律乙辛重掌大权，他的同党也一起得势。当年七月，右护卫太保耶律查剌就升为镇国大将军，定为突吕不部节度使的人选。牌印郎君萧讹都斡更是娶了辽道宗的女儿赵国公主，当上了驸马，还出任始平郡节度使。

耶律乙辛对耶律浚还活着感到十分不安，他准备自己动手了。当年十一月，耶律乙辛派他的死党萧达鲁古、萧撒八前往上京，到监狱中把耶律浚给杀掉了。可怜的太子耶律浚，被杀时年仅二十岁。耶律乙辛杀害耶律浚后，与他的同党聚集在一起，宴饮数日，以示庆贺。

耶律浚死了，这是大事，总得要向辽道宗奏报，耶律乙辛让上京留守萧挞得上奏，说耶律浚病死在狱中。辽道宗听了这个消息，一点都没有起疑，只是对于自己的长子，曾经的太子，他此时也感到一丝怜悯，他命人把耶律浚安葬在龙门山。辽道宗还准备召见耶律浚的妃子，大概是想安慰安慰她。耶律乙辛得知这一消息，害怕耶律浚的妃子会在被辽道宗召见时，说出些什么，于是派人悄悄把耶律浚的妃子也给杀害了。

在谋害耶律浚一事上，张孝杰出力最多，功劳最大，耶律乙辛向辽道宗推荐了张孝杰。辽道宗真的认为张孝杰是审案高手，说可与唐朝的狄仁杰相比，于是再赐名为仁杰，从此张孝杰就叫耶律仁杰。

辽道宗当年四十六岁，当时只有一个儿子，也就是太子耶律浚。由于辽道宗的昏庸，耶律浚已经被杀害了。不过辽道宗也许认为他还可以再生，毕竟他是皇帝，后宫女人多的是。然而，耶律乙辛不希望辽道宗与别的女人生，因为别人不好掌控。

在耶律乙辛谋害皇后萧观音的第二年，耶律乙辛就对辽道宗说，驸马都尉萧霞抹的妹妹萧坦思是个不错的女人，希望辽道宗纳为皇后。耶律乙辛之所以推荐萧霞抹的妹妹，就是因为萧霞抹是他的同党。辽道宗二话没说，将萧坦思娶到宫中，册封为皇后。耶律乙辛为巩固与新皇后的关系，马上又让儿子耶律绥娶了萧坦思的妹妹萧斡特懒为妻。如此一来，耶律乙辛不仅与驸马都尉萧霞抹沾上亲，还与辽道宗成为亲戚。

然而过了几年，皇后萧坦思竟然还没有怀孕。辽道宗可能还没有着急，耶律乙辛已经等不及了，他得给辽道宗再重新找一个能生儿子的女人。找谁呢？肥水不流外人田，耶律乙辛竟然想到了儿媳萧斡特懒。耶律乙辛对辽道宗说，萧斡特懒能生儿子，希望辽道宗把她纳入后宫。辽道宗听说能生儿子，也就没有拒绝。耶律乙辛于是让儿子耶律绥儿与儿媳萧斡特懒离婚，然后再把萧斡特懒送入宫中。

然而，耶律乙辛的良苦用心没有结果，一年后，萧斡特懒仍然没有给辽道宗生出儿子，女儿也没有生。其实，不是这些女人的问题，大概是辽道宗的问题，因为辽道宗这一生，尽管女人不少，但为他生了一子三女的，只有最初的皇后萧观音。

耶律乙辛已经感觉到辽道宗不会再生儿子了，他也不再想着让辽道宗生儿子这件事了，他开始担心另一个人，此人便是原太子耶律浚唯一的儿子耶律延禧。尽管耶律延禧当时只有几岁，但耶律乙辛担心若干年后耶律延禧一定会成为皇位继承人，而且一定会对他不利，所以他开始谋划对耶律延禧下手了。

五、铲除耶律乙辛

大康五年（1079年）正月，辽道宗耶律洪基准备去春捺钵，北院枢密使耶律乙辛奏请将皇孙耶律延禧留在宫中，辽道宗没有多想，就答应了下来。辽道宗昏庸，他没有看出耶律乙辛留下皇孙耶律延禧的原因，其实耶律乙辛正是想利用这个机会，杀害耶律延禧。他完全可以故伎重演，给耶律延禧找一个死亡的理由。

北院宣徽使萧兀纳看出耶律乙辛的险恶用心，他单独去见辽道宗，对辽道宗说，皇孙耶律延禧才五岁，太小，如果一定要留下，他宁愿也留下

第十一章　昏君道宗

来保护他，以防不测。萧兀纳虽然没有明说耶律乙辛要害皇孙，但已经提醒辽道宗，皇孙面临危险。此时的辽道宗终于醒悟，他觉得耶律乙辛不会无缘无故地提出让他留下皇孙，要知道皇孙耶律延禧是原太子唯一的子嗣，也是他辽道宗唯一的子孙。辽道宗从此开始怀疑耶律乙辛。

辽道宗没有留下皇孙耶律延禧，而是带着耶律延禧一起去春捺钵，当然作为最有权力的大臣，耶律乙辛也参加了春捺钵。春捺钵期间，辽道宗在打猎，他发现随同他而来的官吏，都跟在耶律乙辛的身后。辽道宗忽然发现耶律乙辛的势力太大了，有一种不寒而栗的感觉。就在当月，辽道宗免去了耶律乙辛北院枢密使一职，让耶律乙辛担任知南院大王事。辽道宗把知北院枢密使事耶律䫀（音同光）提拔为北院枢密使，接替耶律乙辛。辽道宗担心耶律乙辛有想法，毕竟耶律乙辛一直权势熏天，于是又把辽国最大的官"于越"给了耶律乙辛，算是一种弥补。耶律乙辛虽然当了于越，但他的实权已经下降了很多。

耶律乙辛到南大王院当官，当的还不是南大王院最大的官南院大王，不过耶律乙辛还是魏王，爵位依然很高。辽道宗既然不信任耶律乙辛，就要继续贬降他。当年十月，辽道宗先下一道诏书，说只有皇子可以当"一字王"，其余"一字王"都要降封。所谓"一字王"就是王爵只有一个字，比如耶律乙辛这个魏王就是"一字王"。数日后，辽道宗降耶律乙辛为混同郡王。显然，"一字王"相当于国王，不是郡王能够相比的。

大康六年（1080年）正月，耶律乙辛到朝廷，向辽道宗谢恩。辽道宗此时已经十分厌恶耶律乙辛，一天都不想看到他。辽道宗马上下诏，再把耶律乙辛贬到兴中府（今辽宁省朝阳市），担任知兴中府事，让他远离朝廷。

耶律乙辛开始失宠，辽道宗就开始培养皇孙耶律延禧，尽管他当年只有六岁。当年三月，辽道宗册封耶律延禧为梁王，加官守太尉，兼中书令，还让萧兀纳负责教导他。辽道宗封耶律延禧为梁王，说明辽道宗想让耶律延禧当继承人，因为从辽圣宗开始，之后的辽兴宗、辽道宗一开始都被封为梁王。当年七月，辽道宗又给耶律延禧配置了六名勇士，担任护卫。

辽道宗贬降耶律乙辛，也看出他的同党张孝杰是一个奸佞小人。当年十月，辽道宗贬张孝杰为武定军节度使。张孝杰贪得无厌，曾经对亲戚说，没有一百万两黄金，算不上宰相之家。一年后，大康七年（1081年）十二月，张孝杰因为私自贩卖广济湖所产的盐，以及擅自更改辽道宗的诏书，被辽道宗削去爵位，再贬到安肃州，成为庶民。过了很多年，张孝杰才得以回到原籍，最后死在家乡。张孝杰有罪，没有接受刑事处罚，只是贬官降职，直到削职为民，当时的人认为辽道宗处罚不公正。

就在张孝杰被削职为民的当月，在兴中府担任知兴中府事的耶律乙辛也被查出有罪。耶律乙辛把宫中的物件卖给外国，辽道宗得知后，安排有关部门调查此事。结果是按照法令，应当给耶律乙辛处以死罪，然而耶律乙辛的另一同党耶律燕哥单独上奏，说耶律乙辛属于可以减免死罪的八种类型之一。辽道宗采纳了耶律燕哥的奏请，最后用铁骨朵击打耶律乙辛，再把耶律乙辛幽禁到来州（今辽宁省绥中县北）。

就在这个时候，南院枢密使耶律仲禧去世了。耶律仲禧也是耶律乙辛的同党，然而直到去世，辽道宗都没有觉察到他的奸诈，还给他赐了谥号为饮惠。辽道宗虽然发觉了耶律乙辛是一个奸臣，也看出张孝杰不是好人，但没有看出耶律乙辛还有不少同党，比如耶律仲禧，这也从一个侧面看出辽道宗是一个昏庸的君王。

随着耶律乙辛以及一些同党被辽道宗认清真面目，辽道宗终于明白自己冤死了长子耶律濬，他对此感到无比悔恨。大康九年（公元1083年）闰六月，辽道宗追认耶律濬为太子，赠谥号为昭怀。辽道宗还命人按照太子的礼遇，将耶律濬改葬在玉峰山。此时离耶律濬被杀害已经过了六年之久。

又过了四个月，十月二十日，有人告发耶律乙辛在来州私藏兵器、甲胄，准备逃往宋朝。辽道宗这回没有再轻饶耶律乙辛，他下令将耶律乙辛处死。处死耶律乙辛的方式不是杀头，而是用绳索缢死。耶律乙辛作为寒门子弟，成功逆袭，得到辽道宗的宠幸，在辽道宗时期当权十五年。从辽道宗不再重用耶律乙辛,直到处死耶律乙辛,一共又是五年时间。

此时的辽道宗已经五十二岁了,他没有再生出儿子,他此时才明白皇孙耶律延禧是他唯一的血脉。就在杀掉耶律乙辛的次月,辽道宗册封已经是梁王的耶律延禧为燕国王,同时大赦天下,以施恩于民。大康十年(1084年)三月,辽道宗又下诏,让知制诰王师儒与牌印郎君耶律固教导耶律延禧。大安二年(公元 1086 年)九月,辽道宗特地带着耶律延禧回到上京,取出太祖、太宗御用的铠仗给耶律延禧观看,以创业之艰难来教导耶律延禧。两个月后,辽道宗又为耶律延禧举行再生礼,特赦上京囚犯。大安七年(公元 1091 年)十月,辽道宗任命耶律延禧为天下兵马大元帅,总领北南院枢密使事。此时的耶律延禧虽然只有十七岁,但辽道宗对他的培养已经多年,所以把朝中最大的权力交给他。

辽道宗虽然铲除了耶律乙辛奸党,也认真培养皇孙耶律延禧,但他改不了昏君的本性,他在用人方面仍然不明。史书记载,辽道宗后期用人,经常让人掷骰子,获胜者当选。

让辽道宗痛心的是,阻卜部又谋反了,他要面临一场战争。

六、磨古斯叛乱

在辽国西北部有一个强大的部族,这便是阻卜部。在辽国历史上,自从太祖耶律阿保机征服了漠北,使得阻卜各部归顺,此后由于种种原因,阻卜部的一些部落又开始叛乱,辽国先后多次派兵征讨。第一次是承天太后萧燕燕临朝听政期间,承天太后派大姐、皇太妃萧胡辇与大将萧挞凛去征讨。萧挞凛最后征服阻卜各部,使得他们与辽国如同一家。第二次是辽圣宗亲政后,阻卜又发生叛乱,西北路招讨使萧图玉、耶律化哥、萧惠先后征讨,虽然能够取得作战的胜利,但不能让阻卜各部诚心归顺。辽兴宗即位后,吸取以前教训,派舅父萧孝友担任西北路招讨使,以安抚为主,笼络阻卜各部,漠北高原从此安定。此后将近五十年,阻卜各部没有再为辽国添乱。

大康六年（1080年），辽道宗任命耶律仁先的儿子、左皮室详稳耶律挞不也为西北路招讨使。耶律挞不也刚到镇州（今蒙古国中央省境内）西北路招讨司上任不久，就带领各部酋长前来朝见辽道宗，辽道宗非常高兴，给耶律挞不也加官兼侍中。大安二年（1086年）六月，阻卜有两部酋长前来朝见辽道宗，辽道宗让皇孙、燕国王耶律延禧与二人结为朋友。然而耶律挞不也对西北各部比较温和，以致武备松弛。

阻卜是一个统称，有多处部落，其中分布在镇州与窝鲁朵城（今蒙古国鄂尔浑河左岸哈喇巴喇哈逊）一带的称为北阻卜，也是阻卜各部中最强的一支。大安五年（1089年）五月，由于耶律挞不也的推荐，辽道宗任命北阻卜的酋长磨古斯为诸部长。耶律挞不也与辽道宗的这一做法，既有安抚磨古斯的意思，也有借助磨古斯稳定阻卜各部的考虑。岂料三年后，有人把磨古斯给得罪了。

大安八年（1092年），辽道宗调耶律挞不也担任西南路招讨使，而任命左护卫太保耶律何鲁扫古为西北路招讨使。耶律何鲁扫古到任后，让磨古斯带领兵马前往讨伐叛乱的耶睹刮等部落。磨古斯打败耶睹刮等部落，俘虏不少人马，辽道宗得知后，给耶律何鲁扫古加官左仆射。

耶律何鲁扫古再次去讨伐耶睹刮等部落，误袭了磨古斯的人马，磨古斯十分怒火，当时就宣称背叛辽国。当年十月，磨古斯杀死了镇守在西北的辽国金吾将军吐古斯。辽道宗得到消息，赶紧给西北路招讨司增派兵马，以讨伐磨古斯。

大安九年（1093年）二月，耶律何鲁扫古派都监萧张九带领兵马去攻打磨古斯。萧张九作战不利，二室韦、拽剌、北王府、特满群牧、宫分等军大多阵亡。耶律何鲁扫古不敢将此次败绩奏报给辽道宗，但辽道宗后来还是知道了，他非常生气，将耶律何鲁扫古撤了职，处以杖刑。

辽道宗再次任命耶律挞不也为西北路招讨使。耶律挞不也到任后，认为他可以劝降磨古斯，因为当初他曾经举荐磨古斯担任阻卜诸部长，磨古斯应当还会感激他。磨古斯听说耶律挞不也再次担任西北路招讨使,真的答应归降。然而磨古斯不是真心投降,他想以此来麻痹耶律挞不也,然后趁耶律挞不也没有防备之时,向耶律挞不也发起袭击。可怜耶律挞不也,刚上任就被磨古斯杀掉了。随着耶律挞不也被杀,阻卜其他部落乌古札、达里底、拔思母也跟着叛乱,达里底、拔思母还带着人马杀到了漠南境内的倒塌岭(今内蒙古乌兰察布市四子王旗境内)。

当年十月,前方消息奏报到辽道宗那里,辽道宗正在藕丝淀(后来称广平淀)冬捺钵。辽道宗赶紧采取了一些应对措施。辽道宗先派使者前往各地征集兵马,再任命南院大王萧特末同知南京留守事,让他与郑家奴率领兵马前往倒塌岭增援,又任命左夷离毕耶律秃朵、围场都管撒八同为西北路行军都监。辽道宗担心兵马不足,于是再下诏,调乌古敌烈统军司也去讨伐阻卜,并拨给三千匹战马。辽道宗听说西北地区百姓受灾,生活困苦,于是在用兵的同时,再派人去赈济西北路贫民。不久,就有好消息传来。乌古敌烈统军使萧朽哥与南院大王萧特末接连奏称,他们与阻卜各部交战,取得胜利。

大安十年(1094年)正月,阻卜乌古札等部前来归降。然而另两个部落达里底、拔思母不仅不降,还继续前来进犯,四捷军都监萧特抹带领兵马与他们交战,兵败身亡。虽然前线作战有失败,但也有局部胜利,辽道宗为鼓舞士气,在当年二月也对有功将士进行奖赏。当月,西南招讨司奏报讨伐拔思母取得胜利,该部的酋长向辽国归降。三月,山北路副部署萧阿鲁带奏报,讨伐达里底取得胜利。

辽道宗决定再派重要将领到西北作战。当年四月初九,辽道宗任命知北院枢密使事耶律斡特剌为都统,夷离毕耶律秃朵为副统,龙虎卫上将军耶律胡吕为都监,命令他们率领大军讨伐磨古斯,并派积庆宫使萧纠里负责督战。五个月后,耶律斡特剌率部与磨古斯交战,取得胜利。

当年五月,西北路招讨司奏称敌烈等部叛乱,前来进犯,乌古敌烈统军司出兵与他们交战,没有获胜,西北招讨司出兵打败了他们,但是敦睦宫太师耶律爱奴父子战死。辽道宗再任命知国舅详稳事萧阿烈同领西北路行军事，再为西北路招讨司增派将领。九月，敌烈部各位酋长向辽国归降，辽道宗释免了他们的罪。

十月，西北路统军司擒获阻卜首领拍撒葛、蒲鲁等人，派人将他们押往辽道宗处。十一月，又有几个部落向辽国归降。十二月，辽道宗下诏，统计西北路有功将士名单，给他们升官，同时也给阵亡将士追赠官职。

新的一年来了，辽道宗起用了新的年号"寿昌"。辽道宗在位四十七年，是辽国皇帝中在位较长的皇帝，仅次于他的祖父辽圣宗。辽道宗每隔十年就改一次年号，前面已经用了清宁（1055—1064年）、咸雍（1065—1074年）、大康（1075—1084年）与大安（1085—1094年）。此次改年号，主要是又一个十年过去了，而改为"寿昌"的原因，大概是觉得国家有了阻卜磨古斯叛乱，已经发生三年的战争，"大安"年号确实也不适用了，辽道宗此时所希望的是他的国祚能够得以长久。

寿昌元年（1095年）四月，都统耶律斡特剌奏报讨伐耶睹刮部取得胜利。当月，辽道宗又一次给西北路有功将士授予官职。六月二十九日，阻卜首领秃里底及图木葛派人前来进贡。七月初七，阻卜首领猛达斯等人前来进贡。七月二十一日，耶律斡特剌奏称，他又一次与磨古斯交战取得胜利。十一月初七，辽道宗正式任命都统耶律斡特剌为西北路招讨使，晋封漆水郡王，以表示对耶律斡特剌担任都统两年来取得战绩的肯定。

寿昌二年（1096年）十二月，耶律斡特剌攻打梅里急部，取得胜利。寿昌三年（1097年）闰二月，阻卜首领猛撒葛、粘八葛酋长秃骨撒、梅里急酋长忽鲁八等人请求回归故地，进贡土产，辽道宗答应了他们的请求。九月，耶律斡特剌奏称他讨伐梅里急，又一次取得胜利。

十月三十日，辽道宗将耶律斡特剌调回朝廷，担任南府宰相，不再担任西北路招讨使，大概是前线战事不太吃紧。一年后，寿昌四年（1098年）十月初五，辽道宗任命耶律斡特剌兼任契丹行宫都部署，让他辅导皇孙、燕国王耶律延禧。

第十一章 昏君道宗

寿昌五年（1099年）五月，辽道宗再次任命耶律斡特剌兼任西北路招讨使、禁军都统，让耶律斡特剌重返西北战场，与阻卜叛乱各部继续作战，以图早日平息叛乱。

几个月后，耶律斡特剌彻底打败阻卜部叛乱的头目磨古斯，将磨古斯擒获。寿昌六年（1100年）正月二十四日，耶律斡特剌亲自押送磨古斯回京，向辽道宗献俘。辽道宗给耶律斡特剌加官为守太保，赐封为"奉国匡化功臣"。随着磨古斯被俘虏，辽国讨伐阻卜各部叛乱的战事也接近尾声，这一次战事前后长达八年。二月十二日，辽道宗下令，将磨古斯押赴街市，处以磔（音同蛰）刑。

七月，耶睹刮部又在西北地区劫掠，耶律斡特剌继续回到西北，讨伐耶睹刮部。八月，耶律斡特剌打败耶睹刮部，派人将俘虏押送朝廷，献给辽道宗。西北一带终于安定了，没想到六十九岁的辽道宗生病了。

第十二章 辽国灭亡

一、皇孙继位

寿昌六年（1100年）十二月二十八日，辽道宗耶律洪基患起病来。寿昌七年（1101年）正月初一，新年的第一天，辽道宗强撑病体，在清风殿接受百官及各国使者朝贺。

尽管辽道宗已经生病，他仍然与往年一样进行春捺钵，并于正月初二就前往春捺钵之地混同江（今松花江）。正月十三日，辽道宗在春捺钵行宫病逝，终年七十岁，遗诏由皇孙、燕国王耶律延禧继位。当天，耶律延禧在辽道宗的灵柩前即位，群臣为他奉上尊号为天祚皇帝，史称天祚帝。

辽道宗活了七十岁，在位四十七年，只有一个儿子，这便是耶律濬。耶律濬曾被辽道宗册封为皇太子，但不久就被奸臣耶律乙辛谋害。幸亏耶律濬还生了一个儿子耶律延禧，否则辽道宗就没有继承皇位的子孙了。辽道宗病逝之际，其本人尚有一位同母兄弟在世，这便是宋国王耶律和鲁斡，已经六十一岁。耶律和鲁斡是天祚帝的叔祖父，也是天祚帝最亲的人。此外，辽道宗在去世前，已经交代北院枢密使耶律阿思为顾命大臣，让他辅佐天祚帝。作为北院枢密使，耶律阿思是最有实权的人。

虽然辽道宗在世时，一直没有册封耶律延禧为皇太孙，让耶律延禧名正言顺地当皇位继承人，但辽道宗已经把耶律延禧当接班人培养多年，耶律延禧即位也算是顺理成章。天祚帝已经二十七岁，在那个时候已经不算小了，他的皇位应当是比较稳固的。

然而天祚帝还是要做几件收拢人心的事。二月初一，也就是天祚帝即

第十二章 辽国灭亡

位的半个月后,天祚帝先下诏改元乾统。然后再下诏,对于遭到奸臣耶律乙辛陷害的人,要恢复他们的官职、爵位,释放被籍没的人,召回被流放的人。

对最亲的人以及最重要的大臣也要有所表示。当年六月,天祚帝任命他的叔祖父耶律和鲁斡为天下兵马大元帅,还把耶律和鲁斡唯一的儿子、北平郡王耶律淳晋封为郑王,让耶律淳当上"一字王"。天祚帝也给北院枢密使耶律阿思加官,让他当辽国最尊贵的官——于越。

天祚帝也没有忘记被冤杀的父亲以及被害死的母亲。当年十月,天祚帝追封父亲耶律濬为大孝顺圣皇帝,庙号顺宗,母亲为贞顺皇后。耶律濬在世时没有当成皇帝,死后二十四年,终于被儿子追封为皇帝。

天祚帝更没有忘记奸臣耶律乙辛以及他的同党,尽管耶律乙辛已经被杀十八年。乾统二年(1102年)四月二十七日,天祚帝下诏诛杀耶律乙辛的同党,把他们的子孙迁徙到边疆;挖开耶律乙辛、萧得里特的墓,剖开棺材,用刀砍他们的尸体;将他们的家属分别赐给被他们陷害的人家,充当奴仆。惩治耶律乙辛余党一事,主要由北院枢密使耶律阿思负责,然而耶律阿思接受贿赂,有一些人就被他宽大处理了。

天祚帝与他的祖父辽道宗一样,也是一个昏君,忠奸不分,他们都没有看出掌握实权的耶律阿思并不是一位好官。更为重要的是,天祚帝在即位的一个月后,就把北府宰相萧兀纳贬为辽兴军节度使,给他一个空头官职为守太傅。萧兀纳是一位忠臣,曾在关键时刻提醒辽道宗,让年幼的天祚帝得以保全。然而天祚帝不记得萧兀纳的好,反而记住萧兀纳当初在教导他的时候,说的那些逆耳之言。佛殿小底王华知道天祚帝不待见萧兀纳,于是诬陷萧兀纳借用内府的犀角。天祚帝让人审问萧兀纳,萧兀纳说辽道宗当年曾下诏,允许他每天从国家的府库中取十万两私用,但他从来不拿,他又怎么会去借用犀角呢?天祚帝听了不仅不信,反而更加生气,竟然将萧兀纳太傅一职也给免了,让萧兀纳到宁边州当刺史,不久又让萧兀纳当临海军节度使。

天祚帝即位的第二年，将领萧海里带着人来到乾州（今辽宁省北镇市），抢夺武库中的兵器，起兵叛乱。天祚帝得到消息，命令北面林牙郝家奴去追捕萧海里。一个月后，萧海里逃到生女真阿典部。由于郝家奴未能抓获萧海里，被天祚帝免去官职。

生女真有很多个部落，其中完颜部经过几代人的努力，已经统一了生女真多个部落，完颜部的首领也被辽国任命为生女真部节度使。萧海里想联合当时的首领完颜盈歌来对抗辽国，于是派人与完颜盈歌商议。完颜盈歌不想背叛辽国，于是将萧海里派来的人扣留了下来。

天祚帝听说萧海里逃到女真部落，就命令完颜盈歌去捉拿萧海里。完颜盈歌组织一千多名带甲的士兵去执行这个任务，这时辽国也派几千人前来追捕萧海里。完颜盈歌让辽兵撤退，说他们女真人一定能够擒获萧海里。与萧海里交战时，完颜盈歌的侄儿完颜阿骨打纵马向前，一箭射中萧海里的头，萧海里跌下马，被当场捉住。完颜盈歌派人将萧海里的首级送给辽国。

女真人帮助辽国擒获叛将萧海里一事，让女真人觉得辽国的兵马没有战斗力，很容易对付。这一点已经被忠心耿耿的萧兀纳看出来了。萧兀纳在被贬之地临海军（今辽宁省锦州市）给天祚帝上奏，说自从萧海里逃到女真部落，女真人就有轻视朝廷的心理，他请天祚帝增加东方的驻军，以备不测。然而萧兀纳这份奏书被人扣下，没有被呈给天祚帝。

此后的十年，辽国还算平静，天祚帝和他的先帝们一样，四时捺钵，一年当中多半时间不在京城中京。捺钵制度与辽国的主体民族契丹族是一个游牧民族有一定的关系，他们不喜欢固定在一座城里，尽管他们已经有了不少城池。捺钵相当于流动的朝廷，因为皇帝到了哪里，哪里就是朝廷，主要大臣都要跟着前去。可以把辽国皇帝捺钵之地称为行宫，但又不同于汉人皇帝的行宫或行在，因为汉人皇帝的行宫或行在是临时的一个活动，而且不必让大臣们都去，往往只有少数的官员跟随。辽国的捺钵则不一样，那是几乎把整个朝廷都带走了，而且一年四季都要举行，分别称为春捺钵、夏捺钵、秋捺钵与冬捺钵。可以说，辽国皇帝很多时间，都在前往四时捺钵的路上。辽国的捺钵制度并非是中原国家所说的四处游猎，尽管辽国皇帝在捺钵期间少不了打猎等活动。辽国皇帝在捺钵时，并没有停止朝廷的各项工作。

辽国四时捺钵的地方一开始并不固定，从辽国中期开始，四时捺钵之处相对固定。春捺钵一般在东北地区长春州的鱼儿泊（今吉林省大安市境内）。辽国皇帝到了这里，会在鸭子河（今东流松花江）或混同江（今西流松花江）钓鱼，或者观看捕鱼，还要举办"头鱼宴"。再就是放飞海东青，捕捉天鹅，还要举办"头鹅宴"。海东青是生女真五国部的一种雄鹰，通过训练，可以听人使唤，参与捕猎。春捺钵靠近女真人的区域，辽国皇帝到此主要是接受女真各部首领的朝贺，加强对东部地区部族的管理。女真节度使完颜盈歌在擒获萧海里的那年春天，就来到天祚帝捕鱼的地方朝见天祚帝，天祚帝给予赏赐、表彰。

夏捺钵主要在永安山，离庆州（今内蒙古巴林右旗西北白塔子）不远。夏捺钵一为避暑，二要召开北、南臣僚会议，决策军国大政。秋捺钵主要地点在庆州，以打猎为主，所打猎物主要是鹿与虎。冬捺钵主要在广平淀（今内蒙古西拉木伦河与老哈河合流处），也称藕丝淀，此地多沙，冬天稍暖，所以辽国皇帝在此坐冬避寒，同时召开北、南臣僚会议，也接受北宋及诸国贡礼，得暇时则外出校猎习武。

天祚帝与他的祖父辽道宗一样，十年更换一个年号。天祚帝即位时的年号为乾统，十年之后，他改年号为天庆。天庆二年（1112年）正月，天祚帝照例进行春捺钵，首先来到鸭子河，接受女真五国部首领进贡。二月，天祚帝又来到混同江钓鱼，举行"头鱼宴"，生女真各部的首领都来朝见天祚帝，一起参加"头鱼宴"。

完颜部的首领完颜盈歌已经去世，他的侄儿完颜乌雅束在位。完颜乌雅束没有来参加天祚帝的"头鱼宴"，而是派他的二弟、四十五岁的完颜阿骨打前往代为参加。天祚帝与各位首领一边吃鱼，一边饮酒，非常开心。酒到尽兴时，天祚帝忽然提出让各位首领一个一个地跳舞给他看。女真各部的首领大多起来跳舞，然而当轮到完颜阿骨打跳舞时，完颜阿骨打说他不会。天祚帝再三让完颜阿骨打跳，完颜阿骨打就是不肯。

几天后，天祚帝对完颜阿骨打不肯跳舞一事仍然耿耿于怀，他对北院枢密使萧奉先说，完颜阿骨打气势豪壮却又傲慢，不把他放在眼里，应当借边境纠纷把他杀掉，否则后患无穷。萧奉先说这些人都是粗人，不懂礼仪，没有大的过失就把他杀掉，恐怕会伤了女真人的心，也伤了天下人的心。萧奉先还说，就是完颜阿骨打有二心，小小女真又能怎么样呢？萧奉先显然是没有把完颜阿骨打放在眼里。天祚帝听了这话，也就没有杀掉完颜阿骨打。打猎时，天祚帝看到完颜阿骨打的几位弟弟都是高手，便又忘记了完颜阿骨打的不敬之举。天祚帝哪里知道，第二年完颜阿骨打就继承了女真完颜部的首领，他在作了一些准备之后，就起兵反辽了。

二、护步答冈之战

天庆三年（1113年）十月，生女真部节度使完颜乌雅束去世，他的二弟、四十六岁的完颜阿骨打继位。完颜阿骨打继位时，生女真各部已经统一，这是一个新兴的部族，而辽国已经立国一百九十七年，传九帝，正在走向腐朽、没落。

天祚帝耶律延禧听说完颜阿骨打自行继位，很是生气，他派侍御官耶律阿息保前去责问完颜阿骨打为什么不奏报？完颜阿骨打不仅不接受责问，反而认为辽国无理，说辽国不来吊丧，反而来问罪。耶律阿息保很是没趣，只好走了。

天庆四年（1114年）六月，天祚帝终于接受现实，任命完颜阿骨打为生女真部节度使，以此来安抚完颜阿骨打。然而完颜阿骨打并不感激，他派人前往辽国，向辽国索要逃亡在此已经十八年的阿疏。

阿疏是女真纥石烈部人，因不愿臣服完颜部而被讨伐。阿疏打不过完颜部，便去辽国告状。辽国多次调解没有结果，阿疏的纥石烈部最后还是被完颜部兼并，阿疏只好在辽国流亡。

天祚帝没有把阿疏交给完颜阿骨打，完颜阿骨打又一次派人来要，天祚帝仍然没有答应。完颜阿骨打虽然没有要回阿疏，但他的使者告诉他，天祚帝骄傲放纵、荒废朝政。这一消息让完颜阿骨打下定了反辽的决心。完颜阿骨打于是召集部属，告诉他们打算起兵伐辽，命令他们营建城堡、打造兵器，做好准备。

完颜阿骨打的举动，被辽国的东北路统军司得知，东北路统军使正是被天祚帝贬官而来的萧兀纳。萧兀纳派人去责问完颜阿骨打修造兵器、加强防备，到底是要防备谁？是不是有了二心？完颜阿骨打没好气地说，自我防守，有什么好问的？

完颜阿骨打没有把萧兀纳放在眼里，萧兀纳只好派人向天祚帝奏报。萧兀纳说他的辖区与女真人接壤，看他们所做之事，野心不小。萧兀纳建议在完颜阿骨打没有准备好之前先对他们用兵。

天祚帝没有马上就用兵，而是再一次派耶律阿息保前来责问完颜阿骨打。完颜阿骨打对耶律阿息保说他们是小国，对大国从来不敢失去礼仪，但是大国不给小国恩泽，却成了叛逃者的主子。完颜阿骨打还说如果把阿疏交还给他们，他们就像以前一样进贡，如果不交还，他们就不会再受人摆布。天祚帝听了耶律阿息保的奏报，才知道问题的严重性，于是命令统军使萧兀纳调集各军前往宁江州（今吉林省松原市宁江区）加强防备。天祚帝还派海州刺史高仙寿统领渤海军前往增援。

辽国人在宁江州加强防备，完颜阿骨打很快就知道了。完颜阿骨打派人以索要阿疏为借口，前往宁江州打探军情。了解军情之后，完颜阿骨打召集部众，对他们说天祚帝荒淫无道，不仅不遣返阿疏，还调兵对付女真，他准备先发制人。完颜阿骨打接着便派人到各部去征调兵马，告诉他们准备攻打宁江州，约定日期在涞流河（今拉林河）畔会合。

当年九月，生女真各部人马到达涞流河畔，共有两千五百人。完颜阿骨打首先搞了一个誓师大会，又一次把辽国收留阿疏的事作为出兵的借口。

誓师完毕，大军继续向宁江州方向进发。途中，完颜阿骨打遭遇前来增援的渤海军。经过激烈地交战，完颜阿骨打打败了这支渤海军，很快到达宁江州城外。宁江州一战，完颜阿骨打取得大胜，萧兀纳的孙子战死，萧兀纳本人带领三百名骑兵逃走了。

天祚帝听说宁江州被完颜阿骨打攻破，赶紧召集大臣们商议对策。商议结果是，天祚帝任命北院枢密使萧奉先的弟弟萧嗣先为东北路都统，萧兀纳为副都统，调了三千名由契丹人、奚族人组成的士兵，以及两千名禁军和地方豪族的私家兵马，还从各路挑选两千多名勇士一起参加战斗。天祚帝所派的七千人先在鸭子河北的出河店（今黑龙江省肇源县茂兴镇南）集结。

完颜阿骨打得到消息，立即召集部众，准备前往出河店迎战。完颜阿骨打这一次召集的兵马有三千七百人，比上一次攻打宁江州时多一些，但仍然比辽国兵马少。当年十一月，完颜阿骨打与辽国兵马在出河店大战，结果是以少胜多。出河店之战，辽国将士逃走的只有十七个人，可以说是全军覆没。这一战，完颜阿骨打的女真士兵伤亡有限，还得到了补充，已经达到一万人。辽国人曾经说过，女真士兵战斗力很强，如果达到一万人，就天下无敌了。

辽军惨败，主将萧嗣先必定要受到天祚帝的惩罚，然而他的哥哥萧奉先自有办法。萧奉先对天祚帝说，东征的士兵每到一个地方就抢劫，此次虽然战败，但如果不宽大处理，他们就不只是抢劫，而是造反了。天祚帝是昏庸的皇帝，竟然听信了萧奉先的话，仅仅把萧嗣先免职而已。辽国的其他士兵听说这件事，互相议论说，坚持战斗有可能送死还没有功劳，而后退逃跑不仅能保住性命还不算有罪。从此，辽国士兵们都没有打胜仗的信心，见了敌人就想逃跑。

天祚帝准备调集更多兵马去对付完颜阿骨打。天庆五年（公元1115年）正月，天祚帝派遣二十万骑兵、七万步兵前往宁江州，耶律讹里朵为行军都统，萧乙薛与耶律章奴为左右副统，萧谢佛留为都监。耶律讹里朵最后

第十二章　辽国灭亡

将大军驻扎在宁江州城西边的达鲁古城，先派使者僧家奴带着国书去向完颜阿骨打劝降。

完颜阿骨打听说辽国又派大军前来，赶紧带领兵马去迎战。途中，完颜阿骨打见到辽国使者僧家奴，僧家奴将国书交给完颜阿骨打。国书直接称呼完颜阿骨打的名字，让完颜阿骨打向辽国称臣。完颜阿骨打也派使者前往辽国军中，提出两个条件，然后才能议和。第一个条件是把罪人阿疏交出来，第二个条件是让辽国把东北地区的重镇黄龙府（今吉林省农安县）迁到别的地方去。辽国不能接受这两个条件，结果便是开战。达鲁古城之战，完颜阿骨打又一次以少胜多，辽军惨遭失败。

天祚帝想继续议和、劝降。当年三月，天祚帝派耶律张奴等六人带着国书出使女真，去见完颜阿骨打。完颜阿骨打看到国书上又一次直呼其名，很是生气。再看国书内容，仍是劝他向辽国投降，而且是立即投降。完颜阿骨打不能接受如此傲慢的国书，立即下令把六人中的五人扣留起来，只派耶律张奴一人回国复命。完颜阿骨打也让人写了一封口气一样的国书给天祚帝，让耶律张奴带回。

天祚帝看到完颜阿骨打的回信，非常生气，他决定亲自率领大军讨伐完颜阿骨打。不过天祚帝还要再派使者去与完颜阿骨打谈判，为他调集大军争取时间。当年七月，天祚帝的使者萧辞剌带着国书来到完颜阿骨打处。国书内容与前几次一样，没有什么变化。完颜阿骨打决定不再与辽国反复派使打"口水仗"了，他下令把萧辞剌扣留，然后于当年八月去攻打黄龙府。

与宁江州、出河店、达鲁古城这些小城池不同，黄龙府是一座重要城池，易守难攻。完颜阿骨打这一仗打得很辛苦，前后用时一个月。这时，完颜阿骨打把萧辞剌放了回去，他要让天祚帝知道，黄龙府这个重镇已经被他攻克了。

就在当月，萧辞剌回到辽国，天祚帝也正式出兵。天祚帝以围场使阿不（萧胡笃）为中军都统，耶律章奴为都监，统领十万人马，号称七十万，前来讨伐完颜阿骨打。大军在长春州（今吉林省白城市）集结后，由耶律章奴率领两万名精兵担任先锋，主力兵马分五路东出驼门，另外再派都点检萧胡睹姑率领三万人马为偏师，兵锋直指宁江州。此外，天祚帝还派驸马萧特末、林牙萧察剌率领五万名骑兵、四十万名步兵前往斡论泺，作为第二路兵马。

天祚帝调集如此众多的兵马，并且亲自前来，目的是一举消灭完颜阿骨打。虽然人数有很大夸张，但数量确实不少，毕竟是皇帝举全国之力来战。完颜阿骨打的女真大军有多少人呢？也就在两万人左右吧，然而完颜阿骨打毫不畏惧，毅然决定主动迎战。

十二月，完颜阿骨打率部到达一个叫爻剌（今地不详）的地方，召集诸将商议作战策略。诸将认为辽兵既然号称七十万，人数一定不会少，另外前锋也一定不容易抵挡。诸将建议就在爻剌驻守，用深沟、高垒待敌。从诸将的建议来看，诸将对数量巨大的辽国兵马还是感到畏惧的。完颜阿骨打最后采纳了诸将的建议，传令就在爻剌深挖壕沟、构筑堡垒。

完颜阿骨打部署停当，便带领骑兵等候辽军的到来。这一天，完颜阿骨打的将士俘获了几名辽国运粮的士兵。从这几个运粮的士兵口中得知，辽国大军中发生叛乱，天祚帝两天前就已经向西撤军了。

辽国大军即将与完颜阿骨打兵马大战，可以说胜利在望，现在却发生戏剧性的变化。那么又是谁临阵叛逃了呢？是都监耶律章奴，也是先锋。耶律章奴对天祚帝的统治十分不满，一直想拥立天祚帝的堂叔父耶律淳为帝。耶律章奴看到天祚帝亲自统军出战，认为拥立新君的时机到来，便于一天夜里，带领三百名亲兵离开大军，直奔辽国上京。天祚帝听到这一消息，担心帝位不保，立即下令撤军，决定先回去平定叛乱，然后再来征讨完颜阿骨打。

完颜阿骨打的将士听到这个消息，很是松了一口气。这时，有将领向完颜阿骨打建议追击辽军。完颜阿骨打说，敌人来的时候不敢迎战，现在敌人撤退了，却要去追击，是想以此来表示自己勇敢吗？

从完颜阿骨打这句话来看，当初在爻剌提出深沟高垒待敌，不是完颜阿骨打的本意，他本人是不怕辽国大军的。完颜阿骨打甚至对当初深沟高垒待敌的做法不满，所以才说出了上面的话。将领们听了完颜阿骨打的话，都感到很是羞愧，纷纷表示愿为完颜阿骨打效力，不敢再有贪生怕死的想法。

完颜阿骨打不是不想追击，此时追击确实是一个好机会，毕竟敌人已经有了后顾之忧。完颜阿骨打如此说，只是想激励一下大家，因为遣将不如激将。完颜阿骨打对大家的表现十分满意，于是对众人说，果真想要追击的话，就轻装简行，不要粮草，如果破了敌军，还有什么得不到的呢？

众将听了完颜阿骨打的话，都争先恐后要追击。完颜阿骨打于是带着将士们快马追击辽国大军，最后在一个叫护步答冈（今黑龙江省五常市西）的地方追上了辽国兵马。

大战就要开始了，完颜阿骨打认为他的兵马数量比辽国兵马少，必须集中力量作战，不能太分散。完颜阿骨打发现辽军的中军最齐整，认为天祚帝一定在那里，于是命令将士们集中力量攻打中军。

完颜阿骨打没有让自己的兵力太过分散，只是分为左、右两军轮番进攻。完颜阿骨打先让右军全力攻打辽军的中军，适时再让左军投入战斗。这一战的结果是辽军大败，又是一次以少胜多的典型战例。

护步答冈之战，辽国士兵战死的人相连一百余里，大量的军资、器械、牛马、财物，以及天祚帝的车辇、帐幄都被缴获。天祚帝带领几百名随身卫士，一天一夜狂奔五百里，逃到了长春州。

护步答冈之战，是一场战略性决战，其结果，女真大军不仅没有灭亡，反而变得更加强大。从此，完颜阿骨打由反辽转向灭辽，由局部防御、被动应战，转向全面进攻。辽国经此一役，实力受到严重削弱，不仅损兵折将，统治集团内部的矛盾也更加激化，加速了它的灭亡。

三、失去东京

天祚帝还在讨伐耶律章奴的时候，东京辽阳府有人称帝了。

天庆六年（1116年）正月初一，新年的第一天，有十几个不法少年，借着酒兴，来到东京辽阳府（今辽宁省辽阳市），翻墙进入了东京留守府。他们要找东京留守萧保先，说军队里发生叛乱，让萧保先赶紧做好防备。萧保先想也不想，便出来接见他们，没想到被他们当场刺杀。户部使大公鼎与副留守高清明组织上千名由奚族人、汉族人组成的队伍，逮捕了这些不法少年，平息了叛乱。

东京道是原来的渤海国之地，东京留守萧保先严厉残酷，让渤海人痛苦不堪，所以才发生了这起叛乱。叛乱虽然被平息了，但驻守东京的副将、渤海人高永昌也产生了谋反的企图。高永昌当时正带领三千名士兵驻扎在城外的白草谷，他派兵进入了辽阳府，占领了辽阳城。辽阳府远近之人纷纷起兵响应，十天左右，高永昌就有了八千多名士兵。高永昌于是在辽阳府自称皇帝，建立国家，有国号有年号。

天祚帝听说高永昌占据东京辽阳府造反，没有立即派兵来讨伐，毕竟他当时正在集中精力讨伐耶律章奴。天祚帝先派人招降高永昌。然而高永昌不接受招降，天祚帝于是派南府宰相张琳前往讨伐。不久，另外几处的渤海人也起兵造反，有人还宣称归附东京的高永昌。天祚帝只得再派兵去镇压这些地方的渤海人。

当年二月，讨伐耶律章奴的人马作战不利，天祚帝又一次调兵前去讨伐。耶律章奴引诱饶州（今内蒙古林西县南）一带的渤海人以及中京大定府（今内蒙古赤峰市宁城县天义镇西）的一些民众起来造反，有一万多人。三月，讨伐军虽然取得一定的胜利，但仍然没有消灭耶律章奴。四月，天祚帝亲自讨伐耶律章奴，讨伐军接连取得胜利，耶律章奴终于被平定。就在这时，天祚帝却收到张琳讨伐高永昌失败的消息。

还有更坏的消息，女真首领完颜阿骨打准备趁乱夺取东京了。

第十二章 辽国灭亡

高永昌当时想联合完颜阿骨打一同对抗辽国，而完颜阿骨打却派人前往东京辽阳府对高永昌说，合力攻取辽国固然可以，但在东京这个地方，你高永昌不能称帝。完颜阿骨打希望高永昌归顺他，他承诺会给高永昌封王。然而高永昌已经当了皇帝，就不想再当王。完颜阿骨打劝降不成，只得派兵前来攻打高永昌。

完颜阿骨打这一次用兵，没有像之前那样，亲自带兵出征。当年五月，完颜阿骨打派堂兄弟完颜斡鲁带领大军前往攻打高永昌。大军在前往辽阳的途中，有一个必经之地，那便是沈州（今辽宁省沈阳市）。辽国在沈州城的守将便是前来讨伐高永昌的张琳。张琳就是沈州人，自己的家乡不能丢，他只得带领城内兵马出城应战。岂料这些辽兵见到女真人的旗帜，都吓得争相逃入城内。完颜斡鲁趁势带领兵马杀至城下，轻易就占领了沈州城。张琳没有办法，逃到了百里之外的辽州（今辽宁省新民市东北）。

完颜斡鲁最后与高永昌在辽阳城外大战，完颜斡鲁的女真大军虽然劳师远征，但士气很旺，所以交战结果是高永昌的兵马一败涂地。高永昌无心再战，带领五千名骑兵逃走了，辽阳城也不要了，妻子儿女也不要了。辽阳城内的士兵看到高永昌走了，哪敢守城，便把高永昌的妻子儿女抓了起来，打开城门，向完颜斡鲁投降。高永昌虽然逃离辽阳，但没过多久，他的部将便把他活捉，交给了完颜斡鲁。完颜斡鲁派人向完颜阿骨打奏报，完颜阿骨打想也不想，立即下令将高永昌处死。

随着完颜斡鲁攻占辽阳府，辽国东京道所辖的各州以及南部地区那些熟女真，都纷纷向完颜阿骨打投降。完颜阿骨打得到了东京，废除辽国的法令，降低赋税，实施他们女真人的猛安谋克制度，管理东京道各地百姓。

半年后，完颜阿骨打又任命五弟完颜杲为都统，给完颜杲一万兵马，让他去攻打辽国上京道境内的长春州（今吉林省白城市）与泰州（今黑龙江省齐齐哈尔市泰来县境内），原因是有消息说那里没有什么守备。天庆七年（公元1117年）正月，完颜杲不辱使命，攻克了长春州与泰州。

长春州是天祚帝春捺钵的地方，是辽国春季的政治中心。天祚帝听说长春州与泰州丢了，也没有考虑去收复。天祚帝当时考虑的还是防守上京以及中京两处要地，他担心女真大军会在秋高马肥时发动秋季攻势。当年八月，天祚帝正在秋捺钵期间，他决定派一位重量级的人物前往边境沿线，会集四路兵马防备女真大军。

天祚帝会派谁出场呢？南府宰相张琳在沈州败给女真人之后，契丹的一些贵族认为汉人不管用，关键时刻还得靠契丹人。天祚帝于是把重任交给一个很有人望的人，这便是耶律章奴一直想拥立为帝的耶律淳。耶律淳的父亲耶律和鲁斡已经在七年前去世，耶律淳作为天祚帝的堂叔父，已经成为天祚帝长辈中最亲的人。耶律淳也不再是天祚帝开始册封的郑王，而是魏王，还继承了他父亲的官职南京留守。天祚帝恩准耶律淳冬夏两次入朝，对耶律淳的宠幸在诸王之上。耶律淳也忠于天祚帝，他没有接受耶律章奴的拥戴，还杀了派来的人。天祚帝更加信任耶律淳，认为耶律淳忠贞不贰，于是加封耶律淳为秦晋国王。天祚帝想让耶律淳出任主帅去防备女真，便又任命耶律淳为兵马都元帅，可以说对耶律淳寄予了厚望。

耶律淳先在南京道、西京道境内招募兵马，共招募了七千名士兵。耶律淳觉得所招募的士兵远远不够，他认为东京道境内的那些百姓一定对女真人占领他们的家乡而心怀怨恨，于是从这些人中招募了两万八千人，组成八个营，将这支兵马称为"怨军"。耶律淳带领这支兵马向东推进，最后驻扎在卫州的蒺藜山（今辽宁省阜新市北），以防备女真大军再次来攻。

完颜阿骨打得到消息，决定派兵消灭辽国这支大军。完颜阿骨打这一次仍然没有亲自出征，他派咸州路都统完颜斡鲁古带领大军出战。完颜斡鲁古不久便将大军驻屯在东京辽阳府境内，与耶律淳的兵马隔辽河对峙。

耶律淳命令将士们屯田，做长期坚守的打算。耶律淳还向完颜斡鲁古提出议和，希望维持当前的局面。完颜斡鲁古派人向完颜阿骨打报告，完颜阿骨打同意议和，但他提出的议和条件是废黜昏主天祚帝，重新拥立贤者，并且把叛逃在辽国的阿疏交出来。完颜阿骨打还让完颜斡鲁古威胁耶律淳，如果不接受这些条件，就消灭他们。完颜阿骨打一边用议和麻痹对方，一边命令完颜斡鲁古加紧备战,准备西渡辽河。

辽国不能接受完颜阿骨打提出的条件。十二月,完颜斡鲁古派三千名士兵,突破辽军的辽河防线,进逼显州(今辽宁省北镇市东南)。防守显州的"怨军"将领郭药师率军迎战,企图在女真兵马立足未稳之时采用夜袭,结果失利,只得退守城中。

耶律淳听到这一消息,大惊失色。耶律淳不想失去显州,于是亲率主力兵马南下增援。完颜斡鲁古决定先不攻打显州城,而在蒺藜山与辽军主力进行决战。这场战斗非常激烈,结果是辽军大败,耶律淳仅带领五百名骑兵逃走。

完颜斡鲁古取得大胜后,继续前往攻打显州,与守城辽军激战数日,终于占领显州城。显州城一下,辽国的乾州、懿州、成州、惠州等地闻风而降。当时正在中京大定府的天祚帝得知辽军战败的消息,惊慌逃走。

经过这一年的作战,完颜阿骨打不仅得到整个东京道,还在北边得到了长春州与泰州,在南边将势力范围推进到辽河西部地区。此时的完颜阿骨打终于在渤海大族杨朴的劝说下,称帝建国了。杨朴还建议完颜阿骨打,主动与辽国议和,以得到辽国的承认,并希望辽国给予册封。

四、议和不成失上京

杨朴是渤海人,进士及第,他在完颜阿骨打攻下东京后,投奔完颜阿骨打,得到完颜阿骨打的重用。在天庆七年(1117年),杨朴劝完颜阿骨打称帝,建立国家。完颜阿骨打于是自称皇帝,定国号为"大金",年号为"天辅"。完颜阿骨打便是金太祖。

杨朴还对金太祖提出,自古英雄建立国家或者接受禅让,一定要让大国给予册封。杨朴的这个观点并不正确,因为历史上很多开创国家的英雄并没有让别的国家来册封。杨朴的观点可能基于之前的渤海国。渤海国就是因为唐玄宗李隆基的册封而得名。杨朴大概想让金太祖先搞一个渤海国的模式，以后再找机会与大国分庭抗礼。

那么金太祖刚建立的金国要让哪一个大国来册封呢？显然只有辽国了。金太祖接受了杨朴的建议，于是派出使者前往辽国。辽国北院枢密使萧奉先认为可以给金国册封，这样可以避免战争。天祚帝耶律延禧于是派出使者前往金国商议册封之事，使者名字叫耶律奴哥。耶律奴哥于天庆八年（1118年）正月初四从辽国出发，二月初一到达金国。

册封原本是金国先提出来的，应当是金国有求于辽国。现在辽国希望通过册封，停止两国的战争，结果反而让金国觉得辽国有求于金国。金太祖于是提出了非常苛刻的议和条件，要求天祚帝把金太祖当作兄长，每年向金国进贡地方物产，将上京、中京、兴中府（今辽宁省朝阳市）三处的州县划给金国，派亲王、公主、驸马和大臣的子孙到金国当人质，放回金国的使者，归还原本给金国的信符，交出辽国与北宋、西夏、高丽等国来往的文书。

耶律奴哥不能答应金太祖这么多的要求，只好返回辽国向天祚帝奏报。天祚帝也不能答应金太祖的这些要求，因为这些要求实在是太苛刻了，比如把上京、中京划给金国，这怎么可能呢？上京可是辽国主体民族契丹人发家的地方，而中京是辽国真正意义上的都城，怎么能划给别的国家呢？然而天祚帝也很有耐心，于当年三月再派耶律奴哥出使金国，重申之前的册封要求。

耶律奴哥于当年四月到了金国。金太祖对之前的议和条件没有松口，耶律奴哥只好又返回辽国。耶律奴哥离开金国时，金太祖要求他对天祚帝讲，一定要在五月给予答复。

五月初一，耶律奴哥回到辽国，把情况奏报给天祚帝。天祚帝仍然很有耐心，希望金太祖能有一个折中一点的方案，并于五月十七日再派耶律奴哥前往金国。当月，耶律奴哥到了金国，对金太祖说，希望方案能有一个折中的处理。金太祖仍然不松口，态度依然强硬，坚持之前的要求，并派使者胡突衮带着国书和耶律奴哥一同前往辽国，国书的内容与之前的要

第十二章 辽国灭亡

求一样。

耶律奴哥一来一去，已经三趟了。天祚帝虽然没有答复金太祖的条件，但也没有与金太祖决裂，还诚心地希望金太祖能够折中一下。要知道，辽国是大国，原本是金太祖的宗主国，而金国是一个小国，是前来请求辽国册封的，希望得到辽国的承认，现在反而是辽国在低三下四，希望把这件事做成。然而，三趟来回，金太祖丝毫没有让步。

天祚帝先做了一些让步。

六月，天祚帝派耶律奴哥与金国使者胡突衮前往金国，按金太祖的要求，给金太祖带去了辽国与北宋、西夏、高丽等国来往的文书。七月，耶律奴哥等人到达金国。金太祖虽然没有看到天祚帝全部答应他的要求，但看到辽国送来这么多书面资料，也看出辽国的诚意。金太祖于是也松了口，作了不少让步，继续让胡突衮出使辽国，带去他的话：可以不要派人来做人质，也不要上京、兴中府的州县土地，每年进贡的数量可以减少，但希望辽国皇帝能以兄长的礼仪对待金太祖，用汉人的礼仪进行册封，议和就可以达成。

天祚帝接受了金太祖的最新建议，于当年八月再派耶律奴哥与耶律突迭出使金国，商议具体册封礼仪。当月，辽国两位使者到了金国，与金太祖商议册封礼仪。金太祖与他们议定册封礼仪之后，把耶律突迭扣留，让耶律奴哥尽快回国，让他对天祚帝说，如果不答应的话，就不要再来了。

九月，耶律奴哥回到辽国，把商议的礼仪奏报给天祚帝。闰九月，天祚帝又派耶律奴哥前往金国与金太祖商谈。当月，耶律奴哥到达金国，金太祖又提了一些细节内容。十月，金太祖让耶律奴哥、耶律突迭回国，作最后的确认。当月，耶律奴哥、耶律突迭回到辽国。这一次辽国比较谨慎，为了防止耶律奴哥再跑几次，于是组织人马认认真真地商定册封仪式。当然，这一次确定的时间也有些长，一直到当年十二月才终于把册封的礼仪确定了下来。

十二月初七，天祚帝再派耶律奴哥出使金国。当月，耶律奴便到了金国，赶紧告诉金太祖，册封的礼仪定下来了，就等着正式册封了。金太祖对确定的礼仪没有再提出异议，便派乌林答赞谟为使，与耶律奴哥前往辽国，迎接辽国的册封使者。

我们再梳理一下这个过程，不得不说，确实很复杂。之前在为册封的条件上，耶律奴哥前后跑了三趟。现在为了册封的礼仪，耶律奴哥前后又跑了四趟。商议礼仪一事，确实也不容易，毕竟大家都要面子，什么样的人前来册封，按什么样的步骤进行，都很重要。几趟下来，一年便过去了。耶律奴哥的任务算是完成了，下面就等着辽国大臣前来给金太祖册封了。然而册封也不顺利。

天庆九年（公元1119年）正月，金太祖的使者乌林答赞谟到了辽国。三月初一，天祚帝派知右夷离毕事、太傅萧习泥烈等人前往金国，册封金太祖。三月初三，乌林答赞谟、耶律奴哥等人带着书信先行前往金国告知。

六月，萧习泥烈到了金国，然而让金太祖大失所望的是，他等了一年半之久的册封让他很不满意。在册封文书中，天祚帝没有称金太祖为兄长。特别让金太祖生气的是，辽国竟然册封他为东怀国皇帝，而不是他所要的大金国皇帝。何为东怀国？分明是东边的一个小国家感怀大国的恩德。册封文书中还有多处字眼有轻慢之意，甚至没有善意，这让金太祖不得不拒绝册封。金太祖让乌林答赞谟再次出使辽国，交涉上述问题，指出只有答应金太祖的要求，才能接受册封。金太祖还给辽国定了一个期限，那便是最迟九月要册封。

乌林答赞谟于当年七月到了辽国，把金太祖的意见转呈给天祚帝。天祚帝召集大臣对此商议了好久，直到当年九月才有结果。天祚帝再派萧习泥烈带着修改后的册封文书赶往金国。

十一月，萧习泥烈到了金国。辽国此次同意册封金太祖为大金国皇帝，但没有同意在皇帝前面加上"大圣"二字，因为这二字与辽太祖耶律阿保机的尊号相同，不能再给他人。金太祖继续拒绝册封，再派乌林答赞谟跟随萧习泥烈前往辽国交涉。

第十二章 辽国灭亡

天庆十年（1120年）二月，乌林答赞谟到了辽国，指责辽国册封金太祖时没有使用"大圣"二字，还指责辽国联络高丽，企图让高丽出兵牵制金国。天祚帝仍然不想放弃册封，于是再派萧习泥烈前往金国，与金太祖商议。

三月，萧习泥烈到了金国。金太祖对辽国只是在口头上不断解释，并没有实质性的举措，很是生气。金太祖认为，辽国之前总打败仗，现在不断派使者来说漂亮话，实是他们的缓兵之计。金太祖认为应当继续向辽国用兵。

金太祖既然决定攻打辽国，便没有再与辽国使者萧习泥烈商议册封的事，也没有让萧习泥烈返回辽国。萧习泥烈不是议和使者，而是册封使者，他为册封一事已经跑了三趟，最后一趟还被扣留了下来。

四月二十五日，金太祖亲率大军，兵分三路，奔向辽国上京临潢府（今内蒙古巴林左旗林东镇）。金太祖让萧习泥烈随军而行，想让萧习泥烈看看他的女真大军是如何的能征善战。金兵每走数十里，就吹号鸣笛，策马飞驰，一夜过来，已经行军六百五十里，萧习泥烈不禁为此感到惊叹。

快到上京城时，金太祖派侄儿完颜宗雄先到上京，让辽国降兵马乙带着诏书进城劝降。上京留守耶律挞不也认为上京城非常坚固，粮草也充足，决定坚守。劝降不成，金太祖只好下令攻城。

金太祖亲自来到城下督战，各军击鼓呼叫奋勇前冲。攻城是从天亮就开始的，前后攻了有三个时辰，终于有了突破。金太祖的异母兄弟完颜阇母带领所部人马最先登城，把上京城外城攻克。辽国上京留守耶律挞不也不敢再守，立即宣布献出城池投降。

金太祖攻打上京时，天祚帝正在胡土白山夏捺钵。天祚帝也调集三千兵马前往援救上京，结果当然是没有成功。天祚帝虽然在当年六月任命北府宰相萧乙薛为上京留守，但上京被金国占领后，便再也没有能够被收回。

五、连失中京与西京

金太祖完颜阿骨打攻占上京之后，有一年半时间没有再向辽国用兵。这段时间，金太祖正与北宋的使者在谈"海上之盟"。一直到第二年八月，"海上之盟"才签订完成。"海上之盟"是北宋提出来的，目的是与金国联手消灭辽国，北宋得到燕云十六州，而金国得到北宋原本给辽国的岁币。燕云十六州在辽国已经成为南京（今北京市）与西京（今山西省大同市）及其所属州。根据盟约，南京需要北宋与金国一起夹攻，而西京则需要北宋自己去夺取，如果北宋不能夺取，可以告知金国。

这段时间，天祚帝耶律延禧也乐得清闲，他没有利用这个机会去加强防御，或者调集、操练兵马去收复失地。在天祚帝眼里，他的国家好像没有面临危险，他正常进行他的四季捺钵。不过长春州的春捺钵之地已经被金国占领，天祚帝已经把春捺钵之地改为西边的鸳鸯泊（今河北张北县西北安固里淖），同样是一处有水的地方。

这段时间，天祚帝还干了一件昏庸的事，致使一位重要的人物背叛他，去投奔金国，还引导着金国的大军又一次攻打了过来。这位重要人物就是副都统耶律余睹，也是皇族中人。耶律余睹与天祚帝还是连襟，他的妻子是天祚帝的文妃萧瑟瑟的妹妹。

文妃生了一个儿子名叫耶律敖卢斡，被封为晋王。天祚帝的元妃生了两个儿子，一个是秦王耶律定，一个是许王耶律宁。晋王耶律敖卢斡在契丹贵族中颇有威望，这让元妃的哥哥北院枢密使萧奉先担心自己的亲外甥当不了太子，便暗中为他们谋划。

保大元年（1121年）正月，萧奉先诬陷文妃和她的姐夫耶律挞葛里、妹夫耶律余睹等人合谋拥立晋王耶律敖卢斡为皇帝，而让天祚帝当太上皇。天祚帝与他的祖父辽道宗一样，对这样的诬告不假思索就相信了。天祚帝马上就下令杀掉耶律挞葛里，并赐死文妃。耶律余睹当时正在军中，听到这个消息，十分惊慌，立即带领一千多名骑兵投奔金国。

第十二章 辽国灭亡

天祚帝派知奚王府事萧遐买、北府宰相萧德恭、四军太师萧干各率所部兵马追击耶律余睹。萧遐买等人追上了耶律余睹，却互相商议认为天祚帝听信萧奉先的话，没把他们这些人放在眼里，而耶律余睹是辽国皇族的豪杰，经常不向萧奉先低头，如果把耶律余睹擒回去，以后他们几个都可能像耶律余睹那样被迫害。几个人商议结果是放走耶律余睹，回去就说没有追上。

萧奉先看到耶律余睹逃走了，担心日后其他各将也会叛逃，便劝说天祚帝给萧遐买等人升官。天祚帝封萧遐买为奚王，任命萧德恭为试中书门下平章事兼判上京留守事，萧干为镇国大将军。萧遐买等人反而因放走了耶律余睹而得福。

耶律余睹一边向金国进发，一边派人先前往金国联络，金国人很快知道耶律余睹来降的消息。当年四月，金太祖的堂侄儿完颜宗翰认为，天祚帝失德无道，朝廷内外离心离德，建议趁辽国内乱，发兵夺取辽国，天时、人和不能错过。金太祖认为完颜宗翰说得对，于是下令各路将领备战。

五月，耶律余睹到了金国的咸州，派人给金太祖上书，详细说明他之所以要投降的原因。耶律余睹说天祚帝沉湎酒色，酷爱游猎，不理国政，宠爱奸佞小人，疏远正直之臣，滥用刑罚，吝惜奖赏，赋税苛重，百姓无以为生。耶律余睹还说北院枢密使萧奉先本来没有才能，就因善于奉承而得到重用。耶律余睹说自己有一定军事阅历，曾经向天祚帝献策，但受到萧奉先的压制。不久，耶律余睹见到金太祖，金太祖安慰他，让他坐下，位置和宰相同列。金太祖给耶律余睹赏赐酒宴，喝醉才罢。金太祖让耶律余睹担任原来的官职，带领自己的部众，还说如果能为金国立功，那就还有奖赏和重用。

半年后，金太祖终于再一次出兵了。十二月，金太祖任命五弟完颜杲为内外诸军都统，完颜昱、完颜宗翰、完颜宗雄、完颜宗干、完颜宗望、完颜宗磐等人为副将。金太祖命令他们带领大军渡过辽河向西进发，由辽国降将耶律余睹担任前锋，直奔辽国中京大定府（今内蒙古赤峰市宁城县）。

保大二年（1122年）正月十三日，都统完颜杲率领大军接连攻克了辽国的高州、恩州、回纥三座城池，扫清中京的外围据点。正月十五日，完颜杲率领大军到达中京大定府城下。

天祚帝当时正在南京，不在中京。辽国中京守将听说金国大军到来，纷纷主张焚烧粮草、带着百姓逃走。奚王萧遐买认为金兵不多，可以迎战，如果实在敌不过，再往西边逃走。然而，当完颜杲大军兵临城下时，辽军不战而溃，中京很快就被占领。攻下中京城后，完颜杲大军势如破竹，连不远处的泽州也攻下了。

天祚帝得到消息，不敢再在南京停留，他过了居庸关，来到了鸳鸯泊。这时，天祚帝又听说耶律余睹带着金国兵马追了过来，非常担忧。北院枢密使萧奉先对天祚帝说，耶律余睹是皇室的一支，他怎么会想消灭辽国呢？他不过是想立他的外甥晋王为太子而已。萧奉先认为，如果为国家考虑，就不要吝惜这个儿子，应当宣布晋王罪状然后将他诛杀，耶律余睹没有指望了，也就不战自退了。

天祚帝为了所谓的国家，也为了自己的皇位，真的派人去把自己的儿子晋王耶律敖卢斡杀掉。有人劝耶律敖卢斡赶紧逃走，耶律敖卢斡说怎能为保住自己的小小身躯而失去臣子的节操呢？于是从容就死。史书上说，晋王耶律敖卢斡素来有威望，将士们听到他的死讯，没有不流泪的，从此人心离散。

晋王耶律敖卢斡死了，他的舅舅耶律余睹会带着金兵撤退吗？不会。金兵前来可不关心晋王耶律敖卢斡，他们要的是天祚帝。如此看来，萧奉先出了一个荒唐的主意，而天祚帝更是一个昏庸的皇帝。

耶律余睹带领金兵继续向天祚帝的行宫鸳鸯泊逼近。天祚帝得到消息，不知如何是好。萧奉先对天祚帝说，女真人虽然能攻陷中京，但不会远离他们的巢穴三千里而一直打到西京来。天祚帝于是带领五千余名骑兵从鸳鸯泊向西京大同府逃去。由于逃得仓促，竟然把传国玉玺掉在了桑乾河中。

三月，完颜杲大军西进，前往攻打西京。天祚帝听说金兵往西京打过来，就往西北边的白水泊逃去。一支精锐金兵奉命追击天祚帝,连败辽军三次。西京不能去了,往哪里逃好呢?萧奉先提出前往夹山(今内蒙古土默特左旗西北),天祚帝于是丢弃辎重,轻装快马跑入夹山。到了夹山,天祚帝终于明白自己之所以落到如此境地,都是因为萧奉先的不忠,最后下令把萧奉先处死了。

四月,辽国西南面招讨使耶律佛顶和云内、宁边、东胜等州守将向金国投降。金国兵马到达西京大同府,辽国将领耿守忠带领兵马前来救援西京。金国大将完颜宗翰、完颜宗雄、完颜宗干、完颜宗峻等人相继赶来。完颜宗翰率领部众向耿守忠的兵阵中间冲杀,让其他各军从两侧放箭。耿守忠大败,西京很快被攻陷,附近不少州县向金兵投降。

辽国的五京,只剩下南京了,也就是燕京。南京是要和宋朝一起夹攻的,这是金国、宋朝"海上之盟"约定的。就在天祚帝逃往夹山的时候,辽国的南京析津府出现了一位新皇帝。

六、南京失守

天祚帝逃离南京析津府(今北京市)的时候,他让秦晋国王耶律淳与南府宰相张琳、参知政事李处温一起留守南京。后来天祚帝躲进夹山(今内蒙古土默特左旗西北),命令无法传达,李处温就和堂兄弟李处能等人合谋,外面借助"怨军",内部勾结都统萧干,准备拥立耶律淳为帝。张琳认为让耶律淳摄政可以,真做皇帝不行。李处温坚持说不能改,张琳也就不敢再坚持。李处温于是和辽兴军节度使耶律大石、大臣左企弓等人一起,召集百官、将领和当地父老,来到耶律淳的王府,用唐朝安史之乱时唐肃宗在灵武即位的前例来劝耶律淳称帝。

这已是第二次有人劝耶律淳称帝了。第一次是耶律章奴等人,时间已经过去了将近七年。那一次耶律淳没有接受,故而得到了天祚帝的信任和重用。那么这一次耶律淳会接受吗?

耶律淳仍然不接受，谁知李处温的儿子李奭（音同是）拿出早已准备好的赭红大袍，强行披到耶律淳的身上，李处温与百官立即跪拜高呼万岁。耶律淳十分惊恐，再三推辞，然而李处温等人坚决让耶律淳当皇帝，耶律淳没有办法，只好依从。

保大二年（1122年）三月，耶律淳在南京称帝，改年号为建福。历史上把耶律淳建立的国家称为"北辽"，以示与天祚帝的辽国有所不同。耶律淳给李处温加官为守太尉，张琳加官为守太师，萧干为北院枢密使，其他参与劝进的人都授予不同的官职。耶律淳把他组建的那支"怨军"改名为常胜军，并将军队的事务交给耶律大石。

耶律淳当了皇帝，也就不再承认天祚帝，他下诏将逃往远方的天祚帝贬降为湘阴王。耶律淳还与群臣商议，他的国家不能与金国对抗，必须与金国议和才能得以保存。耶律淳于是派人前往金国大军主将完颜杲那里求和。

完颜杲当时已经攻克中京，正在攻打西京，他指责耶律淳没有向金国通报就擅自称帝，希望耶律淳能够主动投降金国，答应让他当南京留守。耶律淳又请求保留宗庙，完颜杲觉得耶律淳归降之心不诚，便回复说如果继续执迷不悟，等着的便是灭亡！耶律淳非常害怕，赶紧再派使者去见金太祖，向金太祖请和。金太祖用诏书指责耶律淳，说如果不投降，必将后悔莫及！

金国还没有来攻打，北宋却单方面向南京发起进攻了。

北宋枢密使童贯当时已经镇压了南方的方腊起义，他向宋徽宗提出攻取燕京。宋朝所说的燕京，就是辽国的南京。宋徽宗采纳了童贯的建议，童贯于是带领大军在当年五月到达高阳关（今河北省高阳县东）。童贯先发出文告，讲明朝廷吊民伐罪的意图，如果有英雄豪杰献出燕京，将任命他为节度使。童贯大军的都统制种师道不赞同攻打辽国，给童贯作了一个比喻，说在金国攻打辽国的时候，我们再去攻打辽国，好比邻居家里进了强盗，我们不仅不去救他，反而要瓜分他家里的东西。童贯听不进去，下令兵分两路向燕京进发,种师道带领东路大军,奔向白沟(今河北省高碑店市白沟镇),辛兴宗带领西路大军,奔向范村(今河北省涿州市西南)。

耶律淳听说宋朝两路大军攻来,立即派耶律大石和萧干前往阻击。种师道在白沟与辽军作战,前军统制杨可世败下阵来,很多士兵受伤。种师道带领军队撤退到雄州(今河北省雄县)。辛兴宗在范村与萧干作战,也被打败。

耶律淳打败童贯的两路兵马,并不想赶尽杀绝,反而主动派来使者,与童贯和谈。使者对童贯说,女真人背叛辽国,这也应当是宋朝所厌恶的事。使者指责宋朝为了求取一时之利,竟然放弃永世盟好,去结交新的邻邦。使者还提醒童贯说,宋朝自以为计策高明,却是在开启来日的灾祸。使者最后说救助有难的邻国,这是古往今来公认的道义,希望宋朝考虑。

种师道也劝童贯接受耶律淳的求和,童贯不听。童贯对种师道的行为非常反感,暗中派人到朝中弹劾种师道没有用心作战,反而在帮助辽国。朝中的宰相王黼(音同甫)听说此事,十分怒火,便把种师道贬降为右卫将军,并让种师道退休。宋徽宗听说种师道等人兵败的消息,非常害怕,于六月初二下诏,命令童贯撤军。

宋朝刚下令撤军,耶律淳就卧病在床,不久就病逝了。耶律淳作为北辽的第一位君王,在位也就两个多月。耶律淳病逝后,南京的官员拥立萧德妃为皇太后,主持军国要务,按照耶律淳的遗命,遥立天祚帝的儿子秦王耶律定为帝。耶律定不在南京,萧太后于是临朝称制,宣布改年号为德兴。萧太后认为祸害耶律淳的,便是李处温父子,于是赐死了李处温父子。

宋朝宰相王黼听说耶律淳病逝,于七月二十六日给童贯下令,让他整治军队,同时任命河阳三城节度使刘延庆为都统制。王黼的意思很明显,那就是准备再次攻打燕京。宋朝朝散郎宋昭上书认为不能进攻辽国,不能和金国作邻邦,说金国一定会背弃盟约,成为宋朝的祸患,请朝廷杀掉王黼、童贯以及首倡"海上之盟"的赵良嗣等人。宋昭还说攻打辽国,就是破坏了宋朝当年与辽国签订的"澶渊之盟",说皇上以孝道治天下,岂能忍心忘记祖宗的在天之灵？皇上以仁爱对待百姓，岂能忍心让河北一带的百姓肝脑涂地？宋昭的奏书不仅没有被采纳，其本人最终被王黼除名。

九月二十三日，宋朝前线主将童贯得到一个好消息，那便是辽国的常胜军统帅郭药师献出所守的涿州向宋朝投降。童贯将此事奏报宋徽宗，宋徽宗授予郭药师恩州观察使的职务，让郭药师带领原有兵马隶属都统制刘延庆麾下。

萧太后听说常胜军投降宋朝，非常害怕，于十月派萧容、韩昉前往宋军大营，表示愿意称臣归顺，请求宋朝念及两国先前的友好。韩昉等人见到童贯，对童贯说金国蚕食辽国，如果辽国没有了，肯定也会成为宋朝的祸患，唇亡齿寒，不能不考虑。童贯听不下去，把他们骂了出来。韩昉不死心，在院中大声说，辽国与宋国永远结好，盟书都还在，你们可以欺骗朝廷，难道还能欺骗上天吗？

童贯赶走了辽国的使者，便又开始用兵，想早一点拿下燕京。十月初八，童贯派刘延庆率领十万将士从雄州向北进发，让郭药师担任向导。刘延庆的大军没有纪律，最后在良乡（今北京市房山区良乡镇）被辽将萧干打败。十月二十四日，刘延庆再派郭药师去攻打燕京城，因其子刘光世没有按时到达而失败。刘延庆将大军驻扎在卢沟的南面，不想又一次被辽将萧干击败。宋军屡败的消息传到燕京，燕京的诗人写诗作赋来讥笑宋军。

童贯两次攻打燕京都没有取得成功，他为此感到害怕，他担心再出兵失败的话，一定会被弹劾而获罪。童贯听说金太祖已经到了奉圣州（今河北省涿鹿县），他悄悄派人前往金太祖大营，请求金兵按照约定，出兵夹攻燕京。

金太祖是应金国大军前线主帅完颜杲的请求而到前线来视察的，实际是又一次亲征。那时候完颜杲已经攻下西京，正在追击天祚帝。金太祖于当年八月到达鸳鸯泊，再到大鱼泊，一路追击天祚帝。前锋兵马在石辇驿追上了天祚帝，发生交战，结果还是让天祚帝逃跑了。金太祖本想继续追击天祚帝，后来听说北宋单方面攻打南京，便又关注南京，因为按照与宋朝签订的"海上之盟",金、宋两国必须夹攻南京,金国才能得到岁币而宋朝才能得到土地。金太祖担心失约,于是派人前往宋朝商议。之后的三个月,金、宋两国使者不断往返,为燕云地区的归属问题反复交涉。由于宋朝坚持要收回更多的土地,金太祖还扣留了宋朝的使者。十二月,当童贯向金太祖请求出兵夹击燕京时,金太祖决定亲率大军攻打燕京。

面对金国的重兵来攻,萧太后五次派人向金太祖求和,请求册封耶律定为王,金太祖不同意。萧太后于是派精兵驻守居庸关,准备与金国兵马一战。金兵到达居庸关,尚未开战,忽然山崖上的石头崩塌,守在那里的辽兵多被压死,辽兵不战自溃。金兵很快穿过居庸关,继续南进,辽国统军都监高六等人投降。

十二月初六,金太祖到达燕京城外,在城南扎营,派大将完颜银术可、完颜娄室部署攻城。萧太后和萧干从古北口逃往天德(今内蒙古呼和浩特市东)。辽国大臣左企弓、刘彦宗等人上表投降,到金兵大营请罪。金太祖赦免他们,让他们继续担任原来的职务。金太祖又派左企弓等人招降燕京所属各州县。

至此,辽国的五京全部被金国占领,绝大部分区域都纳入金国版图,唯有天祚帝以及萧太后等人仍在逃亡之中。金太祖此时终于将扣留的宋朝使者放回,让他回宋朝报捷。此后,金、宋又为土地的归属以及交割进行了四个月的谈判,金国终于同意将燕、云地区全部交给宋朝,前提是宋朝再增加一些费用。然而当宋朝拿到燕京时,燕京城已经被金国搬空,宋朝只得到一座空城而已。

金国大军接着再去追击天祚帝,以彻底消灭辽国。

七、天祚帝被俘

天祚帝听说南京(今北京市)被金国攻下,赶紧从扫里关外逃,最后住在四部族详稳的家里。在南京被拥立为太后的萧德妃与耶律大石则逃往天祚帝那里。天祚帝见到了萧德妃，十分恼怒，下令杀了萧德妃。天祚帝还不解气，又将已经病逝的耶律淳贬为庶人。对于耶律大石，天祚帝则赦免了他，希望他带兵作战。

保大三年（1123年）四月，金太祖派完颜斡鲁、完颜宗望前往阴山攻打天祚帝，完颜斡鲁为都统，完颜宗望为副都统。天祚帝派耶律大石带兵出战。完颜斡鲁打败了耶律大石，还活捉了耶律大石。完颜斡鲁让人用绳子绑着耶律大石，逼迫他当向导。完颜斡鲁听说天祚帝在青塚（今内蒙古呼和浩特附近）留有军事物资，就带领一万人包围了青塚，辽国的秦王、许王以及妃子、公主、侍从大臣都被完颜斡鲁大军俘虏，只有太保特母哥带着梁王耶律雅里逃掉了。

金太祖再次派人招降天祚帝，天祚帝这回同意讲和了。然而当天祚帝得知自己的宗族亲属被俘虏时，感到非常愤怒，又不想与金国讲和了。天祚帝于是带领五千人到白水泊与金国兵马决战。完颜宗望带领一千多人打败了辽军，天祚帝仓皇而逃，其子赵王耶律习泥烈和玺印被俘获。完颜宗望追了二十多里，没有追上天祚帝，但俘获了天祚帝的一些随从。

不得不说，天祚帝逃得很迅速，随从都跟不上他。天祚帝为争取逃跑的时间，还派人给完颜宗望送来龟纽金印，说要投降，以麻痹完颜宗望。完颜宗望取过金印，发现是兵马大元帅的印，不是天祚帝的玉玺。完颜宗望虽然发现天祚帝投降之心不诚，但还是想争取一下，于是再次用书信招降天祚帝。

天祚帝已经带着少部人马逃到云内州（今内蒙古土默特左旗西北）。这时，太保特母哥带着梁王耶律雅里来了，跟从的人有一千多人。天祚帝的人马很少，担心特母哥搞政变，想杀了特母哥。天祚帝手持宝剑召见他的儿子耶律雅里，想知道特母哥有没有拥立他为皇帝的打算。耶律雅里说特母哥什么都没有做，天祚帝这才放了心。

五月，西夏国皇帝李乾顺派人来见天祚帝，答应收留天祚帝，请天祚帝到西夏国去。天祚帝答应了。中军都统萧敌烈等人恳切劝阻，天祚帝就是不听，并动身前往西夏国。天祚帝这样做，让萧敌烈等人惶恐不安。萧敌烈于是联合特母哥等人劫持了耶律雅里离开天祚帝，拥立耶律雅里为皇帝，萧敌烈担任枢密使，特母哥为枢密副使。五个月后，耶律雅里在查剌山游猎，一天之内猎取四十只黄羊、二十一匹狼，因劳累过度而病死，年仅三十岁。

完颜宗望一路追击天祚帝到了天德军（今内蒙古呼和浩特市东）。完颜宗望听说西夏国要收留天祚帝，派人给西夏国送去书信，要西夏国把天祚帝送来，答应割让土地给西夏国作为补偿。后来西夏国向金国称臣，金国把下寨以北、阴山以南的一块土地划给了西夏国。西夏国为了贪图金国的土地，便没有再收留天祚帝。

此后因金太祖病逝，对追击天祚帝一事有所影响，让天祚帝又多逃亡了一段时间。当年九月，金太祖的四弟完颜吴乞买继位，史称金太宗。就在这个时候，耶律大石逃走了，再次去投奔天祚帝。十一月，金太宗将追击天祚帝的事，交给驻守在西京大同府的西南、西北两路都统完颜宗翰。

保大四年（1124年）正月，天祚帝到了都统耶律马哥的军队中。这时，金兵又追了过来，天祚帝继续向北逃跑，耶律马哥被俘虏。阴山室韦部的首领谟葛失前来迎接天祚帝，给天祚帝送来马匹，一路护卫天祚帝。天祚帝到了乌古敌烈部，任命都点检萧乙薛为知北院枢密使事，封谟葛失为神于越王。

天祚帝得到谟葛失的兵马，耶律大石又再次来投奔他，他以为上天在帮助他，于是在半年之后开始谋划出兵收复燕、云地区。耶律大石不赞同这个主张，对天祚帝说，过去拥有全国的军队都不谋划打仗与防备，使得全国都被金人占领，现在应当休整军队等待时机，不能轻举妄动。天祚帝不听。

耶律大石对天祚帝失去信心，便杀了知北院枢密使事萧乙薛等人，自立为王，带领三百名骑兵趁夜逃走了。耶律大石后来西征，建立西辽国，建都于虎思斡耳朵（今吉尔吉斯斯坦共和国托克马克境内的布拉纳城）。

从耶律大石离开天祚帝称王算起，到最后被大蒙古国消灭，西辽国立国共九十四年，传三代共六位君王。

耶律大石离开了天祚帝，天祚帝的实力有所削弱，但他毫不在意。天祚帝听说完颜宗翰回朝去见金太宗尚未回云中，军中大事由大将完颜娄室代管，认为这是他南下作战的好时机。天祚帝于是带领各军从夹山出发，一连夺取天德、东胜军、宁边州、云内州等地，继续向南又攻下武州，如入无人之境。天祚帝显然是小看了完颜娄室，其实完颜娄室是金国名将，不是等闲之辈。完颜娄室听说天祚帝来攻，没有正面迎战，而是带领兵马奔赴天祚帝的后方，切断天祚帝的退路。天祚帝没有想到完颜娄室会如此用兵，仓促应战，惨遭失败。

八月，宋徽宗听说天祚帝在夹山，想收降天祚帝，但又不敢公开进行，以免金国人反感，因为宋、金两国盟约中规定不得招降辽国人。宋徽宗于是派了一名外族僧人去联络天祚帝。宋徽宗担心天祚帝不相信，便让这名僧人带着自己的亲笔绢书。如果天祚帝同意招降，再把绢书换为诏书，以示正式。宋徽宗承诺给天祚帝皇弟的礼遇，地位在燕王、越王之上，修筑宅第一千间，配给女乐三百人。天祚帝对此十分满意，也很想投奔宋朝，但又担心宋朝不足以依靠，最后还是放弃了这个想法，继续前往阴山躲避。

天祚帝到了阴山，跟从的人不过四千来户，步兵、骑兵才一万多人，然而天祚帝好像并不忧虑。十月，天祚帝收纳突不吕部人讹哥的妻子为妃，任命讹哥为突不吕部节度使。讹哥相当于是用自己的老婆换来了节度使官职。

保大五年（1125年）正月，党项族人小斛禄派人请天祚帝前往他的部族，天祚帝于是又向西而行。天祚帝经过沙漠时，金国兵马突然出现，天祚帝慌忙逃跑，最后骑着贴身侍从张仁贵的马得以逃脱。

到了天德，天又下起大雪，没有防寒的衣物，护卫太保萧仲恭献上貂皮衣帽。逃跑途中，没有粮食，萧仲恭又弄来炒面和大枣。天祚帝实在太累了，想要休息，萧仲恭就跪下，让天祚帝坐下靠着他和衣而睡。萧仲恭等人没有东西吃，只啃冰雪充饥。当时已是夜间，天祚帝到一户百姓家投宿。这户百姓的主人得知这是天祚帝时，便拉住天祚帝的马头，跪下大哭。天祚帝看到这家主人很忠诚，便在他家住了好几天，还任命他为名义上的节度使，以嘉奖他的忠诚。

数日后，天祚帝继续前往党项部族。二月二十日，天祚帝到达应州（今山西省应县）新城以东六十里的地方，被金国大将完颜娄室追上。天祚帝已经无力抵抗，只能束手就擒。随着天祚帝被俘，辽国正式灭亡。天祚帝到了金国，被贬为海滨王，三年后病逝，终年五十四岁。

辽国灭亡了，曾经与辽国签订"澶渊之盟"后来又与金国签订"海上之盟"的北宋，在两年后也灭亡了，消灭它的同样是金国。后来的南宋曾与金国先后签订四次和约，但最后又接受大蒙古国联宋灭金的倡议，与大蒙古国南北夹击，消灭了金国。然而，大蒙古国第二年就发起了对南宋的战争，直到将南宋消灭。

辽国的主体民族契丹曾经在草原上风云一时，那么这个民族后来到哪里去了呢？当然是融入中华民族的大家庭中了。如果一定要从血统角度去探究，契丹族的直系后裔最有可能是东北境内的达斡尔族和云南地区的蒲满人，也称本人。

今天，我们可以到辽太祖耶律阿保机的发家之地上京临潢府去看一看。上京临潢府就是今天的内蒙古自治区巴林左旗林东镇，那里到处都有辽国的影子。比如那里有辽上京遗址，还有主干道叫契丹大街，契丹大街旁有契丹博物馆，可以看看辽朝时期的文物。当然，我们还可以到契丹新村、契丹花园、契丹公馆或者辽都壹号院看看，这里虽然是小区，里边的居民也不是契丹族人，但可以找一找回到辽国的感觉。

附 录

辽国五京道

辽国一级行政称道，全国共有五道。道的下一级有府、州、军，再下一级为县。此外，辽国还有五十二个部族，六十个属国，也在五道范围之内。

上京道：京府临潢府

1个京直辖府：临潢府。

8个节度使州：祖州、怀州、庆州、泰州、长春州、仪坤州、龙化州、饶州。

1个观察使州：永州。

2个刺史州：乌州、降圣州。

16个头下州：徽州、成州、懿州、渭州、壕州、原州、福州、横州、凤州、遂州、丰州、顺州、闾州、松山州、豫州、宁州。

5个边防州：静州、镇州、维州、防州、招州。

东京道：京府辽阳府

8个京直辖府：辽阳府、黄龙府、定理府、铁利府、率宾府、安定府、长岭府、镇海府。

21个节度使州：开州、保州、辰州、兴州、海州、渌州、显州、乾州、贵德州、沈州、辽州、通州、双州、同州、咸州、信州、宾州、懿州、苏州、复州、祥州。

4个观察使州：宁州、益州（隶属黄龙府）、归州、宁江州。

3个防御使州：冀州、广州、衍州。

35个刺史州：穆州（隶属开州）、贺州（隶属开州）、宣州（隶属保州）、卢州、铁州、崇州、耀州（隶属海州）、嫔州（隶属海州）、嘉州（隶属显州）、辽西州（隶属显州）、康州（隶属显州）、宗州、海北州（隶属乾州）、岩州（隶属沈州）、集州、祺州（隶属辽州）、遂州、韩州、银州、安远州（隶属黄龙府）、威州（隶属黄龙府）、清州（隶属黄龙府）、雍州（隶属黄龙府）、湖州、渤州、郢州、铜州、涞州、吉州、麓州、荆州、媵州、连州、肃州、安州。

其他州：监州（隶属开州）、定州、桓州（隶属渌州）、丰州（隶属渌州）、正州（隶属渌州）、慕州（隶属渌州）、东州、尚州、荣州、率州、荷州、源州、渤海州、河州。

中京道：京府大定府

2个京直辖府：大定府、兴中府。

6个节度使州：成州、宜州、锦州、川州、建州、来州。

3个观察使州：高州、武安州、利州，均隶属大定府。

13个刺史州：恩州（隶属大定府）、惠州（隶属大定府）、榆州（隶属大定府）、泽州（隶属大定府）、北安州（隶属大定府）、潭州（隶属大定府）、松山州（隶属大定府）、安德州（隶属兴中府）、黔州（隶属兴中府）、岩州（隶属锦州）、隰州（隶属来州）、迁州（隶属来州）、润州（隶属来州）。

南京道：京府析津府

1个京直辖府：析津府。

1个节度使州：平州。

8个刺史州：顺州（隶属析津府）、檀州（隶属析津府）、涿州（隶属析津府）、易州（隶属析津府）、蓟州（隶属析津府）、景州（隶属析津府）、滦州（隶属平州）、营州（隶属平州）。

西京道：京府大同府

1个京直辖府：大同府。

6个节度使州：丰州、云内州、奉圣州、蔚州、应州、朔州。

8个刺史州：弘州（隶属大同府）、德州（隶属大同府）、宁边州、归化州（隶属奉圣州）、可汗州（隶属奉圣州）、儒州（隶属奉圣州）、武州（隶属朔州）、东胜州。

1个边防州：金肃州。

2个军：河清军、天德军。

五代皇帝世系

后梁太祖朱温（852—912年），907年四月建立后梁，912年六月被其子朱友珪杀害。年号：开平（907—911年）、乾化（911—912年）。

后梁废帝朱友珪（884—913年），太祖朱温子，公元912年六月杀其父朱温，继位，913年二月见大势已去，命人将自己杀死。年号：乾化（912年）、凤历（913年）。

后梁末帝朱友贞（888—923年），太祖朱温子，公元913年二月即位，923年十月命人将自己杀死。年号：乾化（913—915年）、贞明（915—921年）、龙德（921—923年）。

后唐庄宗李存勖（885—926年），923年四月称帝建立后唐，926年四月，在平叛时中箭身亡。年号：同光（923—926年）。

后唐明宗李嗣源（867—933年），庄宗李存勖父亲李克用的养子，923年四月即位，933年十一月病逝。年号：天成（926—930年）、长兴（930—933年）。

后唐闵帝李从厚（914—934年），明宗李嗣源子，933年十二月继位，934年四月被杀。年号：应顺（934年）。

后唐末帝李从珂（885—937年），明宗李嗣源养子，934年四月即位，936年闰十一月，自杀身亡。年号：清泰（934—936年）。

后晋高祖石敬瑭（892—942年），公元936年闰十一月，在契丹帮助下登基即位，建立后晋，942年六月病逝。年号：天福（936—942年）。

后晋出帝石重贵（914—974年），石敬瑭养子，942年六月继位，946年十二月国灭而降。年号：天福（942—944年）、开运（944—946年）。

后汉高祖刘知远（895—948年），公元947年二月，称帝建立后汉，948年正月病逝。年号：天福（947年）、乾祐（948年）。

后汉隐帝刘承祐（931—950年），刘知远子，948年二月继位，950年十一月被杀。年号：乾祐（948-950年）。

后周太祖郭威（904—954年），公元951年正月称帝，建立后周，954年正月病逝。年号：广顺（951—954年）。

后周世宗柴荣（921—959年），郭威养子，公元954年正月继位，959年六月病逝。年号：显德（954—959年）。

后周恭帝柴宗训（953—973年），柴荣子，959年六月继位，960年正月禅位给赵匡胤。年号：显德（959—960年）。

辽国皇帝世系

辽太祖耶律阿保机（872—926年），901年成为契丹迭剌部夷离堇，907年正月成为契丹八部联盟可汗，916年二月称帝建国，国号"契丹"，926年七月病逝。年号：神册（916—922年）、天赞（922—926年）、天显（926年）。

926年七月至927年十一月，阿保机皇后述律平临朝听政。

辽太宗耶律德光（902—947年），辽太祖次子，公元927年十一月至公元947年四月在位。947年二月，改国号为"大辽"。年号：天显（926—938年）、会同（938—947年）、大同（947年）。

辽世宗耶律阮（917—951年），辽太祖长孙，人皇王耶律倍之子，947年四月至951年九月在位。年号：天禄（947—951年）。

辽穆宗耶律璟（931—969年），辽太宗长子，951年九月至969年二月在位。年号：应历（951—969年）。

辽景宗耶律贤（948—982）年，辽世宗次子，969年二月至982年九月在位。年号：保宁（969—979年）、乾亨（979—982年）。

辽圣宗耶律隆绪（972—1031年），辽景宗长子。982年九月至1031年六月在位，即位初期，由其母萧绰萧太后听政。983年，改国号为"大契丹"。年号：乾亨（982年）、统和（983—1012年）、开泰（1012—1021年）、太平（1021—1031年）。

辽兴宗耶律宗真（1016—1055年），辽圣宗长子，1031年六月至1055年八月在位。年号：景福（1031—1032年）、重熙（1032—1055年）。

辽道宗耶律洪基（1032—1101年），辽兴宗长子，1055年八月至1101年正月在位。1066年，恢复国号为"大辽"。年号：清宁（1055—1064年）、咸雍（1065—1074年）、大康（1075—1084年）、大安（1085—1094年）、寿昌（1095—1101年）。

天祚帝耶律延禧（1075—1128年），辽道宗孙，1101年正月接受遗诏继位，1125年二月被金国俘虏。年号：乾统（1101—1110年）、天庆（1111—1120年）、保大（1121—1125年）。

北宋皇帝世系

宋太祖赵匡胤（927—976年），960年发动陈桥兵变，黄袍加身，建立北宋。年号：建隆（960—963年）、乾德（963—968年）、开宝（968—976年）。

宋太宗赵光义（939—997年），赵匡胤弟弟，976年—997年在位。年号：太平兴国（976—984年）、雍熙（984—987年）、端拱（988—989年）、淳化（990—994年）、至道（995—997年）。

宋真宗赵恒（968—1022年），宋太宗第三子，997年—1022年在位。年号：咸平（998—1003年）、景德（1004—1007年）、大中祥府（1008—

1016年)、天禧(1017—1021年)、乾兴(1022年)。

宋仁宗赵祯(1010—1063年),宋真宗第六子,1022年—1063年在位。年号:乾兴(1022年)、天圣(1023—1032年)、明道(1032—1033年)、景祐(1034—1038年)、宝元(1038—1040年)、康定(1040—1041年)、庆历(1041—1048年)、皇祐(1049—1054年)、至和(1054—1056年)、嘉祐(1056—1063年)。

宋英宗赵曙(1032—1267年),宋太宗赵光义曾孙,宋仁宗养子,1263年—1067年在位。年号:嘉祐(1063年)、治平(1064—1067年)。

宋神宗赵顼(1048—1085年),宋英宗长子,1067年—1085年在位。年号:治平(1067年)、熙宁(1068—1077年)、元丰(1078—1085年)。

宋哲宗赵煦(1077—1100年),宋神宗第六子,1085年—1100年在位。年号:元丰(1085年)、元祐(1086—1094年)、绍圣(1094—1098年)、元符(1098—1100年)。

宋徽宗赵佶(1082—1135年),宋神宗第十一子,因宋哲宗病逝时无子,于1100年继位,1125年十月禅位给长子赵桓,自己当太上皇。年号:元符(1100年)、建中靖国(1101年)、崇宁(1102—1106年)、大观(1107—1110年)、政和(1111—1118年)、重和(1118—1119年)、宣和(1119—1125年)。

宋钦宗赵桓(1100—1161年),宋徽宗长子,1125年十月继位,1126年闰十一月,京城开封被金军攻破,十二月被俘,次年二月被金国废为庶人。年号:宣和(1125年)、靖康(1126—1127年)。